ALTDEUTSCHE TEXTBIBLIOTHEK

Begründet von Hermann Paul · Fortgeführt von G. Baesecke und Hugo Kuhn
Herausgegeben von Burghart Wachinger

Nr. 91

Die Werke Notkers des Deutschen

Neue Ausgabe

Begonnen von Edward H. Sehrt und Taylor Starck
Fortgesetzt von James C. King und Petrus W. Tax

Band 9

Notker der Deutsche

Der Psalter
Psalm 51-100

Herausgegeben von Petrus W. Tax

Max Niemeyer Verlag
Tübingen 1981

CIP-Kurztitelaufnahme der Deutschen Bibliothek

Notker <Labeo>:
[Die Werke]
Die Werke Notkers des Deutschen / begonnen von Edward H. Sehrt u. Taylor Starck.
Fortges. von James C. King und Petrus W. Tax. − Neue Ausg. − Tübingen : Niemeyer.
  Erscheint als: Altdeutsche Textbibliothek ; . . .

NE: Sehrt, Edward H. [Hrsg.]; Notker <Labeo>:
  [Sammlung]

Bd. 9. → Der Psalter

Der **Psalter** / Notker der Deutsche. Hrsg. von Petrus W. Tax. − Tübingen : Niemeyer.
  Einheitssacht.: Psalmi <dt., althochdt.>

NE: Notker <Labeo> [Bearb.]; Tax, Petrus W.
[Hrsg.]; EST

Psalm 51 − 100. − 1981. − V S., S. 180 − 368
  (Die Werke Notkers des Deutschen ; Bd. 9)
  (Altdeutsche Textbibliothek ; Nr. 91)
  ISBN 3-484-20191-6
  ISBN 3-484-21191-1

NE: GT

Geb. Ausgabe ISBN 3-484-21191-1

Kart. Ausgabe ISBN 3-484-20191-6

ISSN 0342-6661

Max Niemeyer Verlag Tübingen 1981
⃝ Alle Rechte vorbehalten. Ohne ausdrückliche Genehmigung des Verlages ist es auch nicht gestattet, dieses Buch oder Teile daraus auf photomechanischem Wege zu vervielfältigen. Printed in Germany. Druck: Sulzberg-Druck, 8961 Sulzberg/Allgäu. Einband: Heinrich Koch, Tübingen.

INHALT

Der Psalter. Texte
R, Ps 51-100 180-368
Fragmente¹

---

1 Da ich keine Gelegenheit gehabt habe, das neue Münchener Fragment (Ps 72,28-73,2; 73,3-7 - vgl. die Einl. in Bd.8, S. XVI, Korrekturnote 4a) im Original zu studieren, habe ich mich, wenn auch ungerne, entschlossen, diesen Text, soweit er entzifferbar ist, wie auch die wenigen Worte des Fragmentes E (zu Ps 88, 8-10; 16 - vgl. die Einl. in Bd 8, S. XVII) nicht in der Beilage zu diesem Band, sondern am Anfang der Beilage zum 3. Band dieser Ausgabe unterzubringen. Da es keine weiteren Fragmente zu Ps 51-100 gibt, entfällt daher die Beilage zu diesem Band. Ich bitte, diese Inkonsequenz zu entschuldigen. Der Herausgeber.

Kürzel und Zeichen, die in Text und Apparat benutzt werden.

anrad.	= anradiert
geschr.	= geschrieben
nachgetr.	= nachgetragen
P	= Pipers Ausgabe von Notkers Psalter (mit Seitenzahl)
Pgm.	= Pergament
Ps	= Psalm
(r)	= Rasur auf dem Rand (auf einer *verso*-Seite vor der Zeile, auf einer *recto*-Seite nach der Zeile); vgl. die Einleitung in Bd 8, § 5
rad.	= radiert
Ras.	= Rasur
S	= Sehrts Ausgabe von Notkers Psalter (mit Seitenzahl)
übergeschr.	= übergeschrieben
verb.	= verbessert
Zkfl.	= Zirkumflex

Im Apparat werden gelegentlich einige Abkürzungen aus meinem *Notker latinus* benutzt; vgl. diese Ausgabe Bd 8 A gegenüber S. 1, Bd 9 A gegenüber S. 211, Bd 10 A gegenüber S. 471. Zu den Siglen der Hss. vgl. die Einleitung in Bd 8, § 2.

-	= Bindestrich; Zusatz des Herausgebers, um Worteinheit anzudeuten
‿	= Trennungsbogen; Zusatz; kein Spatium in der Hs.
[ ]	= Zusatz; Eingeklammertes ist auszulassen
< >	= Zusatz; Eingeklammertes ist zu ergänzen
/	= Zusatz; Zeilenende
//	= Zusatz; Seitenschluß
Ď	= Buchstabe D ist mit normaler Tinte geschrieben, aber mit roter Tinte betupft
]	= Konjektur- oder Emendationszeichen; davor steht die in den Text aufgenommene Konjektur oder Emendation, danach die Form der Hs.
*	= mit Sternchen bezeichnete Form: Verbesserungsvorschlag und/oder Verständnishilfe vom Herausgeber

Der Psalter

Texte

IN FINEM INTELLECTVS DAVID . °CVM VENIRET
DOECH IDVMEVS ET ANNVNTIAVIT SAVL
ET DIXIT . VENIT DAVID IN DOMVM ABI-
MELECH. An christum siêhet dísiu fernûmest Dauidis . uuanda
sîn fîent antichristus hiêr irrefset uuírdet . den doech idumeus
bezeîchenet. Vmbe dauidis kenîde sluôch doêch sacerdotes .
umbe christis kenîde slâhet
antichristus martyres.

QUID GLORIA-
RIS IN MALITIA QVI
potens es? Chéden álle mit
dauid . uuaz kuôllichost dû
dih in arge . dû-dir mahtig pist?
Ne-múgen oûh tiêr unde uuúr-
me úbelo tuon? *Iniquita-*
te tota die. Vuaz kuôllichost
dû dih in ûnebeni állen dág.
Du tuôst iêo ándermo
daz tu dir neuuoltîst .
ziû dunchet dir daz kuôl-
lih? *Iniustitiam cogitauit lingua tua.* Vn-
reht áhtota dîn zunga. Vnreht uuas dir in muôte unde in

8/9 *davor Tintenfleck rad.* 13 GLORIA: LOR *und* A *auf Ras.*
15 es: e *aus* i *verb.* 23 neuuoltîst: i *aus langem* s *rad. und verb.*
24 dir: *über* r *Ras.* 26 Vnreht: nr *auf Ras.* *Punkt fehlt* 23

dotes chalber uften dinen altare du der liebent. Half fone de
ro sueigo genomeniu. nube in sca eccla gezogene iungelinga
scos & innocentes. also Laurentius uuas unde Vincentius & ce
TERI TALES
 HF IHF IHT FLLFCT DAVID ET VENI
 DOFCHIDVMFT TAHH
 FT DIXIT VFHIT DAVID IN DOMVM
MFLFCH. An xpm sichet disiu fernumest dauidis. uuanda
sin fient antixpe hier irreflet uuirdet. den doech idumeus
bezeichenet. Umbe dauidis kenide fluoch docch sacerdos
umbe christus kenide slahet
antichristus martyres.
QUID GLORI
RIS IN MALITIA Q
potens es Cheden alle un
dauid. uuaz kuollichost du
dib in arge. du dir mahtig pist
He mugen ouh tier unde un
me ubelo tuon.
 Guaz kuollich
 in unebent allen dag
 andermo
 ne uuolt it
 dir daz
reht ahtota din zunga. Unreht uuas dir in muote unde in
du dib
Du tuost ieo
daz tu dir
ziu dunchet
lib.
reht ahtota din zunga. Unreht uuas dir in muote unde in

munde. Sic nouacula acuta fecisti dolum. Du habest mit trugeheit getan. also daz scarsahs tuot. Iz nimet daz har. nals den lib. Also habest du mit allen dinen unchusten uno daz uzzera genomen. Sin guot name du uno sinero selo ne mahtost du ta ruon. Dilexisti malitia sup benignitate. Argen uuillen minnotost du mer danne guoten uuillen. Iniquitate magis qua loqui equitate. Unde unreht sprechen mer danne reht. Tenebre uuaren dir lieberen danne lux. Dilexisti omnia uerba precipitationis. Alliu uuort niderscreechi minnotost du. ih meino. diu unden dot screcchent. Uuar ana. In lingua dolosa. An uizesen uuorten. Guanda du uuissost. daz anderer ubelo teta. du chade aber. daz er uuola tate. Propterea ds destruet te in finem. fône diu storet dih got ûne ende. Ûbe er dih nu ne storet. so dero uuertte ende chumet. so storet er dih. Euellet te & emigrabit de tabernaculo suo. Er uuelzet dih uz. unde uerfuoret dih ferro fone sinemo gezelte. radice tua de terra uiuentium. Unde dina uuurzellun uuirfet er uzzer dero lebendon erdo. Sament dien saligen ne lazet er dih puen. Videbunt iusti & timebunt. Rehte gesehent hier in uuerltte. uuaz imo geschehen sol inenero uuertte. unde furhtent iro selbero. Et sup eum ridebunt. Unde inenero uuertte lachent sie sin. Et dicent. Unde sus chedent sie. Ecce homo qui n posuit dm adiutore suum. Sino. uuar der man ist. der gotes helfa ne suohta. Sed speravit in multitudine diuitiarum suarum. Hube sih trusta ze sinemo muchelen rihtuome. Et prualuit in uanitate sua. Unde gereih in sinero uppegheite folle fuor mitte. Ego aut sic oliua fructifera in domo di speraui in misdia di. Aber ih ne

munde. *Sicut nouacula acuta fecisti dolum.* Du hábest mit trúge-
hêite getân . also daz scársahs tuôt. Iz nímet daz hâr . nals den
lîb. Also hábest dû mit allen dînen únchusten ímo daz ûzzera
genômen. Sîn guôt nâme dû ímo . sînero sêlo ne-máhtost dû tá-
5 ron. *Dilexisti malitiam super benignitatem.* Argen uuíllen mínnotôst
dû mêr danne guôten uuillen. *Iniquitatem magis quam loqui ęqui-*
                                                          finstri
tatem. Vnde únreht spréchen mêr dánne reht. Tenebrę uuâren
                   lieht
dir liêberen dánne *lux. Dilexisti omnia uerba pręcipitationis.* Alliû
uuort níderscrécchi mínnotost dû. ih mêino . diû ín den dôt scréc-
                          .i.únchustigen
10 chent. Vuar ana? *In lingua dolosa.* An uízesen uuórten. Vuanda
dû uuíssost . daz ánderêr úbelo téta . du châde áber . daz er uuó-
la tâte. *Propterea deus destruet te in finem.* Fóne diû stôret dih Got
in énde. Vbe er dih nû ne-stôret . so déro uuerlte ende chúmet .
so stôret er dih. *Euellet te . et emigrabit <te> de tabernaculo suo.* Er
15 uuelzet dih ûz . unde uerfuôret dih ferro fóne sînemo gezélte.
Et radicem tuam de terra uiuentium. Vnde dîna uuúrzellun uuírfet
er ûzzer déro lébendon erdo. Sáment diên sâligen ne-lâzet er
dih púen. *Videbunt iusti et timebunt.* Rehte gesêhent hiêr in
uuerlte . uuaz ímo geschêhen sol in énero uuerlt . unde furhtent
20 íro sélbero. *Et super eum ridebunt.* Vnde ín énero uuerlte láchent
siê sîn. *Et dicent.* Vnde sus chédent siê. °*Ecce homo qui non posuit*
deum adiutorem suum. Síno . uuâr der mán ist . der Gótes helfa ne-
suôhta. *Sed sperauit in multitudine diuitiarum suarum.* Núbe
sih trôsta ze sînemo míchelen rihtuome. *Et pręualuit in uanitate*
25 *sua.* Vnde gerêih in sînero úppeghêite . folle-fuôr míte. *Ego autem*
sicut oliua fructifera in domo dei . speraui in misericordia dei. Aber ih ne-

---

10 dolosa: *Punkt über Rundung des* d   *Punkt fehlt* 25²

8 liêht: h *aus* b *rad. und verb.*

uuas îmo gelîh . chît dauid. Ih uuas kelîh in Gótes hus . demo bí- S340
rigen óleboûme . unde gedîngta an Gótes knâda . nals án den
scaz . sô er teta. Vuanda ih an Góte uuolta uuúrzellon . bedíu
bin ih pirîg poûm . pediû gebíro ih christum . der oleum sînero ele-
5 ctorum ist. *In eternum et in seculum seculi.* Vuiêo lángo gedíngo ih an
in? Echert nû? Ioh nû . ioh iêmer in uuerlt uuerlte. *Confitebor* 11
tibi in seculum . quia fecisti. Dir bin ih iíhtig . daz dû iz tâte. Dû schiê-
de mih fóne dísemo doêch . dû uuoltost mih . unde feruúrfe in.
Et expectabo nomen tuum quoniam bonum in conspectu sanctorum tuorum tuorum. Vnde
10 bíto ih dînes námen . uuanda er guót ist dînero heíligon ge-
síhte. Dar iro gaudium irfullet uuirt âne énde . dâr bechenne<n>t
siê guôten dînen námen.   *IN FINEM PRO AMALECH INTEL-* 1
                                      umbe diê berentun
LECTVS DAVID. Súslih fernúmist ist dauidis pro parturi-
                              pèrinte
ente. Daz ist ęcclesia . sî ist parturiens . sî líget in chindebétte . S341
                           noth
15 si ist nothafte . sî hábet hiêr pressuram.   *DEVS.*
IXIT INSIPIENS IN CORDE SVO NON EST
Vuer ist so únuuizzîg . daz er chede . daz Got ne- P202
sî . âne der ubelo tuôt . unde chit . Got uuile iz sô.
Der ferságet . daz er Got si. Vuanda líchet imo únreht . so ne-
                                  er nist Got   sláhen
20 ist er Got. Iudei cháden oúh fóne CHRISTO . *NON EST DEVS . OCCIDA-*
         in
MVS EVM. Corrupti sunt. Diê Gótes sô ferloûgénent . diê sint 2
iruuárte in íro sinne. *Et abhominabiles facti sunt in uoluptatibus*
suis. Vnde fóne diû sint sie leídsame in iro muôtuuillon. Vnrêi-
ne sint íro uuillen. *Non est qui faciat bonum . non est usque ad unum.*
25 Noh-eîner ne-ist íro . der uuóla tuôe. *Dominus de cęlo prospexit super fili-* 3
os hominum . ut uideat si est intellegens . aut requirens deum. Got

---

14 chíndebétte .: *danach* sí *rad.* 15 si *bis hiêr auf Ras. (der Schreiber hatte die später einzutragende Initiale übersehen und am Zeilenbeginn angefangen; Akzente von ursprüngl.* sí hábet hiêr *noch erkennbar)* Punkt fehlt 1

uuárteta hára níder fone hímele án dero ménniscon chint . ze

geséhenne . úbe dehêiner Got pechenne alde uuelle. Got nedárf

uuarten . uuanda er alliu ding uueîz . er tuôt áber diê uuárten

an diên er ist. Die uuártent fone hímele . dâr iro gedáng ist. *Omnes*   4

5 *declinauerunt simul.* Dâr sáh er . daz siê álle uuángtôn. *Inutiles*

facti sunt. Vnde únnuzze uuórten sint. *Non est qui faciat bonum non*
                                 súne dero ménniscon   Gotes
est usque ad unum. Vuanda siê échert filii hominum sint . nals dei .

pedîu ne-ist under în . noh-eîner der uuóla tuôe. *Nonne scient*   5

omnes qui operantur iniquitatem? Ne-suln diê alle noh keeiscon íro

10 unreht . diê iz nu tuônt . unde iz uuîzzen ne-uuellen? Der tag
                        uuaz tohta   uns   úbermuôti
chumet . daz sie chédent. QVID NOBIS PROFVIT SVPERBIA
unde rîhtuômis   rûom   siû fersuuundun
ET DIVITIARVM IACTATIO? TRANSIERVNT ILLA
      also   scáto
OMNIA TAMQVAM VMBRA. *Qui deuorant plebem meam ut*

cibum panis. Dîe neîmo ih . diê mîn fólch ferslíndent álso brôt.

15 Dîe also únirdrózzen sint sie ze sláhenne . sô brôt ze ézzenne.

Deum non inuocauerunt. Got neháreton siê ána . daz ér in sih selben   6

gâbe . núbe daz er in hiêr êra unde scáz kâbe. Des siê géreton

daz ánaháreton siê . daz uuólton siê ze în chómen. *Ibi trepi-*

dauerunt timore . ubi non erat timor. Sîe fórhton ín . dâr fórhta
                                 rihtuom   uuîstuôm
20 ne-uuas. Siê fórhton ferliêsen diuitias . nals sapientiam . daz ín

mêr mahti sîn. *Quoniam deus dissipat ossa eorum qui hominibus placent.*

Vuanda Got zebríchet déro beín . díe ménniscon líchent. Iudei

uuolton líchen romanis . fóne diû uuúrden íro bêin ferbróchen .
               heiligen   diên geloubigen Gotes chint   chint mên-
CHRISTVS uuolta líchen sanctis unde fidelibus diê filii dei sint . nals filii ho-
niscon
25 minum . imo ne-uuúrden bêin ferbróchen. *Confusi sunt quoniam deus spre-*

uit eos. Sie uuúrden gescéndet . uuanda Got ferchôs siê. Mit rehte

---

4 gedáng: *über Akut Ras.*   9 keeiscon: i *aus langem s rad. und verb.*
   17 *vor* daz *dünner Punkt auf Zeilenhöhe*

13 scáto: *davor* a *durch Unterstreichung getilgt*

                                                                    er ne-ist Got
sîd siê Góte ne-uuolton lîchen . unde siê châden NON EST DEVS. Quis   7

dabit ex syon salutare israhel? Vuer gîbet fone syon haltare israhe-
                                              er ne-ist Got
li? Vuer? âne démo sie châden . NON EST DEVS. *Cum conuerterit dominus capti-*

uitatem syon . exultabit iacob . et lętabitur israhel. Sô Got peuuéndet
          hóun uuárto
5 syónis éllentuóm . so sprúngezet iacob . unde fréuuet sih israhel.
                             uuárer únder-scranch . uuárer Gotes áneséo
Der iúngero sun . uerus iacob . uerus israhel . der méndet is. Vuenne   S345
             an urstendi   an demo iu<n>gesten tàge
uuirdet daz? In resurrectione . in nouissima die.'   NOS?

IN FINEM IN YMNIS INTELLECTVS IPSI DAVID   1

CVM VENERVNT ZIPHEI ET DIXERVNT AD SAVL .   2 P204

10 *NONNE ECCE DAVID ABSCONDITVS EST APVD*

   Selbemo Dauid ist fernúmist in lóbesangen . daz chit an disemo

   gágenuuerten psalmo . der an Christum siêhet. Er sang in dô CHRISTO   S346

   dô ziphei châmen . unde sauli ságeton . daz dauid dar bî in ge-

   bóren uuas. Zîph hiêz eîn stat . dannan hiêzzen ziphei diê

15 dâr sâzzen. Ziphei uuirt latine geantfristot florentes . daz chit

   pluónte . unde uuóla diêhente. Mit diên uuerdent peccatores

   pezêichenet . die hiêr in uuerlte uuóla diêhent . unde gruône

   sint. Aber dauid pezêichenet Christianos . diê sih hiêr bergent .
                                            ze suóno tàge
   unde áber geóffenot uuérdent in iudicio . sô CHRISTVS chúmet iro

20   guóllichi. Nû bítet dauid daz ín Got fóne in lôse.
   DEVS IN NOMINE TVO SALVVM ME FAC .   3

      et in uirtute tua iudica me. Got kehalt mih fóre

      zipheis . in dînen námen . unde irteîle mir in dînero
                                                 úber teîle dih
      chrefte. Sîd man fluóchondo chit . IVDICET TE
      Got   irteîle mir
25 DEVS . mit uuélichero baldi ist hiêr gespróchen . IVDICA ME?
                                           kehalt mih
   âne daz er fóre sprah . SALVVM ME FAC. Also er châde . SAL-

---

1 *nach* Ē *sehr dünner Punkt*   5 sprúngezen   6 Vuenne] Vuendet
7 *zwischen* die . *und* NOS *trennendes, bloß eingeritztes Schmuckmuster*
      NOS.   NOS? *ist mit* Z. *10 zu verbinden*   17 uuerlte: t *auf Ras.
von* e   18 pezêichenet: e⁴ *aus* o *rad. und verb.*

kehaltendo irteîle mir
VANDO IVDICA ME. *Deus exaudi orationem meam.* Got kehôre mîn
         diēhsimin
gebet . uuanda ih ne-bîto florem zipheorum. *Auribus percipe uerba*

oris mei. Fernim mit ôron diū uuort mînes mundes . uuanda ih ę-
       êuuig kuôt
terna bona gérôn ze͜ inphâhenne. Daz kebét fólle-chóme . noh ne-ir-

5 uuînde hinnont dînen ôron. *Quoniam alieni insurrexerunt aduersum me.*

Vuanda frémede irbúret sint . uuíder mir. Zîu frémede? Ne-sint ziphe-
  iûdorslahta   unrehte   frê-
i in tribu iuda . also dauid? Ane daz sie iniqui sint . unde bediū ali-
mide
eni. *Et fortes quesierunt animam meam.* Vnde starche suôhton mîna
          diēnistman
sêla. Saul unde sine ministri fâreton mînes lîbes. *Et non proposuerunt*

10 *deum ante conspectum suum.* Vnde ne-gegâgenuuerton siê Got fóre

iro oûgon. Daz chit . nehâbeton siê Got fóre oûgon. Durh în neliê-

zen sîe iz. *Ecce enim deus adiuuat me.* Sêhent-no . Got hilfet mir.

Ínuuert toûgeno . nals ûz-uuert. *Et dominus susceptor est animę męe.*

Vnde truhten ist inphángere ⁄ mínero sêlo. Dár ist sîn hélfa. *Auer-*

15 *te mala inimicis meis.* Vuénde úbel fóne mir . ze mînen fíenden.

Daz ne-ist fluôh nube uuízzegtuôm des chúmftigen fiûres. *In*

ueritate tua disperde illos. In dînero uuarhêite ferliūs siê. Siê
       úppeheît
bluônt nū . in îro uanitate . lâ siê danne iruuérden in dînero
uuārheite
ueritate. Voluntarie sacrificabo tibi. Vuílligo ópheron ih dir.

20 Vuílligo lóbon ih dih . nals umbe ánder . âne umbe dih selben.

Et confitebor nomini tuo quoniam bonum est. Vnde ílho dînemo námen

uuanda er guôt ist. Er ne-ist ander . âne guôt. Cuôt heízzest du .

daz ist dîn námo. *Quoniam ex omni tribulatione eripuisti me.* Vuan-

da dū mih lôstost . fóne allen bînon . daz hábet mih keléret . daz
    kuôt   daz fúrsta guôt
25 dîn námo ist bonum . unde summum bonum. *Et super inimicos me-*

os respexit oculus meus. Vnde mîn oûga úber sah mîne fienda

---

4 chóme ⁄: *Strich des* ⁄ *rad.* 8 starche: e *aus* o *rad. und verb.*
11 oûgon²: u *auf Ras.* 16 fluôh: *danach Punkt rad.*

7 *nach* iûdorslahta *kleiner, waagerechter Strich;* *iûdon slahta *(?)*

zipheos. Ih hábo íro bluómen úberuuártet an dîh sêhendo . un-
al flêisc ist hóuuue . unde mènniscin púrlichi also hoûbluo-
de daz kelírnet . quia omnis caro fęnum . et claritas haminis sicut flos
men
fęni. *IN FINEM IN YMNIS INTELLECTVS IPSI DAVID.*
ende   dúrnohti
CHRISTVS ist finis . CHRISTVS ist únser perfectio. An ín siêhet . daz ín dísên lau-
lóbin   lob
5 dibus kesúngen uuirt. Díe selben laudes sint fernúmist dauidi .
liúte
daz chit christiano populo. Vues sint síe imo fernumist? Daz hiêr neist
lant mandungo sunder siûftôdes   noh sprángonis sunder cháronnis.
regio gaudendi sed gemendi . et non exultandi . sed plangendi. Vn-
frô-sprangot   án ge-
de úbe dehêin exultatio únseren herzon ána ist . daz diû ist in
dingi.   án sacho
spe . nals in re.   *spexeris deprecationem meam.*
10 E *XAVDI DEVS DEPRECATIONEM MEAM . ET NE DE-*   2
Kehôre Got mína flêha . unde nefersíh mína dígi.   S350
Intende mihi et exaudi me. Duô mîn uuára . unde   3
gehôre mih. *Contristatus sum in exercitatione mea.* Ih pin unfrô
uuorden in mínero ge-uôbedo. Daz chit . an démo leîde . daz mir
15 fóne diên ubelen gescêhen ist . daz mih uôbet unde gértet . pin
ih so irlégen . daz ih iz chúmo fertrágo. *Et conturbatus sum °a uoce*   4
inimici . et a tribulatione peccatoris. Vnde bin getruôbet fóre
des fiendes stimmo . unde fóre dero bínun des súndigen. Ih uuol-
unchraft   muôtis
ta die múnnon . die mih házzent . nu irret mih infirmitas men-
20 tis . daz chit muôtsuht . unde nímet mir dîa lúteri des herzen.
Quoniam declinauerunt in me iniquitatem. Vuanda íro unreht chêrton
an mih míne fienda. Siê uuáren mir be únrehte fîent . uuanda
ih ín hold uuas. *Et in ira molesti erant mihi.* Vnde in íro zorne .
uuáren síe mir inblándene. Des uuíle mih Got ke-niêtot uuer-
25 den . unde mit diû uôberot er mih. Aber daz ih iz fertráge .   P207
daz ist úber míne chrefte. *Cor meum conturbatum est in me.* Des   5

---

4 finis: über f Ras., über i[1] Zkfl. rad.   9 zwischen re . und spexe-
ris *trennendes rotes Schmuckmuster*

2 púrlichi: r aus c verb.   9 ántsacho

dinges ist mîn herza getruôbet . uuanda iz uuíget mir. *Et for-*
mido mortis cecidit super me. Vnde tôdes forhta cham mih ána.
   hoz   minnesami   haz
Odium ist der tôd . also dilectio der lîb ist. Odium forhta ih. *Timor*   6 S351
et tremor uenerunt super me . et contexerunt me tenebre. Forhta unde
                  minnesami
5 bíbenot chámen mih ána . unde fínstrina bedáhton mih. Dilectio
   lîeht haz finstrina   der sînen bruôder hazzet
ist lumen . odium tenebre. Also iz chit. *QVI ODIT FRATREM*
   der ist in finstri
SVVM IN TENEBRIS EST. Et dixi. Vnde dô chad ih. *Quis da-*   7
bit mihi pennas sicut columbe . et uolabo et requiescam? Vuer gíbet
mir also tûbun féderâ . daz ih flíege unde râuuee? Vuer gehílfet
10 mir daz ih mit minnon in einote geflîehe . alde irstérbe . nio mih
fîentscaft ne-úberuuínde? *Ecce elongaui fugiens . et mansi in soli-*   8
tudine. Sîno . geférrêt pin ih flîehendo . unde in einote uuóneta
ih. In dés herzen toûgeni tuálta ih . dâr échert got sámet mir
ist . dâr suôhta ih râuua . unde fant sórgûn. *Expectabam dominum*   9
15 *qui saluum me faceret . a pusillo animo et tempestate.* Fóne díû beît
ih trúhtenes . daz er mih hiêlte fóre uueîhmuôti . unde fóre dúne-   S352
ste. Er sliêf in mînemo scéffe . unz ih uuêihmûote uuas . unde unz
ih ne-dâhta . uuaz er umbe mih leîd. So ih is irhúgeta . unde er
an mir iruuácheta . so stílleton die uuélla . sô ne-uuág mir . daz
20 ih leîd . uuanda ih fóne ímo uuíssa . mêrun nôt irlíttena. *Preci-*   10
pita domine. Screcche siê níder trúhten. Er-uélle siê . uuanda sîe ze hô-
he sint. *Et diuide linguas eorum.* Vnde scéid íro zúnga . die einstim-
me ze úbele sint. *Quoniam uidi iniquitatem et contradi<c>tionem in ciuitate.*   P208
Vuanda ih unreht kesah . unde uuidersprâcha in dero burg. Fone
25 díû flôh ih in einote . uuanda mir daz in dero burg misselîcheta.
Daz ist d<i>û burg . dar lingue uuúrden diuise . dia got iruálta . doh

---

6 QVI: *vor* V *Ras.*

3 hoz: *haz 6 hazzet bruôder: *durch Zeichen umgestellt*

sia alle peccatores iêo noh îlen zímberon. *Die ac nocte circum-* 11
dabit eam super muros eius iniquitas. Vnébeni umbe halbot dîa burg
óbe diên mûron. Iro unreht ist hôhera . dann iro mûra. *Et labor*
in medio eius . °*et iniustitia.* Vnde in jro mitti ist arbêit . unde ún- 12 S353
              firdrúccheda   mêinis úbertêilida
5 reht . daz chit *oppressio* . unde *nefanda iudicia. Et non defecit de*
plateis eius usura et dolus. Vnde in jro gázzon negebrást uuuô-
cherúngo unde bisuuîches. Vbelo uuuôcherot . der lúzzel gíbet .
unde filo inpháhet . uuîrs uuuôcherot . der umbe uuort mánslaht
tuôt. *Quoniam si inimicus maledixisset mihi . sustinuissem utique.* Vuan- 13
10 da úbe mîn fient mir úbelo spráche . daz fertruôge ih. *Et si is qui*
oderat me . super me magna locutus fuisset . absconderem me utique
ab eo. Vnde der mih óffeno l.ázzet . spráche der fóne mir úber-
muôtechlicho . unde táte er mir drouuun . dánne búrge ih mih
fóre îmo. Ih rûmdi diên sô getânen . unde fuôre in einote. *Tu ue-* 14
15 *ro homo unanimis . dux meus et notus meus.* Aber dû mîn eîn-
muôtigo . mîn uuîso . min chúndo . riête mih ána. Daz uuîget mir
hartor. *Qui simul mecum dulces capiebas cibos.* Dû sáment mir áz- 15
ze. *In domo dei ambulauimus cum consensu[m].* Ih unde dû giêngen
eîniîhtigo in demo Gôtes hûs. Vuir iáhen an êinen Got . unde
20 béteton êinen Got . den ne-êretost dû an mir. *Veniat mors super* 16
illos. Der tôd chóme diê ána . diê sólih sint . also fiûr diê genám . P209
diê mit moyse strîten. *Et descendant in infernum uiuentes.* S354
   fúrstin
Vnde fáren iro *principes* lébende ze hello. Also dathan unde a-
            des rehtis scêidungo   pe-zeîchinlîcho
biron . diê hoûbet des *scismatis* uuâren. Aber *mysticę* fárent
25 diê lébende ze héllo . diê uuízendo ferlóren uuerdent. *Quoniam ne-*
quitia in habitaculis eorum. Vuanda árguuíllo in îro seldon ist.

---

11 absconderem: erem *auf Ras.*   13 drouuun: u³ *aus* o *rad. und verb.*
    19 eîniîhtigo   23 lébende: e³ *aus* o *rad. und verb.*   dathan:
h *übergeschr.*   *Punkt steht nach* 13 mir

Dâr siê echert eîna uuíla uuésen suln . dâr sceînent sie íro argi. *In*
                                                              úbel uuillo
medio eorum. In íro mitti. Daz ist íro herza. Dar ist íro malitia. *Ego*   17

autem ad deum clamaui . et dominus saluabit me. Ih háreta aber ze Góte christi-
cristane
anus populus unde er gehiêlt mih . unde nam mih ûzzer diên uuider-

5 muôten. *Vespere et mane et meridie . narrabo et adnuntiabo . et*   18 S355

exaudiet uocem meam. In [h]âbent uuanda CHRISTVS dô uuas in cruce .

in mórgen do CHRISTVS irstuônt . in mítten dag do er irhôhet uuart !
ze zeseuuun sínis fater
ad dexteram patris . zello ih . unde chundo . unde er gehôret mîna

stimma. *Redimet in pace animam meam . ab his qui appropinquant mi-*   19

10 *hi.* Doh siê stúrmen . er irlôset mih ! in fríde fóne diên . diê sih ze mir

nâhênt. Fone uuiû chist dû nâhent? *Quoniam inter multos erant me-*
                                                              hêleuua
cum. Vuanda sie under mánigen die palea sint . sáment mir uuâ-
                                               chôrin
ren . nals mit únmánigen die triticum sint. *Exaudiet deus . et humi-*   20

liabit eos qui est ante secula. Mih kehôret Got . unde gediêmuotet siê .

15 der êr dero uuérlte ist. Sie leitet neuuêiz uuér míttunt chómenêr .

der fóre uuérlte ríchesot . der geníderet síe. *Non enim est illis commu-*

tatio . et non timuerunt deum. Daz ist fóne diû . uuanda in íro líbes uuéh-   P210

sal neíst . unde siê Got ne-fórhton. *Extendit manum suam in retribu-*   21

endo. Er récchet sîna hant ze lône. In iudicio lônot ér in. *Conta-*

20 *minauerunt testamentum eius.* Sie intuuéreton sîna érbescríft. Vuieo   S356
                    an dînero chúnnescefte uuerdent keségenot alle diête
chit diû scrift? IN SEMINE TVO BENEDICENTVR OMNES GEN-
            únrehtero geloûbo   rehtsceídig
TES. Der hereticus unde scismaticus ist . der ist kesceîden fóne
líchàmin   ségen   in dêro slahto
corpore CHRISTI . der ne-suôchet benedictionem in semine abrahę . be-
                                                                erbe-scriben
diû ne-lôsêt er démo testatori. *Diuisi sunt prę ira uultus eius . et appropi-*   22

25 *auit cor illius.* Fone sînemo zorne uuúrden siê gesceîden . unde
                                           in trinnisso
do nâhta sîn hérza. So arriani châmen . so uuard in trinitate Gó-

---

15 dero] dir   19 in: *Akut oben anrad.*   *Punkt fehlt* 5³ 6²

tes uuillo dúrnohto geóffenot . do náhta sih diű réhta fernú-
       rèhtfólgerro ⸏ uuísfrága   irscútet
mest dero catholicorum. Iro questiones uuúrden discusse . dan-

nan begónda scînen diű uuárhêit. *Molliti sunt sermones eius super*   S357

oleum . et ipsi sunt iacula. Sîniu uuort sint línderen unde uuélcheren

5 danne oleum . unde diű selben sint strála. Gótes uuort diű hérte

uuâren . sint uuélh uuórdeniű . an déro uuelchi . neist în îro chraft
               cuôtin prediarin
ingángen . nube sanctis predicatoribus sint siű in gescóz peuuéndet. *Ia-*   23

cta in deum curam tuam. Diű gescóz ne-brútten dih . uuirf an Gót

dîna sorgun. *Et ipse te enutriet.* Vnde ér ziűgedot dih . unde er
                                                       stêdi
10 ist dîn portus. *Non dabit in eternum fluctuationem iusto.* Pediű

ne-lâzet er démo rehten gescêhen uuéllôd in êuua. Vbe iz eîna
                                                    uôbunga
uuîla ist . daz ist îmo exercitatio. Vuaz kesciêhet áber énen? *Tu*   P211 S358 24

uero deus deduces eos in puteum interitus. Dű Got uuírfest sie in dîa
                            in dèn gumpiten helle fiûris
buzza déro ferlórni . in stagnum gehenne ignis. *Viri sanguinum et*

15 *dolosi non dimidiabunt dies suos.* Manslékken unde uízese . ne-

métement îro tága. Got métemet sie . sie ne-habent îro geuuált.

Doh siê în selben gehêizzen lángliβi . Got ist der în sîa ne-gíbet. *Ego*

autem in te sperabo domine. Ih kedîngo áber an dih truhten . daz dű

mih sáment în ne-ferliêsest. IN FINEM PRO POPVLO QVI A   1

20 SANCTIS LONGE FACTVS EST . IPSI DAVID IN TITVLI

INSCRIPTIONE CVM TENVERVNT EVM ALLOPHILI

IN GETH. **D**iser salmo uuirt kesúngen selbemo DAVID . daz chit

CHRISTO . umbe den liût . der férro gescêiden uuard fóne diên hêili-   S359
                                                    niêht ne-scrib
gon . án dero zeîchen-scrifte. Vuanda sie cháden. NOLI SCRIBE-
     chúning iúdon . sunder daz er selbo chad . ih pin chúning iudon.
25 RE REX IVDEORVM . SED QVIA DIXIT REX SVM IVDEORVM .

dar ána ferloûgendon sîe CHRISTI . daz nám în dîa hêiligi. Sús sang

---

9 *zűgedot   10 portus: über o Ras.   Punkt fehlt 4[1]

14 nach helle kommaartiger Ansatz eines Buchstabens

```
                              ûz-liûte
Dauid dô in allophili . daz chit alienigene mit in hábeton in geth.
         in uuîntrôton
daz chît in torculari. Vbe DauID CHRISTVS ist . uuieo uuirt er gehábet
       torcile    ^    uuîhsamenunga    líchamo    petrúccheda
in torculari? Ane daz ecclesia diû sin corpus ist . pressuram hiêr in uuerl-
                fresso        uuocher  dúlte         Pére
te lídet. In déro pressura gíbet sî fructum patientię . also ûua uí-
```

5 num gibet in torculari . unde sô ist iro sus ze_béttonne.

M ISERERE MEI DEVS . QVONIAM CONCVLCA-
uit me homo. Got knáde mir . uuanda mih mén-
nisco getréttot hábet. Vbe dû uuînebere bist .
so gíbest dû uuín getretener. Bediû ne-furhte

10   den tréttôd. Tota die bellans tribulauit me.
                                         lûta die-
Allen dag féhtendo bînota er mih. Daz ist állero déro uox . QVI
der uuóla uuellen lében fôre Gote
VOLVNT PIE VIVERE IN CHRISTO IESV . uuanda die ne-uuér-

dent úbere uuîges in állen zîten. Conculcauerunt me inimici
mei tota die . ab altitudine diei . i . a superbia temporali. Allen dag

15 tréttoton mih mîne fîenda . fôre iro úbermûoti . diû únlango uué-
ret. Quoniam multi qui debellant me timebunt. Daz kescah . uuanda
                                                 ze suono tage
mánige diê mih nû ana féhtent . furhtent ín in die iudicii. Siê
                                                    lame
eîdont dánne . daz sîe nû in gnîuz tuônt. Ego uero in te sperabo
domine. Aber ih kedingo an dih. Fóne diû ne-sol ih mir danne furh-

20 ten. Die nû stúpidi sint . daz chit . diê iro nieht ne-infindent . un-
de ferlóren hábent sensum doloris . diê uuerdent danne timidi.

In deo laudabo sermones meos. An Góte lóbon ih mîniu uuort .
uuanda er gáb mir siû . er getuôt siû uuésen guôt. In deo spera-
ui non timebo quid faciat mihi caro. An Gót kedîngta ih . uuaz

25 mir ménnisco tûe nefúrhto ih. Vua uuas ih . ketréttot uuard
ih . uinum uuirdo ih. Tota die uerba mea execrabantur. Allen dag

---

9 getretener: t² aus tt rad. und verb.   17 iudicii: u auf Ras.
18 gnîûz: Zkfl. über u durch Punkt darüber und darunter getilgt
Punkt fehlt 1¹   Punkt steht nach 17 furhtent

11 die: d aus b oder o verb., i übergeschr.   12 der der

uuúrden geleîdezet mîniu uuort. Áber Got uuard an ín geleîdezet .

der mir siû gâb. *Aduersum me omnia consilia eorum in malum.* Alle íro

râta . sint in árg keméinet uuíder mir . daz scêidet siê fóne diên hêi-
uuîhsamenunga
ligon. *Inhabitabunt et abscondent.* In sancta ęcclesia bûent siê . unde ber-

5 gent uuaz siê sint. Vuaz tuônt die? *Ipsi calcaneum meum obseruabunt.*

Díe huôtent mînero férsenun . sie fârent úbe ih slíphe . úbe ih mísse-

tuôe doh in̲ êinemo uuorde. *Sicut sustinuit anima mea.* Also ih irlí-

ten hábo . also ih oûh êr chúnneta . also mir ofto fóne ín gescêhen

ist. *Pro nihilo saluos facies eos.* Ioh sóliche gehaltest dû umbe niêht.

10 Fergébeno . unde âne iro frêhte gehaltest dû genuôge diên gelîche.
lupus   humilis
Sólih fârare uuas saulus . êr er uuúrde PAVLVS. *In ira populos confringes.*

In dînemo zorne geuuêichest dû díe liûte. Daz zórn ist fáterlih . mit

démo dû siê gebézzerost. Dû chéstegost siê . dannân genésent siê. *Deus*
°*uitam meam adnuntiaui tibi.* Dir Got chunta ih mînen lîb. Ih lóbeta

15 dih des . daz du mih tâte lében. Dînes danches lébo ih . dir iího ih
ih   ê   uuas Götscëlto
is. Also Paulus iah do er chad. QVI PRIVS FVI BLASPHEMVS
unde âhtare   uuidermuôtig sunder Gótes irbármeda
ET PERSECVTOR . ET INIVRIOSVS . SED MISERICORDIAM CONSE-
kevvân ih.
CVTVS SVM. *Posuisti lacrimas meas in conspectu tuo . sicut in*

promissione tua . s . locutus es. Mîne trâne sâhe dû ána . also dû ge-
hára mih ána an dêmo tage pînon.
20 hiêzze . do dû châde. INVOCA ME IN DIE TRIBVLATIONIS
ih lóse dih
ET ERVAM TE. *Conuertentur inimici mei retrorsum.* Mîne fí-

enda uuérden pechêret ze rúkke. Siê gânt paz nâh dir . danne

siê beîten fúre dih. *In quacumque die inuocauero te . ecce cognoui*

quoniam deus meus es tu. So uuéles tâges ih dih ána hâren . so uuêiz ih

25 daz du mîn Got pist. Dâr ána scêinest du daz du mîn Got pist .

uuanda dû mir bíttentemo hílfest. Állero Got pist dû . áber mîn

---

1 geleîdezet[1]: *z auf Ras.*   4 bûent: *Zkfl. durch Schleife des* g *der*
Glosse fast völlig verdeckt   7 *Sehrt z. St.:* *in deheinemo (?)
9 sóliche: *e aus* o *rad. und verb.*   20 Do

16 Götscëlto: *davor* K *und Ansatz eines* o

súnderigo . unde dero . diên du dîh selben gíbest. *In deo laudabo* 11
uerbum . in domino laudabo sermonem . in deo speraui . non timebo quid P214
faciat mihi homo. Daz ist fóre geréccħet. *In me sunt deus uota . quę* 12
reddam laudationes tibi. Ih hábo in mír diê inthêizza lóbis . dîe
ih dír ántuuúrto in énero uuérlte . súsliches trôstes. Vuiêoliches?
Quoniam eripuisti animam meam de morte . oculos meos a lacrimis . pedes 13
meos a lapsu. Daz dû dánne irlôset hábest mîna sêla fóne tôde .
mîniu oûgen fone trânen . mîne fuôzze fóne slíphenne. *Vt place-*
am coram deo in lumine uiuentium. Daz ih dâr fóre Góte lîchee .
in dero lébendon liêhte. Des liêhtes darbent dar . die sih hiêr fér-
ro tuônt fone diên héiligon. *IN FINEM NE DISPERDAS DAVID* 1
IN TITVLI INSCRIPTIONE . CVM FVGERET A FACIE
SAVL IN SPELVNCA. **U**uanda dauid christum . unde saul be-
liût
zeîchenet gentem iudeorum . fóne diû spríchet disiû fóre-scrift pro- S365
fóre-sâgelicho   liûte
pheticę ze iudaico populo alde ze pilato. *NE DISPERDAS DA-*
VID SVBAVDITVR REGNVM IN TITVLI INSCRIPTI-
ONE. Daz chît . ne-fersâge CHRISTIS rîche an dero zeîchen-
scrifte. Daz hábeti pilatus ketân . ube er iudeis fólgeti. Vuanne?
danne-dir fluôhe daz ist   fóne saulis kesîhte.daz ist iûdon in eîn hol.
Cum fugeret dauid idest CHRISTVS *a facie saul idest iudeorum in spelun-*
zeîchen-scrift
cam. Do uuas der titulus rehto ze scríbenne . do CHRISTVS parg fôre
in dêmo hôle sînis lîchamen   alde des grabis.
iudeis in spelunca sui corporis alde sepulchri . daz er Got uuas. S366
christis mártira urstende
Dára nâh ke-horen *passionem unde resurrectionem domini* gesúngena P215
in allemo dísemo salmen.
MISERERE MEI DEVS MISERERE MEI . 2
quoniam in te confidit anima mea. Gnâde mir Got .
Gnâde mir . uuanda an dîh mîn sêla getrûet. Diz

---

5 *nach* trôstes *. schadhafte Stelle im Pgm.*   16 REGNV̄: *zwischen* V *und*
m-*Strich Ras.*

19 *fluôhe   21 des: *s aus* g *verb.*

kebết ist CHRISTI . sús lêret er únsih péton. Sus péteta er in sînero pas-
mártero
sione . uuanda er mennisco uuas. *Et in umbra alarum tuarum spera-*
bo . donec transeat iniquitas. Vnde uuanda ih kedíngo an dén scá-
to dînero féttacho . unz daz únreht fergánge. Also fốgal sîne iún-
5 gen bruôte . so bruôte mih . dîa uuîla unreht in͜ uuerlte sî. Iê-
 kedúlte
 mer ist iz dâr înne . iêmer ist dúrft patientiẹ. *Clamabo ad deum*   3
altissimum . deum qui benefecit mihi. Ih háren ze demo hôhesten Gố-
te . mînemo fáter der mir uuóla téta an diû . daz er mîne líde an
mír téta irstân. *Misit de cẹlo et liberauit me.* Er santa fone hí-   S367 4
10 mele unde lôsta mih . unde téta mih irstân. *Dedit in opprobrium*
conculcantes me. Er hábet práht ze îteuuîzze . die mih tréttoton.
Vuanda iudei díe iz táten sint nû ûz ferstôzzen . unde sint úber
al ze fersîhte. *Misit deus misericordiam suam et ueritatem suam.* Got santa
mir sîna gnâda unde sîna uuarhêit. Vuára zuô? *Eripuit animam*   5
15 *meam de medio catulorum leonum.* Lôsta mîna sêla ûzzer mitten
 die fúrsten der liût uuelfer
léuuôn uuélferen. Principes uuâren leones . populus catuli leonum.
 prếminte
Siê uuâren gelîcho frementes . er lôsta îodôh sîn sélbes sêla. *Dor-*
miui conturbatus. Ketruôbter sliêf ih. Sie truôbton mih . so
filo iz ze in͜ getráf . unde irstárbton mih . aber mir uuás iz slâf .
20 unde ráuua. *Filii hominum.* Daz táten ménniscon chint. *Dentes*   S308
eorum . arma et sagittẹ. Iro zéne . uuâren uuâfen unde strâla. An íro   P216
griscrámonten zénen uuâren siê geuuâfenet also leones. *Et lingua*
eorum gladius acutus. Vnde uuas in íro zúnga uuássez suert . mit
 hãe in . an daz chriûze stécch͜in
déro siê châden . CRVCIFIGE CRVCIFIGE. *Exaltare super cẹ-*   6
 daz pilde des scálches
25 *los deus.* Forma serui sprîchet nû. Héue dih úber hímela Got. Nim
dih selben ûzzer déro uuuôtenton handen. Ne-hénge in . daz

---

5 bruô te¹: *dazwischen schadhafte Stelle im Pgm.*   *Punkt fehlt* 3¹

uuinninte
siê langor an dih grassantes sîn. *Et super omnem terram gloria tua.* Vn-
de uber alla erda uuerde irbúret dîn guôllichi . daz úber al dîn
lôb scélle. *Laqueum parauerunt pedibus meis.* Mînen fuôzzen rih-   7
                          irráfsungo   ke-heîz-
ton sie strîgh. Ih kîêng in erdo mit increpatione unde mit promis-
       ze
5 sione . sámoso mit zuêin fuôzzen . dâr ána fâreton sie mir. *Et incur-
uauerunt animam meam.* Vnde getâten sie mih pôgên . uuanda ih
      pôgende   ûfreht
an în curuus uuas nals erectus . unde îro uuérch iêo ze erdo sâ-
hen. *Foderunt ante faciem meam foueam . et inciderunt in eam.* Sie gruô-
ben mir gruôba . unde siê stúrzton dára în. Siê uuúrden dar înne
10 iru[u]éllet . nals ih. So uuér dén ánderen fer-râten uuîle . der ist sel-
bo fer-râten. *Paratum cor meum deus . paratum cor meum.* Nu ist cáro   8 S369
mîn hérza . sid dû iz sô uuîle Got . iz ist cáro . ze fertrágenne íro ú-
beli. *Cantabo et psalmum dicam.* Fóne diû síngo ih dir . unde sálmo-
sángon dir sús. *Exurge gloria mea.* Stant ûf mîn guôllichi. Oûge   9
       irstándo   ûffárendo
15 dih resurgendo unde ascendendo. *Exurge psalterium et cythara.*
                zeîchen   martera
Stánt ûf . unde oûgent iûuih miracula unde passiones. Fóne démo
                                       in rôttun
óberen teîle scéllent seîten in psalterio . dannan châmen CHRISTI mi-   P217
uuuûnder-zeîchen
racula. Aber in cythara scéllent siê fóne démo níderen teîle . dan-
           martera   tôten
nân uuâren passiones CHRISTI. Psalterium scélle . sô irstânt mortui .
         blinden halzen ke-iîhtigote siêchen
20 unde genésent cęci claudi paralitici ęgroti. Cythara scélle . daz   S370
                             sláfe   gefángen uuerde.pefíllet uuerde.
CHRISTVS húnger unde durst lîde . dormiat . teneatur . flagelletur . irri-
pespóttot.ke-gechriûzegot pegráben uuêrde
deatur . crucifigatur . sepeliatur. *Exurgam diluculo.* Ih irstân uuá-
chero. In uóhtun irstuônt psalterium unde cythara . daz ist cor-trúhtinis lîchamo
pus dominicum. *Confitebor tibi in populis domine . et psalmum dicam*   10
25 *tibi in gentibus.* Ih iîho dir únder liûten truhten . unde síngo
dir psalmum under diêten. Daz ist nû irfóllôt . uuanda psalmi unde

---

5 sie: ie *aus* a *rad. und verb.*   7 uuérch: c *aus Ansatz von* h *rad.
und verb.*   20 *akutartiger Pausestrich auf Zeilenhöhe nach* cęci, claudi, paralitici

Gótes lob sint in állen rîchen. *Quoniam magnificata est usque ad cęlos* 11
ueritas tua . et usque ad nubes misericordia tua. Vuanda dîn uuarhêit ist
ke-míchellîchot unz ze hímele . unde dîn gnâda unz ze diên uuól-
chenen. Daz uuírt so ze lésenne prępostero ordine . uuanda uuârhêit
5 ist lútterîu in angelis . unde ist ouh diû fóne gnâdon getêilet sá- S371
                      predigare   uuârhêite
ment diên ménniscon . die prędicatores ueritatis sint. *Exaltare super* 12
cęlos deus . et super omnem terram gloria tua. Daz stât fóre. *IN FINEM NE* 1
DISPERDAS DAVID IN TITVLI INSCRIPTIONE.
      *D*âz stât oûh dâ fóre démo êreren salmen.
10 *SI VERE VTIQVE IVSTITIAM LOQVIMINI .* 2
recta iudicate filii hominum. CHRISTVS chit ad iudeos. Vbe P218
ir ménniscon chint reht spréchent . so áhtont iz ze ré-
hte. Ahtont iz also . sô ir iz spréchent. Cnuêge spréchent
daz siê sô ne-áhtont. Sie chédent úbe mán siê is frâget . daz triû-
15 uua bézzera sî[n] . danne scáz . unde ne-áhtont iz sô . uuanda in der
scáz liêbera ist. Vbe in is érnest uuâre . sô scêindin siê iz . sô ne-
uuéhsalotîn siê dîa triûuua umbe scáz. *Etenim in corde iniquita-* 3
tes operamini in terra. Vnreht in érdo uuúrchent ir in démo hér- S372
zen. Alle diê in érdo sint . diê hábent êr fóllez únreht in hérzen .
20 êr iz chóme ze diên uuérchen. Vuâr ána scînet daz? *Iniquitatem*
manus uestrę concinnant. Vnreht kerértent iûuuere hende. Fóne
démo herzen chúmet iz ze diên hánden. Dánnan sint iûuuere
hénde gehélle ze unrehte. *Alienati sunt peccatores ab útero.* Sún- 4
dige irférreton iû fone íro muôter uuúmbo. Vuannan irférre-
                fone uuârheite.fone Gotes rîche.fone saligemo lîbe.
25 ton siê? A ueritate . a regno dei . a uita beata. Got uuîssa iro úbeli .

---

9 *Dáz   10 nach LOQVIMINI . rotes RE rad.   14 isfrâget: zwischen
is und frâget Art Komma als Trennungszeichen   18 érdo *!*   25 a ui-
ta auf Ras.

êr siê gebóren uuurdin. Alde iz chît . fóne déro uuúmbo sanctę
christenheite
ęcclesię uuúrden siê gefîrret. *Errauerunt a uentre.* Sie feruuállo-

ton fóne démo bûche . dâr uuârhêit ist. Vuiêo do? *Locuti sunt*
                                              keloûbirre
falsa. Pediû lúgen siê . bediû uuúrden siê heretici. *Ira illis secundum*   5

5 *similitudinem serpentis.* Iro zórn déro iudeorum . ist also uuúr-

mis. *Sicut aspidis surdę . et obdurantis aures suas.* Also des toûben

aspidis . unde beuuérfentis sîniu ôren. Er máchot sih toûben .
        den gérmenonten
daz er incantantem ne-gehôre . der in ûzer sînemo lôche uuîle

ferlúcchin. Daz tuôt er eîn ôra dringende an dîa erda . daz ân-

10 der fersciubende mit démo zágele. *Quę non exaudiet uocem in-*   P219 6

cantantium . et ueneficia quę incantantur a sapiente. Der fóne diû

ne-gehôret diê stimma der gérmenontôn . unde diû zoûfer . diû

fóne démo uuîsen des listes kesungen uuérdent. Den ánteroton
                                                       uuîsrachonde
dîe in actibus apostolorum uuâren disputantes cum stephano . dîe iro [h]ô-
                                                                     namen
15 ren ferhábeton sô siê namen CHRISTI gehôrton. *Deus conteret den-*   7

tes eorum in ore ipsorum. Gót fer-múlet îro zéne in íro munde. Sîe
                                              sal_man zins kében
uuolton in zánon . dô siê in frâgeton . LICET CENSVM DARE
demo chêisare alde ne-sal?   sal alde ne-sal
CESARI AN NON? souuéder er châde LICET VEL NON LICET. Er
                                                        Kébent démo
brâch_in áber diê zéne in demo munde . dô er chád. REDDITE
       chêisare daz sîn sî.   unde Góte daz sîn sî.
20 ERGO QVĘ SVNT CESARIS CESARI . ET QVĘ SVNT DEI DEO. Fóne diû châ-

men siê uuîdere ze diên . diê siê dára sánton . mit démo uuórte
daz imo niêman geántuuurten nemahti.
quod nemo posset respondere ei. Molas leonum confringet dominus. Dé-

ro léuuon chinnezéne ferbríchet trúhten. Sie uuâren aspides
   árglisten   crimmi   des lôuuuen prémen   hae in
in astutia . leones in crudelitate. *Fremitus leonis* uuas crucifige   S375
    négele in an chriûze   der irhángeno   christane
25 crucifige. Vuanda áber crucifixus irstuônt . unde fideles über

1 uuurdin: u³ *aus* o *rad. und verb.*   fóne] fóre   2 uuúrden /
12 diê: *dia   15 gehôrton: orton *auf Ras.*   Punkt fehlt 11¹

8 geŕmenonten: r *aus langem* s (?) *verb.*   22 *vor* geántuuurten *Ansatz
einer Oberlänge*

                          chúninga   crímmi
       ál uuúrden . unde in reges péteton . uuâr uuas íro seuitia do?

       Vuaz kemahton siê do? Do uuâren ferbróchen déro léuuon chìn-

       ne-zéne. *Ad nihilum deuenient tanquam aqua decurrens.* Siê ze-

       gânt also gáhez uuázzer . daz sâ ferloûffen ist. *Intendit arcum*

5   *suum donec infirmentur.* Got spânet sînen bógen . unz siê geuuêi-

       chent. Er égot ín . unde tuot daz siê gehîrment. Also er saulo té-
                              uuaz âhtist du mîn?   dir ist herte
       ta . do er chad . QVID ME PERSEQVERIS? DVRVM EST TI-
            uuìder   garte   ze spórnonne
       BI CONTRA STIMVLVM CALCITRARE. *Sicut cera lique-*

       facta . auferentur. Diê sih áber fóne diên dróuuon ne-bézzeront .
                                        fiûre kelûste
10   unde sie hiêr sint . also ze-lâzenez uuahs fóne igne concupiscen-

       tiẹ . díe uuerdent dána genómen fóne sînero gesîhte. Iro unrêi-

       ni . n-lâzet siê fúre ín chómen. *Supercecidit ignis.* Daz fiûr fiêl

       síe ána. Mánigfaltiu gelúst chám siê ána. *Et non uiderunt solem.*

       Vnde bedíu ne-gesâhen siê gót . der uuâriû súnna ist. *Priusquam*

15   *producant spinẹ uestrẹ ramnum . sicut uiuentes . sicut in ira obsorbet eos.*
                               iro dorna
       Spinẹ uestrẹ chit ér . fúre spinẹ eorum. Got ferslindet siê . êr íro dorna

       gebéren den ramnum. Er tíligot siê . êr íro úbeli gestarchee. Vuêi-

       che sint ze êrist diê dórna an ramno . dára nah uuerdent siê hír-

       lícho herte unde stárch. Also lebende ferslindet er siê . sie sint á-

20   ber tôt . doh síe in sélbên dúnchen lében. Vnde also in zórne .

       dánne áber ér in guôtemo ist. Daz er chît ferslíndet siê . daz ist

       also er châde . ke-nímet er siê . unde ne-lâzet síe lében . so lángo

       so siê gedénchet hábeton. *Lẹtabitur iustus com uiderit uindictam.*

       Der réhto fréuuet sih . sô er gesiêhet an diên súndigen den geríh
           dero êristun sundo   ubil   gelúst   eristun
25   primi peccati. Daz ist mala concupiscentia . diû ist fóne primo
           súndo   der rehto   sîn uuizza
       peccato. Diê fliêhet iustus . pediû hábet ér rêina conscientiam . déro

---

2 do: *danach h rad., dann Fragezeichen darübergeschr.* 11 (r; *r auf
dem Rand noch sichtbar*) gesîhte: *langes s unten anrad.* 18 ramno.da-
ra: *o.d aus um rad. und verb.* 19 lebende: e³ *aus o rad. und verb.*
 21 dánna 24 geríh: er *auf Ras.* 26 *Díe

1 chúninga: chunin *auf Ras.*

fréuuet er sih. *Manus suas lauabit in sanguine peccatoris.* Er duâ-
het sîne hende . in_dés súndigen bluôte. Daz chit . er bézzerot sih
                                                        Koúche fer-
an sînero ferlórnissedo. Also der uuîso salomon chit. STVLTO PER-   P221
lornemo uuizzet   der uuîso
EVNTE . SAPIENS ASTVTIOR FIT. *Et dicet homo . si utique*   12
5 *est fructus iusto . utique est deus iudicans eos in terra.* Vnde so chît man.
Vbe der rehto uuuôcherot . úbe er ich hiêr lôn hábet . so ist in_erdo
                              suônetag
Got úber siê irtêilende . er dies iudicii chome. So ist daz uuâr . daz
                              keîslichi   frôi
er rehtên hiêr gibet ze fóre-zálo spiritalem letitiam . unde hára nâh
den êuuigen lîb
uitam eternam. *IN FINEM NE DISPERDAS DAVID IN TI-*   1 S378
10 *TVLI INSCRIPTIONE . QVANDO MISIT SAVL ET CVS-*

TODIVIT DOMVM EIVS VT INTERFICERET EVM.

Disen salmen sang DAUID . do saul santa . unde sîn hus pesazta . daz
                                     fóre-zêichenis
er in dâr irsluôge. Der ánder têil dísses tituli ist fore geságet.
                           cráp
Saul bezêichenet iudeos . die sepulchrum CHRISTI besazton . daz siê
                                              urstendida
15 in an sînen liden fertîligotin. Vuánda úbe siê resurrectionem fer-
ságen máhtin . so uuúrde sîn námo fertîligot. Vuíder diên bé-
tot nû CHRISTVS.   *tibus in me libera me.*

ERIPE ME DE INIMICIS MEIS DEVS MEVS. *Lô-*   2
   se mih fóne mînen fienden Got mîner. *Et ab insurgen-*
20 Vnde fóne mih ánanéndenten genére mih. *Eripe me*   3
   de operantibus iniquitatem. Lôse mih fóne únrehto fa-
renten. *Et de uiris sanguinum salua me.* Vnde halt mih fóre mán-
                                                           martiro
slekkon. *Quia ecce occupauerunt animam meam.* Vuanda siê mih   4
kefángen hábent. Sie hábent mih práht . in dîa nôt déro passio-   P222 S379
25 nis. *Irruerunt in me fortes.* Mih hábent stárche hínder stánden.
der uuíder-fliêz   sîne diênestman
Diabolus unde ministri eius. *Neque iniquitas mea . neque peccatum meum*   5

---

6 hiêr: hie *auf Ras.*   7 *ēr   15 Vuánda: u *auf Ras. von 2 Buch-*
staben (be ? uu ?)   17 tibus *bis* me. *ist mit Z.* 19 *zu verbinden*
21/22 farenten: r *aus* f *rad. und verb.*   *Punkt steht nach* 15 in

8 *kēistlicha

domine. Ne-hêin unreht . ne-hêin sunda ne-îst an mîr. *Sine iniquitate*

cucurri . et dirigebar. Âne ûnreht lîuf ih . unde rehto chêrta ih mih

starch
dâra ih solta. Doh sie fortes sîn . sie ne-múgen mir gefólgên. *Exurge* 6

in occursum mihi. Stant ûf . ingágene mir . hilf mir daz ih irstande.

5 *Et uide.* Vnde sih dîa grihti mînes lôuftes . daz chit . duô sîa ándere

gesêhen . unde mir fólgen . unde mih pechénnen dir gelîchen. *Et tu*

domine deus uirtutum deus israhel. Vnde dû trûhten Got chréftigo . Got isra-

helis . êines tiêtes sô man uuânet. *Intende ad uisitandas omnes gentes.*

Île uuîson állero diête. Pring sîe álle ze gelôubo. *Non miserearis omnibus* S380

10 *qui operantur iniquitatem.* Noh állen ne-fergébest dû iz . diê ûnreht

uuúrchent. Ne-lâz iz úngeandot sîn. Alde siê selben ingélten sih

is . alde dû ingélte siê is. Oûh sint sunda . dîe Got nefergîbet. Daz sint
ube Got ne-uuólti   ih ne-tâte niêuuet
dero súnde . diê-dir chédent. SI DEVS NOLVISSET . ID NON FECIS-
sô
SEM. Dîe lékkent ûfen Gót îro scúlde . daz únfertrágenlîh ist. *Con* 7

15 *uertentur ad uesperam . et famem patientur ut canes.* Ze âbende uuér-
an ende uuerlte
dent sîe bechêret . daz ist in fine seculi. Vuanda sô helias chúmet un-

de enoch . so uuerdent iudei gelôubig. Danne uuerdent siê hún-

gerg déro gelôubo . also gentes . dîe siê húnda hiêzzen . uuanda siê

în únrêine geduôhton. *Et circuibunt ciuitatem.* Vnde umbe gânt
prediondo
20 sie dîa búrg. Alla uuerlt umbe fárent sie predicando. Daz paulus té- P223 S381

ta . unde andere apostoli . daz tuônt siê danne. *Ecce ipsi loquentur in o-* 8

re suo . et gladius in labiis eorum. Sie spréchent daz danne in múnde
Gótes
daz nû ne-îst in muôte . unde ist suért in îro lefsen . daz ist uerbum
uuórt
dei. *Quoniam quis audiuit?* Vuanda uuer hôrta iz? Daz sprechent sie

25 zúrnendo . daz suért ist in îro lefsen . ziû ándere negehôren . daz

siê fóre gehôren ne-uuólton. Sámo so siê selben ad uesperam bechê-

---

Punkt steht nach 10 ûnreht

ret ne-uuúrdîn. *Et tu domine deridebis eos.* Vnde dû truhten hú‑
host déro . diê dîn uuort ke-hôren ne-uuéllen. *Pro nihilo omnes gen‑
tes.* Dû ahtost álle úngeloûbige diête fúre niêht. Alde iz chit. Fóre
dir ist semfte . unde also niêht . daz dû alle diête bechêrest. *Forti‑*
5 *tudinem meam ad te custodiam.* Mîna starchi behuôto ih ze dir.
Vuanda dána fóne dir ne-hábo ih sîa . fóne dir fárendo ferliûso ih
sîa. *Quia deus susceptor meus es.* Vuanda du mîn inphángêre bist.
Vbelo uuas ih . in súndon lág ih . dannan náme dû mih . unde ze
dir zúge dû mih. *Deus meus misericordia eius preueniet me.* Min Got ist .
10 des knáda fúrefángot mih. Nehêin guôt ne-táte ih . ne-gegruôz-
ti er mih dara zûo. *Deus meus ostende mihi inter inimicos meos.* Got
mîner geoûge mir under mînen fienden dîna gnâda . daz oûh
sîe gebézzerot uuerden . unde fóne fienden friûnt uuérdên. *Ne*
occideris eos . nequando obliuiscantur legis tue. Nesláh siê . nîo sîe
15 danne ne-irgézzên dînero êo. Iudeos ne-sláh du dâr ána . daz siê
irgézzen dînero êo. Lâ siê uuéren unz ze âbende . unde bechêre
sie dánne. *Disperge illos in uirtute tua.* Zeuuirf sie in dînero chref‑
te . so uuît romanum imperium sî. *Et destrue eos protector meus domine.*
Vnde zestôre siê iro únrehtes . truhten mîn scermâre. *Delicta oris*
20 *eorum . sermonem labiorum ipsorum.* Ne-sláh siê . sláh iro múndis misse-
tate . slah daz uuort iro léfso. Duô in dîa brúti . den siê eiscôtin
ze tôde . daz siê dén gesêhen irstándenen ze lîbe. *Et comprehendan‑*
tur in superbia sua. Vnde sie irfáren uuerden in iro úbermûoti.
                              stárche
Vuiêo in gemêitun sie sih áhtoton fórtes . ménniscen slándo . in dé-
25 mo Got lébeta. *Et de execratione et mendatio euellentur.* Vnde so
uuerdent siê genómen úzzer leîdsami . unde ûzzer lúge. Daz prín-

---

6 fóne²: *über* e *Ras.*   11 *vor* mih *Ras.;* h *aus* r *rad. und verb.*
20 múndis: un *aus langen* ss *rad. und verb.* (miss>mun)

get siê ze riúuun . unde ze toûfi. *In ira consum<m>ationis* . i . *perfectionis*.   14

In̦ dero irbólgeni déro durnohti. In dero genésent siê. Ze ín se<l>ben

belgent siê sih . daz ketuôt siê dúrnohte. *Et non erunt . s . superbi.*

Vnde danne ne-sínt sie úbermuote so siê uuâren. Síe bechénnent
                   uuaz tuôien uuirs bruôdera
5 íro sculde . unde chédent ze diên apostolis. QVID FACIEMVS FRATRES.
          tuont riúuua unde lazzent iúh
Daz fernément siê. PĘNITENTIAM AGITE . ET BAPTIZETVR V-
   álle toûfen
NVSQVISQVE VESTRVM. *Et scient quia deus dominabitur iacob et fini-*

um terrę. Vnde danne uuízzen sie daz Got uualtet . niêht eín

iudeorum . nube állero éndô déro érdo. Vnde uuiêo féret iz?

10 *Conuertentur ad uesperam . et famem patientur ut canes.* Híndenan spâto .   15 S384

nah christis sláhto uuerdent sie danne bechêret . unde húngerg

also hunda. *Et circuibunt ciuitatem.* Vnde brédegont sie diê
          Purch úmbestannis
gentes . díe ciuitas circumstantię hêizzent. Dero canum uuas
           ze martiro
PAVLVS eîner. Díser uers tríffet *ad passionem* . der ímo gelíh ist
       ze énde uuerlte
15 fóre . der triffet *ad finem sęculi. Ipsi dispergentur ad manducandum.* Diê   16 P225
             keístlicha fuôra
uuerdent ze-uuêibet ze ézzenne spiritalem cibum. Also ze PE-
          slah unde iz
TRO ge-sprochen uuard . MACTA ET MANDVCA. *Si uero non*

fuerint saturati et murmurabunt. Dánnan gescíehet . úbe síe sát
           múrmeront   uuer
ne-uuerdent . daz siê murmurationem tuont. Also daz ist. QVIS
hórta iz.
20 AVDIVIT? *Ego autem cantabo uirtutem tuam.* Aber ih singo dîna   17

chraft fâter an mînen liden . so síe folle-chóment . ze dînero ána-

sihte. *Et exultabo mane misericordiam tuam.* Vnde in̦ mórgen fréuuo   S385

ih mih dînero gnâdo. Sô dísiû uuérltnaht zegât . unde diû uuâ-

ra sunna irscînet . so bin ih an ín frô. *Quia factus es susceptor meus.*

25 Vuanda dû bist mîn inphángere. Dû inphâhest mih . unde haltest

mih in dînemo rîche. *Et refugium meum in die tribulationis meę.*

---

1 prin//get: t *auf Ras. von* nt   7 dominabitur: *über* tu *roter ur-*
Strich rad.   9 *éndo   25 haltest: *über* a *Akut rad.*

5 *uuir is *(vgl. 216,12; 265,7)*

Vnde mîn zûofluht . an démo táge mînero bîno. So mir nôt ist . sô
geflîeho ih ze dir. *Adiutor meus tibi psallam . quia deus susceptor meus* 18
es. Mîn hélfare . dir singo ih . uuanda du min inphángere bist. *Deus*
meus misericordia mea. Got mîner . mîn gnâda. Vuiêo mîn gnâda? Ane suáz
5 ih pin . daz ist fóne dînero gnâdo. *IN FINEM HIS QVI COMMV-* 1
TABVNTVR IN TITVLI INSCRIPTIONE IPSI DAVID IN
DOCTRINAM . CVM SVCCENDIT MESOPOTAMIAM 2
SYRIAM . ET SYRIAM SOBAL. ET CONVERTIT MOAB
ET PERCVSSIT EDOM IN VALLE SALINARVM . XII . MI-
10 *LIA*. An christum siêhet diser psalmus . diên gesúngener . diê an diêa   S386 P226
                                             chúninge uuíder-
zeîchenscrift keuuéhselot uuérdent . so . daz sie fóne rege diabo-
flúzze   ze   chúninge pigíhtaro
lo sih pechêren ad christum . *regem iudeorum*. Sélbemo dauîdi . sélbe-
mo CHRISTO ze diênonne . unde an sîna lêra ze dénchenne. Also iz
fuor . do der uuâr[r]o dauid prándo mesopotamiam syriam . un-
                                                     ántfrísta
15 de syriam sobal. Mit rehte branda er siê . daz ougent diê interpre-
                 ûf irhábin ládunga   ûf-lanch
tationes. *Mesopotamia eleuata uocatio. Syria sublimis. Sobal*
in-uuíht altir úbermuôti úppechêit   áltî   der-dir   S387
uana uetustas . superbiam uanitatem uetustatem ! pranda der . *qui ue-*
cham fiûr uuérfin an erda   den figint
nit ignem mittere in terram. Vnde bechêrta er moab . i . *inimicum* .
                       erdinin
unde sluôg er edom . i . *terrenum*. Vn[o]holde liûte . unde îrdische
20 bechêrta er. *Duodecim milia* sluôg er . in démo tále déro salzcruô-
                                   an diemuoti
bon. Gágen zuelf uuínden gesézzene getéta er *in humilitate* lê-
          in demo smáche uuísheíte tôte déro uuerlte   lébente Góte
ben . unde *in sapore sapientie* . *mortuos saeculo* . *uiuentes deo*.

DEVS REPPVLISTI NOS ET DESTRVXISTI. 3
Christiani dánchont sus CHRISTO . daz er siê geuuéhselot
25 hábet. Dû Got hábest unsih uuídere gestôzzen .
uuanda únrehten uueg . ne-hánctost dû úns ze gân-

---

7 DOCTRINAM: *vor* M *Punkt auf Zeilenhöhe*   8 SOBAL: *vor* B *Ansatz einer*
Oberlänge   10 siêhet: e¹ *aus Ansatz von* h *rad. und verb.*   diêa: *dia
17 *akutartiger Pausestrich nach* superbiam *und* uanitatem

ne. Vnde zestôrtost únsih . daz uuír baz ke-zimberot uuúrdin.

Iratus es. Des alten írreden búlge dû dih. *Et misertus es nobis.* Vn-
niûuuí líbes
de gnâda gefiênge dû unser . nouitatem uitę unsih lêrendo. *Com-*   4
mouisti terram. Dû er-uuêgetost die erda . dû tâte diê súndigen

5 sih irchénnen. *Et conturbasti eam.* Vnde brâhtost dû siê in fórh-
tun . ioh in riûuuun. *Sana contritiones eius quia commota est.*
ze riûuuo
Hêile íro muôtes chnísteda . uuanda sie ad penitentiam iruuéget   S388 P227
ablâze
sint. Trôste sie mit indulgentia. *Ostendisti populo tuo dura.* Hértiû   6
an dero âhtungo
unde arbêitsámiû oûgtost dû dînemo liûte . in persecutione. *Pota-*

10 *sti nos uino conpunctionis.* Trangtost unsih mit démo uuîne ge-
stúngedo. Vuaz ist der uuin? *Dedisti metuentibus te significati-*   R
onem. Daz dû zeíchendost diên dih fúrhtenten . an diên nôten
déro âhtungo. *Vt fugiant a facie arcus.* Daz siê fliêhen fóre
démo bógen . der diê súndigen schiûzet. An demo bógen uuírt

15 diû séneuua sô filo mêr zûo gezógen . sô filo man drâtor sciê-
úbertêilida
zen uuíle . Got frístet ouh iudicium . daz iz des-te hándegora
si. *Vt liberentur dilecti tui.* Daz dîne trûta irlôset uuérden. Daz
siê dén bógen fliêhendo irlôset uuerden . dâr umbe gescêhent
ín hiêr aspera. *Saluum me fac dextera tua.* Mit dînero zésuuun   7

20 gehalt mih . sîd ih uuérltlicha nôth háben súle. *Et exaudi me.*   S389
Vnde gehôre mih . uuanda dir uuérdera ist diû beta dero hime-
liscon guôto . dánne déro írdiscon. *Deus locutus est in sancto suo.* Got   8
fáter sprah an sînemo hêiligin súne CHRISTO . daz so fáren sol. *Lętabor.* Des pin ih sîn liût frô. *Et diuidam sicimam . i . humeros.* Vnde
Gotes purdi   spendo des
25 scêido diê áhsela . die onus domini trágent . in misselichero distributi-
hêiligen Geistis.
ne spiritus sancti. Idola uuúrden begráben fone iacob in sicima . dannan

---

1 *nach uuír Ras.*   4 *die:* *dia   15 *vor man Ras.*   *drâtor:* r¹ *aus*
Ansatz von a verb.   21/22 *hilmeliscon:* 1me *auf Ras.;* 1 *durch Unter-*
streichung getilgt   24 *humeros:* r *aus* l *rad. und verb.*

```
                     diêto              âhsele         ze dêro burdi
   bezêichenet diu stat gentes . dîe sîd îro humeros púten . ad onus
   christanro  ge-dâhte
   christianę deuotionis. Et conuallem tabernaculorum idest gentem          S390

   iudeorum dimetiar. Vnde daz ketúbele dêro hérebirgon . dar

   iacob sîniu scâf stálta . gemizzo ih mir in_têil. Ih uuirdo gesámi-       P228
                fône iudon unde diêtin          puôl     úrchun-
 5 not . ex iudeis et gentibus. Meus est galaad . hoc est aceruus testi-      9
       dis      manegi
   monii. Multitudo martyrum ist mîn. Fone în bin ih oûh kesá-
                                    ágez
   minot. Et meus est manases . hoc est oblitus. Mir gesciêhet noh mîne-
              âhto       agez         in_fride
   ro persecutionis obliuio . so ih in pace muôz púen. Et effraim . i . fru-

   ctificatio . fortitudo capitis mei. Vnde mines hoûbetes starchi          S391
                    christis tôt       mánigfalti   des
10 ist mîn uuuôcherunga. Mors CHRISTI ist min multiplicatio. MOR-
   toten chôrnes cherno pringet filo uuûochers
   TVI GRANVM FRVMENTI MVLTVM FRVCTVM AF-
                                christis obescrifte
   FERT. Iuda rex meus. Ih iiého dêro inscriptioni. CHRISTVS ist mîn

   chúning. Moab . i . gentes . olla spei meę. Der fône unrehtemo ge-         10

   hilêiche chômeno liût. Der ist minero gedingi háuen . uuanda
                                              in fiûre  ãhtungo
15 er háuen uuorden ist . uuanda er geeîtet ist in igne persecutio-
                        dîe gedînge sinero heîli  fer-suêndi
   nis . pediû habet er mir irrêcchet spem suę salutis . nals consum-

   ptionis. In idumeam . i . terrenam . extendam calciamentum me-
                                   irdiscen lib
   um. Iôh ze diên . diê terrenam uitam ûobent fer-réccho ih mî[n]-         S392
                   kescuôhto  fuôzze ze fûre-uuárno  dêro
   nen scuôh. Ih sendo dâra calciatos pedes in preparatione euan-
   predigo fridis
20 gelii pacis. Mihi allophili subditi sunt. Fremede bétont mih . chit
              diê sament mir ne-suln rícheson
   CHRISTVS . QVI MECVM NON SVNT REGNATVRI. Quis deducet                    11

   me in ciuitatem circumstantię ? . i . inter gentes . quę circumfusę sunt

   uni genti iudeorum. Vuer gelêitet mîne predicatores ze állen diê-

   ten gesézzenen al umbe iudeos? Vuer âna got? Quis deducet
25 me usque in idumeam? Vuer getuôt mih ioh diên ze uuîzzenne             P229
   die mîn nieht ne-uuellen gebezzerot uuerden
   qui de me nolunt proficere? Nonne tu deus qui repulisti nos? Ne-          12
```

6 m⁻în: m aus in verb. und durch kleinen Strich mit i verbunden
7 gesciêhet: über i Ansatz einer Oberlänge   20 subditi   22 nach
ciuitatē Punkt rad.   25 uuîzzenne   Punkt fehlt 20³

1 *diête   hâhsele: h¹ durch Strich darüber und darunter getilgt
10 mánigfalti: davor multi' durch Unterstreichung getilgt   12
xhristis   15 fiûre: davor igne durch Strich darüber getilgt

tuôst dû iz dû únsih dána stiêzze . fóne demo alten írreden?

Also dâr fóre der psalmus chad? *Et non egredieris . i . non apparebis . in uirtutibus nostris.* Dû ne-oûgest dih niêht in únserro chrefte sô dû tâte bî moyse . und iesu naue . unde Dauid . dô gentes adge diête uuider-uuárti-

5 uersarię sih uns iruuérren ne-mahton. Inuuert lêrest du únsih . inuuert sterchest dû unsih. Vuoltîn uuir uéhten . der uuîg uuâre pro presenti uita . nals pro futura. *Da nobis auxilium de tribulatione.* Des-te mêrun helfa duô uns déro arbêite . daz man pi den gagenuuártigin lib pi den chumftigen

unsih uuânet uuésen dînhalb hélfelose. *Et uana salus hominis.*
10 Kib uns auxilium . kib uns salutem . înuuert kib úns sia . diû ûz- fol-lêist hêili

uuértiga ménniscen hêili . ist úppig. *In deo faciemus uirtutem . et non in gladio.* An Gote soêinen uuir uirtutem patientię . nals re-uuiderbrûhte pugnantię. *Et ipse ad nihilum deducet tribulantes nos.* Vnde chraft kedulte

brînget er ze niêhte díe únsih arbêitent. Also nû scînet . uuâr
15 sint sie? *IN FINEM IN YMNIS IPSI DAVID.* **A**n Christum siêhet díser salmo . gesúngener in lóbe selbemo Dauidi . selbemo CHRISTO.

EXAVDI DEVS DEPRECATI-*onem meam . intende orationi meę.* Kehôre Got mîna dígi . sih ze mînemo gebéte . duô ist uuára. Vuer chit daz? *FIDELIS POPVLVS. A finibus terrę ad te clamaui.*
20 Ih hâreta ze dir . fone énden déro uuerlte . unz dára dîn possessio gât. In allen sint déro uuerlte ist sancta ecclesia gebrêitet . dánnan hâret siê . dannan fernîm sîa. *Dum angeretur cor meum.* Danne mîn herza geduénget uuurde . fone temptationibus carnis. êigin pechorungon des líchamin

25 *In petra exaltasti me.* Vfen demo stêine irhôhtost dû mih. Hôher steîn unde féster bist dû . ûfen démo stâtost dû mih . sih . daz

---

3 nach Dû Ras. (Diu > Du)   6 Vuoltîn: i auf Ras. von o   17 zwischen DEPRECATI und di trennendes, bloß eingeritztes Schmuckmuster 20(r)   22 nach allen Ras.

7 gagenuuártigin: a² aus e verb. (oder umgekehrt)

diu nôt pechorungo unde   âhtungo
mih angor temptationis et persecutionis ne‑irúelle. *Deduxisti me .*
                          leîto
°quia factus es spes mea. Dû bist mîn dux . du lêitost mih . daz ih 4

dir fólgee ze ándermo lîbe . uuanda dû mîn gedingi bist . unde

ih ánder ne‑géron ze geuuúnnenne. *Turris fortitudinis a facie*

5 *inimici.* Starch túrre bist dû mir fore démo fiende. Der ze dir

fluht hábet . démo ne‑gemag er. *Inquilinus ero in tabernacu‑* 5

lo tuo in sęcula . i . in finem sęculi. Séledare bin ih din liût . in dînero

ęcclesia . unz an ende dirro uuerlte. *Protegar in uelamento alarum*

tuarum. Pescirmet uuirdo ih in déro héli dînero féttacho . fóre
           der nôte pechórungon
10 angôre temptationum. *Quoniam tu deus exaudisti orationem meam.* 6 S369

Fone diu uuerde ih pescirmet . uuanda du gehôrtost mîn gebét .
                      ke‑hôre   mîn   gebêt
so ofto ih chad . EXAVDI DEPRECATIONEM MEAM. *Dedisti*

hereditatem timentibus nomen tuum. Erbe habest du gegében diên

diê dih fúrhtent. In himele ist daz erbe. *Dies super dies regis.* Eîn 7
             in dero êuuigheite
15 dag ist in ęternitate des chúninges CHRISTI . zuô dîsen . diê er hiêr

irlêita. *Adicies annos eius . usque in diem generationis . s . huius . et* P231

generationis . s . futurę. Dû fáter gehûffost îmo sîniu iâr . unz án

den tag dirro geburte . ioh énero. In bêiden rîchesot er. *Perma‑* 8

nebit in ęternum in conspectu dei. Er uuéret iêmer fóre sînemo
                                                christane liût
20 fáter. Alde fore imo uuéret iêmer populus fidelis. *Misericordiam*

et ueritatem quis requiret ei? Vuer lirnet îmo gnâda . unde uuâr‑

hêit? Kenuôge lirnent siê an diên buôchen . unde ne‑sceînent S397

sie niêht tuôndo . nube lêrendo. Diê lirnent sîe în sélben . nals

Góte. Alde iz chît. Vuer fórderot dâr in énero uuérlte . ze scêi‑

25 nenne gnâda . dar iro nieman dúrftîg ne‑ist. Alde uuarheit .

dar îro niêman ne‑irrot? *Sic psalmum dicam nomini tuo in sęculum* 9

8 ęecła   9 hêili: heili *auf Ras.; Zkfl. durch Punkt darüber und*
darunter getilgt, dann Akut darunter geschr.; i[1] *durch Strich darüber*
und darunter getilgt   24 Alda   *Punkt fehlt* 1[2] 16[2]   *Punkt*
steht nach 12 so

sęculi . ut reddam uota mea de die in diem. So muôze ih psalmum
sîngen in êuua . daz ih hínnan fone dísemo tâge uuéree mîne
inthêizza . unz ze énemo tage. *IN FINEM PRO IDITHVN*   1
PSALMVS IPSI DAVID. An daz ende siêhet diser sal-
        uberscricchenten
5 mo . fúre *transilientem* gesúngener . selbemo Dauidi . selbemo CHRISTO.
     der uberspringento
Vuen ist er *transiliens* . fúre den diser salmo gesungen uuirdet?
Alle *seculares* . die er óbenan níder úber sêhende . gerne ûf zuô
íme geziêhen uuíle . mit dísemo sange . daz sie sáment ímo ter-
        irdisca
rena fersêhen. Er ist obe ánderen . óbe ímo ist ánderer . démo sín-
10   get er sus.   *ma mea?*

N*ONNE DEO SVBIECTA ERIT ANI-*   2
Ne-bin ih Góte únder-tân . ih iûuuer óberoro .   P232
ne-súlent ir sô sámo sin? *Ab ipso enim saluta-*
re meum. Mit rehte uuanda fone ímo ist há-   S398
15   ra in uuerlt kesêndet CHRISTVS . mîn haltâre. *Etenim*   3
ipse est deus meus et salutaris meus . susceptor meus. Er ist ze uuâre
min Got . unde der mih háltet . unde inphâhet. *Non mouebor*
amplius. So er mih inphâhet . so ne-uuirdo ih fúrder ze únrehte
iruuéget. Sîd daz so ist. *Quousque apponitis super hominem? Vuiêo*   4
                                                iteuuizza
20 lango sezzent ir dánne uber de-hêinen so geuéstenoten . *obpro-*
        unde lefd-feruuizza
bria et calumnias? Interficitis uniuersos? Vuiêo lango sláhent
ir alle so geuéstenôte . diê ir nâh iû bechêren ne-mugent? *Tam-*
quam parieti inclinato et macerię depulsę? Ziû uuânent ir iûh
múgen in tuôn . sámo so háldentero uuénde . unde níder geduóh-
                                             heídin
25 temo zûne . diê doh fíâlin âne stôz? Daz tólen ih fóne iû pagâ-
nis. Andere uuâren diê daz ne-tâten. *Verumtamen honorem*   5

---

19 hominem.   21 calumnias.   23 Diû

5 uberstricchenten   21 *leîdferuuîzza

meum cogitauerunt repellere. Aber dóh mîna êra uuolton siê ge-ir-
     unrehtero geloubo lúkke
ren. Heretici unde falsi christiani uuâren dien uuídere . diê mih sin-
mit lûtero geloubo
cera fide béton uuolton. *Cucurri in siti.* Ih liûf nah ín in durste.

Ih kéreta íro . siê ne-géreton mîn. *Ore suo benedicebant . et corde*
      mîn uuizzot   mit kuot-uuílli-
5 *suo maledicebant.* Corpus meum et sanguinem núzzen siê . benigna
gemo muôte
mente ne-uuâren siê. *Verumtamen deo subicietur anima mea.*
  ,   sprangâre   âhtunga
Aber doh chit iditun . Góte uuirt under tân mîn sêla. *Persecutio*
ne-genîmet mír iz. Quoniam ab ipso patientia mea. Vuanda fóne
îmo ist mir gelâzen sólih gedúlt. Ane Got ne-mahti daz ménnis-
10 coo irlîden. *Quia ipse est deus meus.* Vuanda er ist mîn Got . fóne
diû ládot er mih hiêr zuô îmo. *Et salutaris meus.* Vnde mîn
haltare. Bediû geréhthaftot er mih hiêr. So haltet er mih. *Su-*
sceptor meus. Min inphangare. Bedîu geguôllichot er mih . hi-
na in ánderro uuérlte. *Non emigrabo.* Vz ne-fáro ih . sô ih in sîn
15 hus inphángen uuírdo. Furder bin ih dâr. *In deo salutare meum*
et gloria mea. An Góte ist mîn heîlhafti . unde min guôllichi. An î-
    kehalten   kuollih
mo bin ih . nieht ein saluus . núbe oûh gloriosus. Daz keuuûnno
   dar die rehten scinent also sunna in iro fater rîche
ih dâr . *ubi iusti fulgebunt quasi sol in regno patris sui.* Vuar
ist ínnan des mîn trôst? *Deus auxilii mei.* Daz ist Got . der mir híl-
20 fet . under allen uuérltnôten. *Et spes mea in deo.* Vnde mîn ge-
heîli ioh kuôllichi
dingi ist an îmo . unz mir bêidiu chóment . salus et gloria. *Sperate*
in eum omne concilium plebis. Ze îmo fersêhent iûh alliû liût-
mánigi. An îmo ne-uuérdent ir betrógen. *Effundite coram illo*
corda uestra. Kiêzzent iûuuériû herzen uz fóre îmo férgondo !
25 iéhendo uueînondo. Daz ir so uz kiêzzent . daz ne-ferliêsent
ir. *Deus adiutor noster est.* Vuanda Got ist únser hélfare . ánderer ne-

---

5 & teilweise auf Ras. 22 nach alliû oben Ras. 25 akutartiger
Pausestrich auf Zeilenhöhe nach iêhendo

ist so stargh. *Verumtamen uani fili<i> hominum.* Aber doh úppi-   10
ge sint menniscon súne. Vuellent ir iûh ze în fersêhen . danne
gesêhent ir siê lôse . Got ist áber túgedîg. *Mendaces filii homi-*   S401
num in stateris. Lukke sint menniscon chint . an diên uuâgon.
5 Sie hábent trúgeuuâga . aller meîst daz sie sih selben unrehto
uuêgent sih ahtonde rehte . danne sie so ne-sint. *Vt decipiant i-*
psi de uanitate in idipsum . i . in unum. Daz siê fone úppigi triêgen
                                  uppigi
in êina uuîs. Vuanda sie alle fône uanitate nément daz íro triê-
gen . pediû triêgent siê in êina uuîs. *Nolite sperare in iniquitate.*   P234 11
10 Lâzzent sîn iûuuer gedîngên . án daz únreht. Ne-fersêhent iûh
              chnarze   bisuuîche
dára zûo . daz ir mit fraude . alde mit dolo iêht ke-uuúnnênt .
                              uber-scrécchâre
ze Góte fersehent iûh . sáment mir transiliente. *Et in rapina ne*
concupiscatis. Vnde in zócchonne ne-géroent iêht ze geuuúnnen-
ne . doh ir arm sint . doh îs iû dúrft sî. *Diuitię si affluant.* Vbe iû
15 áber rihtuôma zuô geslúngene sîn. *Nolite cor apponere.* Sô ne-
lâzzent iûuuer herza an în sîn . noh sâlig ne-uuânent ir iûh dan-
nan sîn. *Semel locutus est deus.* An CHRISTO sprah der fáter eînest . un-   12
de hiêz al sáment uuerden . daz-dir ist. Sáment hiêz ir uuérden
in dero êuuigheite   in zîte
in ęternitate . diû eînzen châmen in tempore. *Duo hęc audiui.*   S402
          uber-spríngo
20 Dísiu zuêi gehôrta ih transiliens. *Quia potestas dei est .* °*et tibi domine*   13
misericordia. Vuanda Gótes ist diû maht . unde dir trúhten háftet diû
gnâda . Diû zuêi sceînest dû . uuiêo máhtig unde uuiêo gnâdig
dû sîst. *Quia tu reddes unicuique secundum opera eius.* Vuanda dû lônost .
iêgelichemo nah sînen uuérchen . máhtiger an úbelen . gnâdiger
25 an guôten. **D**ô dauid uuas in demo eînote idumeę . do uuas   1
díser salmo sîn sang. Hiêr in uuérlte ist daz eînote sanctę ęcclesię.

---

6 ahtonde: d *aus* t *rad. und verb.*   10 *gedîngen   14 *sînt
18 *er   22 sceînest: ei *auf Ras.*   gnâdig: Zkfl. *auf Ras.*
25 *Der titulus (v. 1) fehlt*

D Hiêr ist sî dúrsteg. Túrstegiû sínget sî sús.   *lo.*

DEVS DEVS MEVS AD TE DE LVCE . i . diluculo . VIGI-
Got . Got mîner . ih uuáchen in póhtun ze dír. Din uô-
hta uuécchet mih. Sô mir fóne dir táget . unde dû
   uuárheit
5 mih ueritatem tuôst pechénnen . so uuirdo ih uuácher ze dir .
nals ze uuérltkîridon. *Sitiuit tibi anima mea*. Dir ist mîn sêla
dúrsteg. Sîa lánget écchert dînero ánasihte. *Quam multipliciter*
tibi caro mea . i . quam multipliciter laborat . tam multipliciter
sitit. Vuóla mánig-fálto ist dir dúrsteg mîn fleîsg . uuanda iz
                                        ezen trínchen uuât
10 oûh mánigfalto geángestet uuirdet . umbe cibum potum uesti-
         slâf   stata unde ánderîu ûnzalahaftiu
tum *somnum sumptum et cętera innumerabilia* . umbe diû alliû
              urstende
iz kérot déro *resurrectionis*. *In terra deserta . et sine uia et sine*
aqua. Hiêr in lánde daz uuuôste ist . unde âna uuég . unde âna
uuázzer. Vuélez ist daz? Dísiu uuérlt. Sîa fánt CHRISTVS uuuôsta.
15 Sô áber er dára in chám . do gezúgen sih ze îmo diê . diên er uuég
uuard . unde diên er gáb daz uuazzer *spiritus sancti*. *Sic in sancto apparui*
tibi . ut uiderem uirtutem tuam et gloriam tuam. In démo selben eînote
                                 rehtes lîbes mêininto
irscêin ih dir in hêiligemo sínne . in sô hêiligemo *proposito* . daz ih
dánnan gesâhe dîna túgend . unde dîna guôllichi . unde ih déro
   búrlichi
20 bêidero *eminentiam* stuonde fernemen. *Quoniam melior est misericordia*
tua super uitas. Vuanda dîn gnâda bezzera ist . danne diê lîba
                                   choufennis
sîn álle . diê místeliche în sélben ir-chóren hábent . *negotiandi* /
  pûennis   uuuôcheronnis chneht uuésennis
rusticandi . foenerandi . militandi. Eîn lîb ist échert êuuîger . den
dîn gnâda gíbet . der ist fóre allen. *Labia mea laudabunt te*. Vm-
25 be solcha gnâda lóbont dih mîne lefsa. *Sic benedicam te in uita*
mea. So lóbon ih dih in mînemo lîbe . dîe selbun gnâda âna sêhen-

---

5 pechénnen: *zweiter Strich von* n² *unten rad. und verb.*   6 uuérlt-
kíridon: *über* r¹ *Ansatz einer Oberlänge rad.*   21 lîba: a *aus* e *rad.*
und verb.   22 sîn *!* ; *über* ! *Fleck im Pgm.*   hábent: a *unten an-*
rad.   23 rusticandi: *erster Strich des* n *oben anrad.*   26 *dîa

do . fóne déro ih in êuuigen hábo. *Et in nomine tuo leuabo manus meas.* Vnde in dînen námen héuo ih ûf mîne hende. Hiêr in idumea . hiêr in êinote uuile ih . dîa tágalti háben . daz ih mîne hénde ûf héue ze gebête . unde ze guôten uuerchen. *Sicut adipe* 6
5 *et pinguedine repleatur anima mea.* Also mít spínde . unde mit feîzti uuerde irfúllet mîn sêla. Alles kuôtes uuerde sî sat . in énero uuérlte. Alde iz chit . fóne sólchemo gebête . daz ih mit kuôten uuérchen ze dir frúmo . chóme mir plenitudo ca̧elestis sapientia̧. *Et la-*
        fólli himiliskis uuistuômis
bis exultationis laudabunt nomen tuum. Vnde dára nâh lóbont
            zît kebêtis
10 dînen námen . diê lefsa mînero fróuui. So tempus orationis fergât .
   zît lobis
so chumet tempus laudationis . in énemo lîbe. Sô ist des eînotes lába . so ist des durstes lába . so ist diû fréuui chómen. *Si memora-* 7
tus sum tui super stratum meum . in diluculis meditabor in te . °*quia fa-* 8
ctus es adiutor meus. Vbe ih dîn irhúgeta in r̮áuuon . sô gedéncho
             mezmuôti
15 dánnân dîn oûh in uôhtun . uuanda du mir tâte helfa. Humi-
 in framspuôte
litas in prosperis ketuôt mih ze dero uôhtun húgen . daz chît ze uuerche . uuanda in uôhtun ist uuérches zît. Der Gótes ne-irgízzet in framspuôte . der ne-irgízzet sîn . in nehêinero tâte. Démo hílfet er oûh daz ín is ne-irdriêzze. *Et in uelamento pennarum tuarum*
20 *exultabo. Sub umbra alarum tuarum protege me.* Vnder dînero uét-
       der uuîo
tacho scátue scírme mih . daz mih miluus ne-irzúcche. Chraftelôsen uuêist dû mih . fóre démo fiende scírme mih. *Adglutinata est* 9
anima mea post te. Hínder dir chlébet dir zuô mîn sêla. Nals fó-
re dir . noh inében dir . núbe nâh dir. Vuiêo gesciêhet démo der
25 fúre christum uuile? Also petro gescah . dô er in uuolta uuenden sîne-
        daz sî fóne dir herro kenada
ro passionis . mit dîsen uuórten. ABSIT A TE DOMINE . PROPICIVS

---

6 fêla 8/9 labia: bi aus ia *verb.* 19 pennarum: p aus a und Ansatz von 1 *rad. und verb.* 20 Sub: Su *ursprünglich rot, dann rad. und schwarz überzogen*

```
                                                                          R213
   dir selbemo                       fár hinder mih uuidersacho
   ESTO TIBI . unde er ímo ántuuurta. REDI POST ME SATA-
          du ne-uuéist  uuaz Got ist  du uueíst écchirt uuaz mën-
   NAS . NON ENIM SAPIS QVE DEI SVNT . SED QVE HOMINIVM
   nescon dinch ist.
   SVNT. Vuanda er sínen rât uuânda gân . fúre Gótes rât . pediû

   irráfsta er ín. Me suscepit dextera tua. Mih inphiêng CHRISTVS dîn
                                           féttachen
 5 zéseuua . ze bescírmenne under sînen âlis. Ipsi uero in uanum que-    10
                                                      .
   sierunt animam meam. Aber sie suôhten in gemêitun mína sêla .
                         nals an in ze geloûbenne  sundir sîn ze âhtenne
   mínes hoûbetes sêla CHRISTI . non ad credendum in eam . sed ad persequen-
                                         diê fíginda diê iûdin
   dum eam. Vuélee tâten daz? Inimici iudei. Introibunt in inferio-
                                              in dirro erdo gelûste
   ra terre. Ferro in dîa erda fárent siê . i . in terrenas cupiditates. Vm-   S408
                                       niê româre
10 be díe erda sorgendo châden siê. NE FORTE VENIANT RO-
   chomen unde       unsih pestôzzen landis unde liûto
   MANI ET TOLLANT NOSTRVM LOCVM ET GENTEM. Vuiêo do?
                          des der argo fúrhtet daz pegátot ín
   Also iz chît . QVOD TIMET IMPIVS VENIET SVPER EVM.

   Christum sluôgen siê . iro terram ze behábenne . uuanda siê Christum sluô-
                         liute ioh lant
   gen . bediû ferlúren siê gentem et terram. Tradentur in manus              11
15 gladii. Síe uuérdent irslágen. Partes uulpium erunt. Fúhsen

                                Rom-chúninga           fúhse
   uuerdent siê ze teíle. Fuhsen diê in érdo lúcher hábent . uuér-
   dent sie gelíh. Alde romani reges heízzent uulpes . also herodem
                         irslágenin âuuêisin    fuhse unde uuólua
   CHRISTVS námda. Alde íro occisa cadauera frézent uulpes et lupi.        S409 P237

   Rex uero letabitur in deo. Aber CHRISTVS uuârer chúning . den siê uuân-     12
                                                    ménniscin
20 don irslágen háben . der fréuuet sih an Gote fáter redemptio-
   urlôseda
   nis humane ze sínero zéseuuun. Laudabuntur omnes qui iurant

   in eo . i . qui uouent in ipso et reddent. Alle diê uuerdent kelóbot

   die imo inthêizza tuônt . unde uuêrent. Quoniam oppilatum

   est os loquentium iniqua. Vuanda unrehtero munt ist peuuôr-
              unde âhtaro      loûuuo fone iudon chunne
25 fen iudeorum et persecutorum. Leo de tribu iuda hábet den sígo .

   er habet siê gesueíget . IN FINEM PSALMVS DAVID.                             1
```

6(r) sie: ie aus uo rad. und verb.   10(r) díe: e auf Ras. von a ;
*dia   23 Quŏniam   24-26 am Anfang der Zeilen Initiale E (vgl.
214,1-4) vorgeritzt, aber nicht ausgeführt.

14 liute: davor lant durch Unterstreichung getilgt   18 irslágeninâ:
a² durch Strich darüber und 2 Striche darunter getilgt   21 urlôse-
da: r aus l verb.

EXAVDI DEVS ORATIONEM MEAM DVM TRIBVLOR.   2

Kehôre Got mîn gebét . danne ih kemúlet uuerde in
in âhtungo   stimma christis lîchamin
persecutione. Daz ist uox corporis CHRISTI. A timore ini-   S410

mici erue animam meam. Fóne des fíendes fórhton

5 lôse mîna sêla. Nieo mir sô negescêhe so diên gescáh . diê fóne for-
ferslundin
hton CHRISTI ferlougendon . unde sic absorbti uuurden . daz chît
lîchamen ferslundin
iro fienden gelîh uuúrden . uuanda sîe in iro corpus traiecti

uuúrden. Protexisti me a multitudine operantium iniquitatem.   3

Dû scirmdost mir fóre déro mánigi . dero unreht tuônton iude-
stimma des hóubetis Goteheit
10 orum. Daz ist uox capitis. Diuinitas scîrmda îmo . daz îmo niê-

man ne-zuhta sîna sêla . núbe er selbo liêz sîa gerno . unde frú-   P239

meta sîa dára er uuolta. Quia ut gladium linguas suas exacue-   4

runt. Vuanda siê iro zúnga uuázton also suert. Mit diên zún-
chriûzege chriûzege
gon sluôgen siê în . do sie châden CRVCIFIGE CRVCIFI-   S411
în
15 GE EVM. Do scêin uuîeo uuásse siê uuâren. Intenderunt arcum

rem amaram. Pógen spiênen siê . daz chit rîhton îmo toûgene
iûngerin
fâra . îlton în mit sînemo discipulo fer-râten . daz êiuera ding

peuuúrben siê. Vt sagittent inmaculatum in occultis. Vuára   5
unge-flécchot lamp
zûo spiênen siê in? Daz sie agnum inmaculatum scúzzin. Ne-
eîuer dinch
20 uuas daz res amara? Repente sagittabunt eum . et non timebunt.   6

Káhes sciêzzent siê în . unde daz ne-fúrhtent sie . káhes uuándon

siê. Aber uuiêo gâhes mahta iz démo sin . der álliû ding fore

uueiz? Firmauerunt sibi sermonem malignum. Vuanda siê în ne-forh-

ton . bediû féstenôton sie în selben ze frêisun . daz arguuílliga
er ist sculdig tôdis   nègile in an CHRÎVZE
25 uuort . REVS EST MORTIS . CRVCIFIGE CRVCIFIGE

EVM. Do aber pilatus îmo fôrhta . sús în sculde intságendo .   S412

6(r) uuurden: r auf Ras., d aus t verb.   Punkt fehlt 24[1]

10 Goteheit: davor Oberlänge (eines k ?)

```
            ne-heín sculd findet an imo todis
            NVLLAM CAVSAM MORTIS IN ISTO HOMINE INVE-
                                          úbel-uuillig uuort
            NIO . ne-féstenôton sîe ín selben áber do malignum sermonem na?
                        sîn bluôt chome úffen unsih unde úffen
        Vuieo châden siê. SANGVIS EIVS SVPER NOS ET SVPER
                unseriu chint
            FILIOS NOSTROS. Disposuerunt ut absconderent laqueos . dixerunt
    5   quis uidebit eos? Siê beneîmdon . daz siê íro strícche ferbúrgin

        unde siê niêman nebechnâti. Siê châden uuer gesiêhet siê? Sámo

        der siê ne-uuíssi . der ál uuêiz. Perscrutati sunt iniquitates . defecerunt        7

        scrutantes scrutationes . i . defecerunt uersantes et exquirentes acerba

        et ac[c]uta consilia. Siê durh scrôdeton daz unreht . scrôd scrô-                  P240

  10    dende irlâgen siê. Chleînen rât hinder stândo irlâgen siê . uuan-

        da daz uuésen ne-mahta . daz siê iz riêtin unde doh unsculdig
                                       er ne-uuerde fer-râtin mit uns
        uuârin. Diû chleîni uuas sus ke-tân. NON TRADATVR PER                              S413
              nube mit sînemo iúngeren   er ne-uuerde fone uns irslâ-
        NOS . SED PER DISCIPVLVM SVVM. NON OCCIDAT PER
              gen  sunder fone urteíldare . tuôen uuir iz allez unde niêman fer-
        NOS . SED A IVDICE. TOTVM NOS FACIAMVS . ET NIHIL FECIS-
                   stândis
  15    SE VIDEAMVR. Accedet homo et cor altum . °et exaltabitur deus.                     8

        Idest. Accedet homo in corde alto . et in potentia maiestatis suę
                                           christ mennisco
        exaltabitur deus. Vuaz tuôt dára nah CHRISTVS homo? Zûo gât er . lâ-

        zet sih chriûzegon . unde sîn toûgen herza birget diâ gótehêit .

        unde so der ménnisco irslágen uuirt . danne uuirt Got irhô-

  20    het . dánne oûget er sih. Sagittę infantium factę sunt plagę eorum.

        Iro strâla . uuúrden chindo strâla . diû ûzer sténgelen íro soôz má-

        chônt. Niêht mêr ne-máhton siê. Et infirmatę sunt contra eos lin-                  9

        guę eorum. Vnde siêh uuúrden uuíder in íro zúnga. Sîe irlúgen
                              er stîge ába      so gelouben uuir an in
        daz siê châden. DESCENDAT DE CRVCE ET CREDIMVS EI. Ziû                             S414
                                    chnêhta
  25    ne-tâten sie daz . dô ín milites ságeton . daz er irstánden uuas?
                             irstân uzzer grábe     danne stîgen   aba chriûze
        Ne-uuás mêrora resurgere de sepulcro . quam descendere de cruce?
```

---

8 uersantes: e² aus i rad. und verb.

1 findet oder findei ; *finde ih oder *findih   14/15 *ferstánde is

                                                     uuir miêtin
Ne-uuâren íro zúnga dô siêh uuíder ín . do siê châden . DAMVS VO-
iûch.   chêdint   daz   sîne iúngerin
BIS PECVNIAM . ET DICITE QVIA VOBIS DORMIENTIBVS VE-
     in   ferstâlin iû slâffenten
NERVNT DISCIPVLI EIVS ET ABSTVLERVNT EVM. Ne-uuâ-
                    scrôdungon   keúppot
ren siê dô irlégen . in íro scrutationibus? Ne-uuas dô euacuatum

5 al daz siê âhtoton? *Conturbati sunt omnes qui uidebant eos . s .* defe-

cisse *in perscrutationibus consiliorum.* Do uuúrden getruôbet álle
                diên hêristen biscuôffen unde diên áltisten
ándere iudei . *die principibus sacerdotum et senioribus* ke-sâhen
                                    iúngeron   zeíchan uuêrdin
sô gebrôsten uuêsen . unde fóne CHRISTI *discipulis miracula fieri in*
in sînen nâmen
nomine eius. Et timuit omnis homo. Vnde forhta ímo mánnolih.
                        man   úndir tiêrin
10 Der ímo ne-fôrhta . der ne-uuás homo . er uuas mêr *inter bestias re-*
ze zéllinne
putandus. Do châden diê irchómenen ze petro . unde ze ánderen
       pôton   uuaz   tuôgen uuir is nû bruôdera   sêzzent
apostolis. *QVID FACIEMVS VIRI FRATRES?* Do gehôrten siê. P*E*NI-
          iûh in buôzza   unde toûfent iûh álle
TENTIAM AGITE . ET BAPTIZETVR VNVSQVISQVE. *Et adnuntia-*
                                                   urstant
uerunt opera dei. Do tâten siê chunt Gótes uuérh . resurrectionem . un-
ûffârt
15 de ascensionem. *Et facta eius intellexerunt.* Vnde dô fernâmen siê sî-
             Gôtelich
niû uuergh . daz siû *diuina* uuâren. *Letabitur iustus in domino.* Ana-

uuert fréuuit sih der rêhto an demo irstándenen hêrren. *Et spe-*

rabit in eo. Vnde gedínget er an ín . nals in uuérltlîchen trôst. *Et*

laudabuntur omnes recti corde. Vnde uuérdent kelôbot alle rehte

20 in íro hérzen . also diê sint . diên Gótes uuíllo líchet. *IN FINEM*

PSALMVS DAVID CANTICVM IEREMIE ET EZECHIEL EX POPVLO

TRANSMIGRATIONIS CVM INCIPERENT EXIRE. **D**iû
                    lêsa-rihti
uuort hábent dísa constructionem. *In finem psalmus* Dauid *. de populo trans-*

migrationis . per prophetiam ieremię et ezechiel . cum inciperent exire.

25 An Christum siêhet Dauidis salmo . der sîn frôsang ist . kesúngenez fó-

ne démo geéllendôten liûte . daz éllende ímo gescêhen uuas .

---

2 iûch.: über c Punkt (Ansatz einer Oberlänge?)   7 diên[1]: i unter-
strichen, aus e verb.

Ps 64,1-5

fóre-sågo
nâh déro prophetia ieremię unde ezechielis. Vuanne sang er iz? Do
in fóresihtigemo keîste
er in prophetico spiritu gesah . daz siê dâna begóndin fáren. Dâr sêhen
diz pescah in ze fóre-bilde
uuiêo paulus chad. HĘC AVTEM IN FIGVRA CONTINGEBANT
in éllendi in‿glustâtin sint
ILLIS. In únseren zîten sint diê in captiuitate . diê in‿cupiditate
ze minnon
5 sint. Dîe áber dannan begínnent fáren ad caritatem . déro mén-

T dit Dauid . diên sínget er diz frôsang.
stimma
E DECET YMNVS DEVS IN SYON. Daz ist uox
déro fárinton uzzer ellende
exeuntium de captiuitate. Dir Got ke-zímet lôbe-
in hóuuarto scantpurch zuô-fersiht
sang ! in syon . nals in babilonia. Diê iro spem hábent
in uuarto
10 in sion . dîe singent in sion . diê singent in‿speculatio-

ne. Et tibi reddetur uotum in ierusalem. Vnde anthêiz uuirt dír
in frideuuarto lébenda ópher
geleîstet in ierusalem. Der sih hiêr geeînot uuésen Gôte hostia uí-
in dero himilscun frido-uuarto
ua . der uuirt iz fóllechlîchor in ierusalem cǫlesti. Dâr uuirt er ho-
al-brand-opher al totheît al uuárt-
locaustum . daz chît totum incensum. Omne mortale omne cor-
nisse fersuendit mit Gotes fiûre
15 ruptibile uuirt dâr an ímo consumptum diuino igne. Exaudi o<ra>-

tionem meam ad te omnis caro ueniet . hoc est ex omni genere carnis.
fóne al-
Ke-hôre mîn gebét . ze dir chumet állero slahto ménnisco. Ex omni
slahto liûte fone allemo liúttriste al-ferbrénnopher
natione . ex omni conditione chóment diê . diê dâr holocaustum

uuerdent. Verba iniquorum pręualuerunt super nos. Vbelero fórderon
20 lêra úbermégenoton unsih. Siê leîton únsih ze ioue unde ze mer-
holz unde steîna unser hántuuerch
curio. Fóne íro sculden bétoton uuír ligna et lapides . opera manu-

um nostrarum. Et impietates nostras tu propitiaberis. Vnde únsera úbeli
piscouf demo fatir ábint-opher
besûondost dû sacerdos. So dû dih príngest patri sacrificium uesper-

tinum . so uuirdet der írredo fergében. Beatus quem elegisti et assum-
25 psisti. Sâlig íst der man . den dû iru<u>életost . unde ze dír nâme. Ha-
bitabit in atriis tuis. Er bûuuet in dînen frîthóuen. Iz ist eîn mán .

---

19 Vbelero: ero auf Ras.   21 sculden: l auf Ras.

2 fóresistigemo   4 *gelústtâtin   13 himilscun: lsc aus scu verb.
15 fersuendit: davor consumptū durch Unterstreichung getilgt

```
                christâne liût       houbet
    eîn fidelis populus . des caput CHRISTVS ist. Er iruuéleta în . er séledot in. Er heî-

    zet în uuésen dâr ér ist. Replebimur in bonis domus tuę. Fól uuér-
                                                          daz oûga
    den uuir des kuôtes . des in dînemo hûs ist. Vueliches? QVOD OCV-
        ne-sah        ôra  ne-hôrta noh in mannis herza
    LVS NON VIDIT NEC AVRIS AVDIVIT NEC IN COR HOMI-
        ne-cham
  5 NIS ASCENDIT. Alde so iz hára nâh chît. Sanctum est templum

    tuum °admirabile in iustitia. Daz dîn hêiliga hûs . uuúnderlîh ist                    6

    in rêhte . dîa sêtî gîbest dû úns. Sâldon uuirt der irfúllet . der sih              S420
                   heîlig  hus        uuunder-haft in rêhte
    dir máchot sanctum templum . admirabile in iustitia. Exaudi nos deus sa-

    lutaris noster. Vnser háltâre gehôre únsih. Spes omnium finium

 10 terrę et in mari longe. Trôst állero éndô déro érdo . trôst déro ûz-

    zerôston . sámo sô déro înnerôston . trôst hîna férro in demo mé-

    re gesézzenero . under mítten diên uuérltkîren . diê ferro fóne
                         úbele fisca sint    precchente de nezza
    dir sint . uuanda siê mali pisces sunt . rumpentes retia. Preparans            7
                          predigara
    montes in uirtute tua. Predicatores gágen în gáreuuende . in dîne-

 15 ro túgede . nals in íro. Circumcinctus potentatu. Vmbe fángenêr            P244
                  magenchrefte
    mit dînero maiestate. Alde mit diên umbe fángenêr . diên dû po-
        maht      zeîcheno                        kemeîne
    tentatum miraculorum gâbe . diên dû állen communis pist . unde
        mitter                                           prédigo
    medius. Qui conturbas fundum maris. Dû fóne íro prędicatione ge-          8 S421
                                  diû herzen dero ungeloubigon
    truôbest des méres pódem . daz chît corda infidelium iruuégest ad
        ze ắhtungo
 20 persecutionem. Sonum fluctuum eius quis sufferet? Vuer irlîdet déro
                                                sterchi
    uuéllono doz? âna dîe . diên dû gîbest fortitudinem . so dû martyri-

    bus tâte? Turbabuntur gentes. Diê heîdenen uuérdent in úbelmo ze

    êrist. Et timebunt qui inhabitant fines terrę a signis tuis. Vnde            9

    dâra nâh fúrhtent in diê ze énde déro uuerlte sizzent . fóre dî-

 25 nen zeîchenen . diê apostoli tuônt . in dînen námen. Exitus mane et

    uespere delectabis . i . delectabiles facis. Lústsame ûzférte tuôst dû .

    ─────────

    3 uuir /    4 vor beiden NEC akutartiger Pausestrich auf Zeilenhöhe
      6 ist /    10 *êndo    12 gesézzenero: e⁴ aus o rad. und verb.
      20 sufferet? auf Ras.    23 terrę: r² aus ę rad. und verb.

    13 *diu nèzze
```

```
                  getriûuuon                   in uuólon    unde in únuuolon
       dînen fidelibus . in mórgen unde in âbent . in prosperis et in aduersis.
                ferchiêsin uuóla    unde ne-furhtin ún-uuóla
       Dû lêrest siê contempnere prospera . et non formidare aduersa. Visita-           S422  10

       sti terram et ebriasti eam . multiplicasti ditare eam. Déro erdo uuîso-
                                                                     dero
       tost dû . daz chît déro ménniscon . unde irtránctost siê mit prędica-
       lêro   uuarhêite
    5  tione ueritatis . unde tâte siê rîche in mániga uuîs. Vuánnan chám
                                            Gotis liût
       der rîhtuóm? Fluuius dei repletus est aquis. Populus dei uuard irfúllet
       mit Gotes kéiste
       spiritu sancto. Parasti cibum illorum . quoniam ita est pręparatio tua. Kêistlícha fuôra

       gáretost dû ín . uuanda sô ist dîn fóre-gegáruueda daz diû fuôra fer-
       gébeno fóne dir sî . nals fóne íro urêhten. Sulcos eius inebria. Des              P245  11
                                                     bruste       uuáginsin
   10  sélben liûtes fúrehe irtrénche. Indûo íro pectora mit uómere ser-
       Gotis lêro
       monis dei . unde fulle siê dára nâh spiritu sancto. Multiplica generationes

       eius. Kemánigfalto sîne chîmen . daz chît sînen uuuôcher . daz fó-
             geloubenten       geloûbente
       ne eînen fidelibus ándere fideles chômen . unde fóne áber diên an-             S423
                                         christenheit
       dere . unz diû ęcclesia sih kebrêite. In stillicidia eius lętabitur cum ex-

   15  orietur. Sô er irrínnet . sô fréuuet er sih déro trúphun. Vnz ér
                                                       súmeliche
       ungestárchet ist án dero geloûbo . sô límphent ímo quedam stil-
       trophen   Gotes toûgeni   uuanda ir ne-mak fer-némin diê follun dero uuâr-
       licidia de. sacramentis quia non potest capere plenitudinem ueri-
       heîte
       tatis. Benedices coronam anni benignitatis tuę. Dû geségenost                      12
            sigenunft
       dîa uictoriam déro zîto . dánne du dîa dîna guôtuuílligi scêi-
                                                                      diê
   20  nest ane íro frêhte. Et campi tui replebuntur ubertate. Vnde iu-
       rehtin             dero fóllun des trizzegostin unde sèhzigostin unde zèhin-
       sti tui uuérdent irfúllet ubertate tricesimi et sexagesimi et cen-
       zegósten uuuóchers
       tesimi fructus. Pinguescent fines deserti. Sô uuérdent feîzt déro                  13
                               tiête      uuuósti
       túgedo . ioh diê úzzerosten gentes . diê desertum uuâren . unz án
                                       chúmft
       CHRISTI aduentum. Et exultatione colles accingentur. Vnde úmbegur-              S424
   25  tet uuérdent mit fréuui diê sih récchent ûf ze hímele. Induti sunt                 14

       arietes ouium . s . exultatione. Dánne sint frô diê leîten déro scâffo .
```

---

8 sô bis daz auf Ras.   21 tricesimi: c aus langem s rad. und verb.
  vor beiden & akutartiger Pausestrich auf Zeilenhöhe   23 úzze-
rosten: e² aus o rad. und verb.

17 *er

                              uuôcher
selben diê apostoli . uuanda siê íro fructum gesêhent . unde daz siê

in gemêitun nearbeîton. *Et conualles abundabunt frumento.*
                    diemuôtige pringent michelen uuôcher
Daz chît . HVMILES MVLTVM FRVCTVM AFFERENT.   P246

Clamabunt etenim ymnum dicent. Siê ruôfent. Vuaz ist der

5 ruôft? Lôbesáng singent siê Góte. *IN FINEM CANTICVM PSAL-*   1
MI RESVRRECTIONIS. *A*n daz ende siêhet diz frôsang .
                                       urstende   tietin ioh iudon
des keheîzenten psalmi . gemêina resurrectionem gentibus et iu-

     *I*deis . uuíder diên iúdon . die sîa in selben gehiêzzen . unde
      VBILATE DEO. Vuúnnesángont   gentibus ferságeton.
                alliu erda   niêht eîniu iudea   rêhtfolgig
10   Gote. Vuelee? *Omnis terra* . non sola iudea. Alliû ecclesia ca-   S425
               christanheit rehtfolgîg   urstende
     tholica. Diê catholici ne-sint . unde resurrectionem ferságent .
              uuôft screion uuúnnisangon
          diê múgen ululare . nals iubilare. *Psallite nomini eius . date* 2

gloriam laudi eius. Síngent sínemo námen . unde des sánges kuôl-
lichi uuéndent îmo ze_lôbe náls iû selben. *Dicite deo quam ter-*   3

15 *ribilia sunt opera tua domine.* Chédent îmo zûo . uuiêo egelîh dîniû
                                                        ih
uuérch sint hêrro. Also dû únsih lêrtost . dô dû châde. EGO VE-
cham daz de blinden   gesehen   unde ge-sente blint
NI . VT QVI NON VIDENT VIDEANT . ET QVI VIDENT CECI
uuerden   plinde   die sih plinde uuizzen
FIANT. Vuélee sint non uidentes? QVI SE CECOS COGNOS-
       gesehente die sih uuánint kesêhen
CVNT. Vuélee uidentes? QVI SE VIDENTES ESTIMANT.

20 *In multitudine potentię tuę . mentientur tibi inimici tui.* So dû

tuôst únzalaháftiû zêichen . so liûgent siê dir. Dir ze fersíhte
                         disiu zeichen tuôt er mit coûkele
liûgent siê sús. HĘC SIGNA IN BEELZEBVB FACIT. *Omnis*   4

terra adoret te et psallat tibi . psalmum dicat nomini tuo altis-   P247 S426

sime. Sîd siê neuuóltin . álliû diû erda béte dih . unde sínge dir.
                                                 zúrganch
25 Dînemo námen dû hôhesto sínge sî . unde israhelis defectio . uuer-
        tiêto   in-leîta
de gentium introductio. *Venite et uidete opera domini.* Chôment   5

---

22 coûkele: k *aus* h *oder* c *verb.*

                       iuden   liêgente
gentes . fermîdent iudeos mentientes. Chóment unde gesêhent

Gótes uuerch. Vuêliu? *Quam terribilis in consiliis super filios homi-*

num. Vuîeo egebâre sîn rât ist uber diê ménniscen. Vuîeo iu-
                                                              tiête
dei irbléndet sint . gentes irliêhtet sint . iudei uz sint . gentes

5 înne sint. *Qui conuertit mare in aridam*. Der dén mére uuén-

det in dúrri. Der dîa uuerlt álla . diû êr uuas pítterez uuázzer .

sóles uuázzeres trúcchena getân hábet . unde aber durstega suózes

uuázzeres. *In flumine pertransibunt pede*. Mit fuozzen uber uuat-

tent siê dîa âha. Vuelee? Diê sélben dúrstegen. Vffen ros ne-sîz

10 zent siê . úbermuôte nesînt siê . mit fuôzzen . daz chît mit diê-
                          tôdigi
   muôti spûot in úber dîa âha dirro mortalitatis. Déro âho ge-
                     fône chlíngen tranch er   pediû
trâng CHRISTVS . also iz chît . DE TORRENTE BIBIT . PROPTEREA
irhôhta er sin hoûbet in chriûze tôdigi
EXALTAVIT CAPVT. Diû âha ist mortalitas. An déro ferrîn-
                                                         ze
nên uuir. Vuir genésen áber dâr inne . îlendo mit diêmuôti ad
 dero úntôdigi
15 inmortalitatem. Vnde sô uuir dara chómen . uuaz danne? *Ibi iocun-*

dabimur in ipso. Dâr háben uuir dîa uuúnna an îmo. Vuemo?

Qui dominatur in uirtute sua in eternum. Der in sînero chréfte iê-

mer hêrresôt. Dánnân oûh úns chréfte chóment . uuir eîgene

ne-háben. *Oculi eius super gentes respiciunt*. Vber gentes sêhent

20 sîniû oûgen. Obe în uuáchent siê . niêht eîn óbe iudeis. Er ne-sólta

niêht umbe únmanege sô míchel precium gében. *Qui amaricant*

non exaltentur in semetipsis. Diê Got crément an iro súndon . diê

ne-uuérdent irhôhet an in sélben. Vuérdên diemuôte . dânne

uuérdent sie an CHRISTO irhôhet. *Benedicite gentes deo nostro . et obau-*

25 *dite uoci laudis eius*. Nû lóbônt des Góte ir gentes . unde lósent

déro stímmo sînes lobes . unde gehôrent dîa gérno . náls dîa

---

2 Vuêliu?: liu? *auf Ras.*   7 unde *bis* suózes *auf Ras.*   durstega:
Ligatur st *aus* g *verb.*   9 dúrstêgen
    20 *siû   23 sélben: 1b *aus* be *rad. und verb.*   Punkt fehlt 10³

13 crhiûze

stimma iûuuéres lôbes. Vuér ist der Got? *Qui posuit animam me-* 9
am in uita. Der mîna sêla in líbe sazta . diû êr in tôde uuas. *Et non*
dedit in commotionem pedes meos. Vnde in uuága ne-liêz er
mîne fuôzze. Er stâta siê án demo lîbe. *Quoniam probasti nos deus . igni-* 10
5 *sti nos sicut ignitur argentum.* Also dâr ána scînet. Vuanda dû
besuôhtost únsih. Cluôtost únsih . also man silber tuôt. Dâr uuúr-
den uuir irfúrbet . nals fersmélzet. *Induxisti nos in laqueum.* 11
Prâhtost únsih in den strich . dâr únsere lîchamen háfteton . sêlâ
irlôset uuúrden. *Posuisti tribulationes in dorso nostro . °inposuisti* 12
10 *homines super capita nostra.* Dû luôde arbêite ûfen únseren ruk-
                        uuálaha de stabulov
ke. Vuánnan chamen die? Daz dû ménniscen sáztost úber ún-
seriû hoûbet. Peccatores liêze dû únser uuálten. *Transiuimus* S429
per ignem et aquam. Vuir háben dúrhfáren fiûr unde uuázzer.
Vuir uuurden sô geeîtet in demo fiûre . daz uuir niêht ne-ma-
15 hton . ze-fáren in demo uuázzere. Aduersa starhton únsih . pró-
spera ne-uueîhton únsih. *Et eduxisti nos in refrigerium.* Vn- P249
de sô tuôndo brâhtost dû únsih in dîa chuôli déro êuuîgun
râuuo . dâr ne-uuéder ist . ze hêiz noh ze chált . ne-uuéderiû
  irsuôchunga
temptatio . fiûres noh uuázzeres. *Introibo in domum tuam* 13
                            Gótelih
20 *in holocaustis.* In férbrénnedo gán ih in dîn hûs . dâr diuinvs
  fiûr   fleîscis uuártsála   sêlo   únsûbri
ignis ferbrénnet carnis corruptionem . animę inpuritatem. S430
Dâr uuírdo ih ze óphere . in ólanga uuîs. *Reddam tibi uota*
mea. Dâr leîsto ih dir mîne intheîzza . diê intheîzza êuuiges
lôbes. *Quę distinxerunt labia mea.* Diê mîne lefsa iêo sciêden . uuán- 14
25 da ih iêo téta intheîzza dînes lôbes . nals mînes . uuanda ih pe-
        mih uuándallichin dih ún-uuándallichen. mih âne dih niêht uuésen
chnâta . me mutabilem . te inmutabilem . me sine te nihil esse .

---

6 silber: *langes s oben anrad.*   7 uuird: *d durch Unterstrei-*
chung getilgt   15/16 p̄/spera   16 refrigerium: i[1] *aus Ansatz von*
g *verb.*   *Punkt fehlt* 26[4]

9-15: *vor 9-11 auf dem Rand:* NOTA *(vertikal geschrieben), dann mit Verweisungszeichen vor*
Peccatores, *Z. 12, vor 12-15:* Poponiscos sci<s>/maticos inter / mona-
chos . ma/xime inter / sancti/gallen/se/s.`, - *Vgl. die Randglosse*
auf S. 223 sowie S. 67,20-23, dazu die Einl. in Bd 8, S. XLIII mit Fn.
72.

dih mîn undúrftigen
te autem non indi<g>ere mei. *Et locutum est os meum in tribulatio-*

ne mea. Vnde in mînero uuérltnôte spráh min munt. Vuaz

sprah er? *Holocausta medullata offeram tibi.* Márghaftiû ópher   15

brîngo ih dír. In bêino mínnon ih dih. Daz netuôt áber der .

5 der diên liûten mêr lîchen uuíle . danne Góte. *Cum incensu a-*   S431
               kebêt
rietum. Mit roûche . daz sint orationes. Vues? déro uuîson

unde fóreleîson déro Gótes hérto . daz sint apostoli . díe meîst pé-   P250

tont umbe diê hérta. *Offeram tibi boues cum hircis.* Pringo dír
                prediare   mit   sundaren   poccha
rîndir sáment diên bócchen . *predicatores cum peccatoribus.* Hir-
      anphanchlich   rinde-
10 ci ne-uuâren acceptabiles . úbe în ne-húlfîn diê frêhte déro bó-
ro ,   tuônt iû   friûnt fone
um. In íst zuô gespróchen. FACITE VOBIS AMICOS DE
  scazze   únrehtis   so ir fersuindênt
MAMMONA INIQVITATIS . VT CVM DEFECERITIS
   daz sie   iûch inphahen in euuiga sêlida
RECIPIANT VOS IN ETERNA TABERNACVLA. Alsúsli-   S432
           Gótes prûtsamenunga   stimme
chiû ópher hábet Góte brâht sancta ecclesia . déro dísiû uox ist .
  in iro uuerlt-arbeite
15 in tribulatione sua. *Venite audite et narrabo omnes qui timetis*   16

deum . quanta fecit anime mee. Chóment hára álle Gót fúrhtente .

lôsênt unde ih zélo iû . uuaz Got hábet ketân mînero sêlo.

Ad ipsum ore meo clamaui. Daz ist diz. Mit mînemo munde   17

háreta ih ze îmo. Sîd uuas er mîn . sîd er geuuâre begónda sîn.
                      heîdene fórderin
20 Der uuas lukke unde frémede . den mih pagani parentes lêrton
         ze holze unde stêinin
ûf induôn . *ad ligna et lapides. Et exaltaui sub lingua mea.* Vn-

de ih púrlichôta în toûgeno . únder mînero zúngun. In des

herzen gesuâshêite. Daz keliêz er mînero sêlo . daz uuíl íh

iû állen ruômen. *Iniquitatem si aspexi in corde meo . non ex-*   18

25 *audiet deus.* Vbe ih únrehtes uuára téta in mînemo herzen .

unde daz mínnota . sô ne-gehôret Gót mîn gebét. *Propterea*   19

---

19 ih] iz   Punkt fehlt 16³

1-19: *nach 3-16 auf dem Rand mit Verweisungszeichen auf* uuíle, *Z. 5:*
idest / mit y/pocrisi prêi/tero blâttûn / uuítero chúgelûn / et mille
aliis quibus scisma/tici nostri irritauerunt deum / in adinuentionibus
suis. [*Vgl.* Ps 105,29.] / Maxime autem in duobvs / roccis . in quibus
diabo/lus CRVCEM domini per / eos delere conatur . ne / ea sicut BENE-
DICTVS / instituit monachi [*übergeschr.*] uestiantur. / Nam cetera
eorum / abominanda . si non pu/ras conscientias pollui / timeremus
abundantivs / pandere habueramus. / Nam et a crapula Gal/lis ingenita
inchoantes . / IN MISERAN/DA . INOPI/A . NOS . / RELI/QVE/RA/NT /.˙ , (*Die
Oberlänge des* d *von* idest, *Z. 1, erscheint um etwa 3 Zeilenhöhen ver-
längert und mit einer Schlängellinie umrankt, ähnlich ist der gemein-
same Schaft der Ligatur* NT *der vorletzten Zeile nach unten gezogen und
geschmückt.*) - *Vgl. S. 222, den 2. Apparat, zu Z. 9-15.*

exaudiuit deus . et intendit uoci deprecationis meę. Vuanda ih sô
ne-téta . bediû gehôrta mih Got . unde bediû lóseta er ze déro
stimmo mînero dîgi. *Benedictus deus qui non amouit deprecatio-*   20
nem meam . et misericordiam suam a me. Kelóbot sî der Gót . der mîna flêha   P251
5 fóne mir ne-sciêd . noh sîna gnâda . Dô er mih déro flêho neliêz

        irdriêzzen . dô uuólta er mir gnaden. PSALMVS DAVID.   1

D EVS MISEREATVR NOSTRI ET BENEDICAT NOBIS.   2
                     regin
    Got knâde úns . unde ségenoe únsih. Pluuiam e-
    sinero innelungo   segen   êuuigis
    rudicionis suę gébe ér úns . benedictionem ęternę
    lîbis
10   uitę gébe er úns. *Illuminet uultum suum super nos.*
                  uber ubele unde guóte
Déro súnnun ánaliûte irsceînet er super bonos et malos. Sîn sel-
bes ánaliûte irsceîne ér über únsih . sô . daz uuír iz kesêhen   S434
muôzzin. Alde sus uuírt iz fernómen. Sîn bilde daz er uns
                mit liêhte uuîshêite
cab . uuérde an úns irliûhtet lumine sapientię. *Et misereatur nostri.*
15 Vnde an déro irskeînedo gnâdee ér úns. Vuára zuô leîtet ún-
sih daz? *Vt cognoscamus in terra uiam tuam.* Daz uuír hiêr
trôhten in dirro érdo bechénnên christum dînen uuég . der ze dîr
leîtet. *In omnibus gentibus salutare tuum.* Vnde dînen haltâre
den selben christum bechénnên in állen diêten. *Confiteantur tibi*   4
20 *populi deus . confiteantur tibi populi omnes.* Vuaz kescêhe danne? Sô iê-
                    iêhen   iro únrehtis
hen dir Gót liûte . álle liûte iêhen dir. Confiteantur suam iniqui-
     unde Gotis kenâdon   ruôgen sih selben . lôbên in
tatem . gratiam dei. Se accusent . illum laudent. *Lętentur et exultent*   5
           pigihte
gentes. Déro confessionis fréuuen sih tiête . unde sprúngezen.

Vuaz fréuuet sie? *Quoniam iudicas populos in ęquitate.* Vuanda nâh   P252
            geuuizzeda
25 rehte unde nah íro conscientia irtêiles dû uber diê liûte.

Et gentes in terra diriges. Vnde diê chrúmbelîngun gânten diê-   S435

---

13 Aldo   fernómen: *unter r kleiner Tintenfleck*   15 irskeînedo *auf Ras.; über k früherer Zkfl. rad., aber noch erkennbar*   17 dînen: *unter n² kleiner Tintenfleck*   26 diê//: *danach te rad.*

te . gerîhtest dû in érdo ze réhtemo uuége. *Confiteantur tibi populi* 6

deus . confiteantur tibi populi omnes .º terra dedit fructum suum. Iro uuuô- 7
pigihte
cher brâhta diû erda. Vuánnan cham der? Ana fóne iro confes-
riûuuo   pigihte   kuôtiu
sione. Náh penitentia unde nah confessione . châmen bona o-
uuerch   pater   filius   spiritus sanctus
5 pera. *Benedicat nos deus . deus noster .º benedicat nos deus.* Sancta trinitas 8
ze máchungo mánigi
ségenôe únsih. Ségen rámet *ad multiplicationem* . pediû chît iz

hára náh. *Et metuant eum omnes fines terrę.* Vnde in fúrhten
manig-máchunga
álliû ende déro érdo. Diû multiplicatio geschêhe dánnân ûz.
in róttûn lûtun ist
IN FINEM IPSI DAVID PSALMVS CANTICI. *I*n psalmo est   1 S436
scál   in sánge ist fróuueda
10 sonoritas . in cantico lętitia. Hiêr sint diû bêidiu . pediû ist diz
seîtscal sánghleîchis
sang psalmus CANTICI.   *ci eius.*

*E*XVRGAT DEVS ET DISSIPENTVR INIMI-   2
Gót stánde ûf . unde sîne fîenda uuerden ze-uuórfen.

Daz ist kescêhen. CHRISTVS ist irstánden . uidei sîne fîen-
15 da sint ze-triben. *Et fugiant qui oderunt eum a fa-*
cie eius. Vnde skíhtig sîn diê în házzent . fóre sînemo ánasiûne.
christane   ánasiûne
Sô sint sîe úber al . dâr fideles uuérbint . an diên Gótes facies scî-   P253
net. *Sicut deficit fumus deficiant. Also rúgh zegât . sô zegán-   3
fone erdo dero lébendon   an demo suôno tâge
gen siê. De terra uiuentium ze-gânt siê in die iudicii. Sicut flu-*
20 *it cera a facie ignis . sic pereant peccatores a facie dei.* Also uuahs
sundige   fone Gotes ánasiûne
smílzet fóre démo fiûre . so zegángen iudei peccatores a facie dei.

Et iusti iocundentur . et exultent in conspectu dei . et delectentur in   4

lętitia. Vnde réhte uuérden ke-uuúnnesámot . unde fréuuen

sih fore Góte . unde în fréuui uuérden sie gelússamot. Vuanne?   S437
chomint hara minis fáter geuuiêhten hábint
25 Sô siê gehôrent. VENITE BENEDICTI PATRIS MEI PER-
iû daz himil-rîche
CIPITE REGNVM. *Cantate deo . psallite nomini eius.* Aber ir   5

3(r) *Áne   fóne: ne *auf Ras.*   5 deus² /   9 In: I *bloß schwarz*
*vorgeritzt, nicht rot nachgezogen   20 uuahs: h *aus langem* s *rad. und*
verb.   Punkt fehlt 22¹

```
                                                geloûbigen
                                                fideles . ir nôh hiêr inin guôten uuerlte bint . síngent Góte .
                                                  in reîni des herzen               in guôten uuerchen
                                                in puritate cordis . sálmosángont imo in operibus bonis. Iter fa-

           cite ei qui ascendit super occasum.   Réchenônt démo dén
                                                            irstándito
           uuég . dér dén tôd úber steîg resurgendo. Dominus nomen est

       5   illi.   Hêrro ist sîn námo. Daz ne-uuísson iudei. Vuissîn siê íz .
               niêmer    ne-irhiêngin siê den hêrren mágenchrefte
               numquam dominum maiestatis crucifixissent. Et exultate in con-
                                                                        samo unfrouue
           spectu eius. Vnde frô_sînt fóre îmo. Also iz chît. QVASI TRI-
               unde iêo ána mêndinte
           STES . SEMPER AVTEM GAVDENTES. Turbabuntur.

           Qui? Peccatores de quibus predictum est. SICVT FLVIT CERA A FACIE

      10   IGNIS . SIC PEREANT PECCATORES. A facie eius. Cuius eivs?

           A facie dei. Qualis dei? Patris orphanorum et iudicis uiduarum. Sún-           S438 6

           dige uuérdent ferstôzen fóne sînemo ánasiûne . der uueîson

           fáter ist . unde uuítuon  ríhtet. Deus in loco sancto suo. An diên ist

           Got . in heîligero sînero stéte. Deus inhabitare facit unis modi . uel . uni-   7 P254

      15   us moris . i . unanimes in domo. Got tuôt siê búen eînmuôtigo

           in sinemo hûs. Daz sint íro herzen. Daz grecus hábet trope . daz

           pezeîchenet peîdiu . morem et modum. Noh er ne-habet . qui

           inhabitare facit . núbe échert habitare facit. Qui educit compe-

           ditos in fortitudine. Der diê háftenten ín dien sundon nímet .

      20   úzzer diên háften . in sînero starchi. Similiter amaricantes . i .

           prouocantes . qui habitant in sepulcris. Samo uuóla diê . diê noh

           uuírserin sint . uuanda sie Got crément . diê in íro súndôn ióh

           pegráben sint . állero mánno fertânosten . ioh diê ingrébet er .
                                             an sînero starchi
           unde tuôt síe lében in_fortitudine sua. Deus cum egredieris coram         8 S439

      25   populo tuo. Daz tuôst dû Got . sô dû uz kâst fóre dînemo liûte.

           Vuánne ist daz? So dû siê tuôst fernémen dîniu uuergh . sô ge-


           _____

           9 SIC: C unten anrad.      25(r) uz: auf Ras.     26 daz .: z . auf
           Ras.

           4 *irstándinto (?)  *irstándo (?)     6 irhêin gin
```

```
                                          eīn-muōtige pūuuen in dīnemo hus
tâniū . so diū sint . daz dū siê tuôst unanimes habitare in domo.
[zi] uzzer hafte sundon sie ne[i]mende mit starchi . samo uuola diē Got-reīzzara . die in īro
Educens compeditos in fortitudine . similiter amaricantes qui ha-
      sundon begrábin sint
      bitant in sepulcris. Cum transieris in deserto .°terra mota est.                    9
                             undir diēten
      Dô dū fuôre unde gebrédigot uuúrde inter gentes . do uuúrden
      ìrdiske ménniscen    ze ri[i]ūuuo
  5   terreni homines iruuéget ad pęnitentiam. Etenim cęli distil-

      lauerunt. Daz uuas fóne diū . uuanda īn hímela regenôton . apostolorum
            lēra
      doctrina uuas īn chómen. Vuannan gesántiū? A facie dei israhel.
                                                          irfúlto
      Fóne démo Góte israhelis . der sie ūz frúmpta repletos spiritu sancto.
                                                  himila       perga
      Mons syna . a facie dei israhel. Cęli régenôton . montes régenôton.         S440

 10   Diê cęli sint . diē sint ouh montes. Vnder diēn uuas mons syna . an
                                                       fóne Gotes ana-
      démo PAVLVS fernómen uuirt . der régenota sō sámo a facie dei               P255
      siūne
      israhel. Pluuiam uoluntariam segregans deus hereditati tuę. Vuíl-           10

      ligen régen uuâre dū dô sceîdende . dînemo erbe. Vuílligen fó-
                                              neheīnen guot-tātin fore gānten
      ne diū . daz er fergébeno chám . nullis pręcedentibus meritis. Ke-
                                   diēn fórderen liūten    uns iúngesten
 15   sceîdenen . uuanda ér priscis gentibus ne-cham . nouissimis uuard

      er gespáret. Et infirmata est. Vnde geúnchréftigôt uuard daz
                      niēht uuesen fone imo selbemo
      erbe . uuanda iz pechnâta non esse se aliquid per se ipsam . nube
                    Gotis kenādon bin ih daz ih pin
      so PAVLVS chad. GRATIA DEI SVM . ID QVOD SVM. Tu uero per-
                                                              uuólatâte
      fecisti eam. Dū bérechenotost iz . also er aber chad. NAM VIR-
      uuerden in únchrefte folle-zōgin
 20   TVS IN INFIRMITATE PERFICITVR. Animalia tua ha-                              11

      bitabunt in ea. Dīniū uého bûent dâr ínne. Siū bûent in sancta
                       Gotes erbe
      ęcclesia . diū ist hereditas domini. Parasti in tua suauitate . egenti deus.

      Ziū egenti? Quia infirmata est ut perficiatur. Démo dúrftigemo               S441
                                                       kirigin    uuíllen
      hábest dū gegáreuuet in dinero suôzzi . promptam uoluntatem .
      kuōtiū uuerch ze tuonne    nals durh forhtun sunder durh mìnna.
 25   ad faciendum opus bonum . non timore sed amore. Dominus dabit                12

      uerbum euangelizantibus uirtute multa. Truhten kíbet ún-
```

8(r) démo: *Akut anrad.*   frúmpta: *auf Ras.*   9 Mons syna: *sehr dunkle rote Tinte (ursprünglich schwarz, dann rot überzogen)*   13 sceîdende: ceide *auf Ras.*   15 ér priscis *(auch die Glossen* diēn fórderen*) auf Ras.*, ě *aus* i *verb.*   17 pechnâta: n *aus* a *rad. und verb.*   Punkt fehlt 3²

                         prediaren
de zeîgot sînen prędicatoribus daz siê spréchen súlen . in míche[l]-
                zeicheno ioh uuúndero   fiêhen
lero chréfte signorum et miraculorum. Sînen animalibus séndet
                          ezzen
er sólichiû cibaria. Vuéler dominus? *Rex uirtutum dilecti.* Chú-   13

ning déro túgedo . sînes trûtes unde sînes liêben CHRISTI . diê ér

5 sáment îmo meîsterot . unde nâh sînemo uuillen chêret. *Dile-*

cti. Sînes liêben . unde sînes iruuéleten. Vuara zûo? *Et speciei*

domus diuidere spolia. Oûh ze teîlenne geroûbe déro scôni des   P256

hûses. Daz hus ist sancta ęcclesia . dîa ér scône getân hábet . mit diên
             dèmo nider-falle mit póton . mit uuísagon . mit lêrarin mit mániga zunga spréchin-
diê er diabolo ge-nám . apostolis . prophetis . doctoribus . linguis loquen-   S442
ten   mit kenada lîb-hēili hábenten
10 tibus . gratiam curationum habentibus. *Si dormiatis inter medios*   14
                                   dero altun unde niúuun beneimedo
cleros. Vbe îr réstent únder mítten erben ueteris et noui testa-
                                 uuerlt-sálidon   in déro altun
menti . sô . daz ih iûh fertrôstent terrenę felicitatis . diû in uete-   S443
                                     ęuuígero úntôdigi
ri geheîzzen uuard . unde ir patienter bîtênt . ęternę inmor-
               in déro niúuun
talitatis . diû in nouo geheîzzen ist. *Pennę . s . eritis columbę de-*

15 *argentatę . et posteriora dorsi eius in pallore auri.* Sô uuerdent

ir fédera déro gesîlbertûn tûbun sanctę ęcclesię . unde der áftero teîl
                           fédera crunt   eîgin fèttacha
îro rúkkes . dâr diê pennę radicem hábent. Pennę . daz er mit ge-
zuein gebótin mínnon Gotes unde mánnis   rúkke   Gotes ioh
minis preceptis caritatis ze hímele fliêgent . dorsum . daz ír iugum
                                                                   uber-
domini trâgênt . in déro scôni des pleîchen Góldes. Sancta ęcclesia ist co-
            silbertiû tuba   mit Gotes zuo-spráchon gelêrit
20 lumba deargentata . uuanda sî îst diuinis eloquiis erudita . sî
             in rúkke plêich-cruôni goldis   an dero chréfte
hábet in dorso uirorem auri . uuanda îro starchi ist in uirtute
      mínnon   unde uuísheîte
caritatis et sapientię. *Dum discernit cęlestis reges super eam .*   15

s . columbam. So der hímelsco chúning . an íro gescêidet sîne

chúninga. *Niue dealbabuntur in selmon . i . in umbra.* Danne uuér-
                                                             chúninga
25 dent sîe geuuîzet in scátue. Vmbe uuaz heîzzent sie reges? Vuan-   S444
         chúnigh-rîhtâre sint des lîchamin glústo
da sie regentes sint carnis concupiscentias. Vuiêo sceîdet er siê

---

8 mit: i *oben anrad.*   11(r) Vbeirrèstent: Vbeir *auf Ras., kommaartiges Trennungszeichen oben und unten nach* Vbe *sowie unten nach* îr
14 eritis rot   17 *ir   18 p̄ceptis: e *aus* o *rad. und verb.*
19/20 co/cumba   22 super cęlestis

9 falle: a *aus* e *verb.*   18 gebótin: n *aus langem* s *verb.*

```
                          er   hiez súme uuerden póten    súme
an íro? Also iz chit. ET IPSE DEDIT QVOSDAM APOSTOLOS . QVOS-
         uuíssagen    súme       christes líb-scríben sume
DAM AVTEM PROPHETAS . QVOSDAM VERO EVANGELISTAS . QVOS-
         lêrare   unde  hírta       snêuue in scátue
DAM AVTEM DOCTORES ET PASTORES. Vuieo? mit niue in umbra.
                       genada scáto       uuider des lichamin hizzon
Daz ín spiritus sancti gratia umbram tuôt . contra carnales ęstus. Selmon
                                                            den Gotes
5 heîzet ételih pérg in palestina. Ih ne-ságo dên niêht. Montem
perg
dei . montem uberem dico. Ih mêino den ánasíhtigen christum . dên hô-

hesten Gotes perg . ke-núhtigen . bérháften . spúnneháften . ad
   chindeliû mit mîlche ze geziênne
nutriendos lacte paruulos. Vt quid suspicamini montes uberes .

montem in quo beneplacitum est deo habitare in eo? Ziû ánauuâ-

10 nont ir sîn ándere bérga birige? Ziû uuânent ir íro doh-eînen
                                                             min
sô gelîcheten bérg Góte ze ánasîdele? Vuanda er selbo chad . PA
fater in mir uuesende tuôt selbo álliû uuerch ih pin in mînemo fáter
TER IN ME MANENS IPSE FACIT OPERA. EGO IN PATRE ET
min fâter ist in mir
PATER IN ME EST. Etenim dominus inhabitabit . s . illos uberes montes

usque in finem. Also Got an îmo bûet . sô bûet ér án în. Náh diên
           Ih pin in inen du bist in mir
15 uuórten. EGO IN EIS . ET TV IN ME. Vuiê lango? Vnz er siê

bringet án énde . daz er selbo ist. Currus dei. Sie sint Gotes reîta.

Bediû sizzet er an ín . bediû rihtet er siê . unz er siê bringet an

ende. Decem milium multiplex. Cêndûsendîg . daz chit manigfal-

tig . uuanda iro ne-heîn zála ne-îst. Milia lętantium. Dúsent

20 fróuuero. Ziû ne-sulen? Dominus in illis. Trúhten ist ín ínne. Des fréuueNT
                                   daz ist in sinemo gebôte daz hêilig ist
siê sih. In syna in sancto. Hoc est in mandato quod sanctum est. Got ist ín ínne .

unde stâtet siê an sînemo hêiligen gebôte. Ascendisti in altum

captiuasti captiuitatem . accepisti dona in hominibus. Dû CHRISTE stí-

ge ze hímele. déro ménniscon éllende geéllendôtost dû . dû irsluô-

25 ge den tôd . misselicha géba inphiênge dû án ín. Vuanda siê

dîn corpus sint . pediû sint íro géba dîn . unde déro gébôn uuúr-
```

5(r; auf dem Rand hellrotes r rad.)/6 Montem dei und dico dunkelrot; montem uberem hellrot; Montem dei hellrot durchgestr., montem bis dico braun durchgestr., aber teilweise rückgängig gemacht, bes. bei uberem; kleiner roter Punkt zwischen uberem und dico   14 usque in zuerst schwarz, dann rot überzogen; in auf Ras.   án   25 tôd: t aus d rad. und verb.   án   26 géba !   Punkt steht nach 10 doh-eînen

den alii apostoli . alii prophetę . alii doctores. Sóliche tâte dû siê. Ere-

ron uuîoliche? *Non credentes inhabitare dominum deum.* Vngeloû-

bige. Vuéles dînges? Gót sól búen an în. Des siê ne-trûeton . daz
          Gotes reîta
Got an în bûen solti . unde sie currus dei uuerden sóltîn . des tâte

5 du siê geloûbige. BENEDICTVS DOMINVS DE DIE IN DIEM. Des   20

si Got ke-lóbot . fóne tâge ze tage . uuanda er oûh nóh unde iê-
    framfuorrende éllendi unde gêba néminte in diên ménniscon
mer ist captiuans *captiuitatem . et accipiens dona in hominibus.*

Prosperum iter faciet nobis deus sanitatum nostrarum .°deus noster . deus sal- 21

uos faciendi. Got ûnserro hêili . Got ûnser . Got des kehâltennes .
                   framspuô-
10 er tuôt ûnsera fart frámuuértiga. Cursum uitę getuôt er prospe-
 tig
rum. *Et domini exitus mortis.* Vnde diû hînafart trúhtenes tôdes.
        kéreccha
Vuaz diû? Tuôt uns *prosperum iter.* Alde iz chît. Ioh des hálten-   S447
               ûnscúldig
ten . ist diû hînafart des todes. Sîd er innocens irstárb . ziû ne-
            scúldige unde sundige
súln uuir is danne unsih trôsten . *noxii et peccatores? Verum-*   22

15 *tamen deus conquassabit capita inimicorum suorum . uerticem ca-*
                 tod
pilli perambulantium in delictis suis. Aber . doh er mortem lîte .

er géfnótôt diû hoûbet sînero fîendo . unde diâ fâhs-scêitelun
                  irchicche
dero folleférenton in îro míssetâten. Also ez chît. RESVSCI-
   mih so gilto ih in
TA ME ET REDDO EIS. *Dixit dominus ex basan . i . ex ariditate . con-* 23

20 *uertam . conuertam de profundis maris.* Sús ke-hiêz trúhten.   P259

Fone dúrrî bechêro ih sie ze gruoni. Fone diên tiêfinon des

méres . daz chit fône diên uuerltfrêison bechêro ih siê. Ih
        uuellon áchusto
nîmo siê ûzer diên *fluctibvs uitiorum. Vt intinguatur pes tu-*   24

us in sanguine. Sô innelîcho bechêrest dû siê ze dir . daz dîn
        in demo bluote martiro
25 fuôz in *sanguine* martyrii getúnchot uuérde sámet in. Siê   S448
    dîne lide   áhta
sint *tua membra .* an în lîdest dû *persecutionem. Lingua canum*

---

8 sanitatum *!* 21(r) grûoni: uo aus ou rad. und verb. 23 diên fluctibvs (auch die Glosse uuellon) auf Ras. Punkt fehlt 7²(nach hominib;) 15

7 framfuorrende: u aus Ansatz von r verb. 12 *kerécha

tuorum ex inimicis ab ipso: Dînero húndo zúnga uuérdent . diê êr

dîne fienda uuâren. Dîne prędicatores uuerdent siê. Vuannan chú

met în daz? Vuannân âna fóne îmo . demo selben . der sie bechêr-
    fone dúrri unde fone tiűffi mêris
ta ex basan et de profundis maris. *Visi sunt ingressus tui deus.* Dîne   25

5   in-génge Got uuúrden gesêuuen hára in uuérlt . ioh an dîn selbes
licham-uuordeni   uuólchenen
incarnatione . ioh daz dű an diên nubibus châme . fone diên dű
         hinnan be dis sêhend ir mannis sun chominten
châde. AMODO VIDEBITIS FILIVM HOMINIS VENIEN-
     in uuólchenen   reita
TEM IN NVBIBVS. Diê sint ouh dîn currus . űffen diên dű dîsa

uuerlt alla irrîten hábest. *Gressus dei mei . regis mei . s . uisi sunt .*

10   *qui est in sancto.* Mînes Gótes kénge . mines chúninges . der in sînemo
                              uuolchen   reita
sancto templo ist. Vuéle sint daz? die oûh nubes sînt . unde currvs.

Preuenerunt principes coniuncti psallentibus . in medio iuuen-   26 S449

cularum tympanistriarum. Apostoli chamen ze êrist . sâr dara nâh

kefuôgte ze ánderen die în fólgeton . Gótes lob singenten in
  stimmo   uuerche   probista in mittên niűuuên
15   uoce et opere. Siê châmen unde uuúrden prępositi in medio noua-   P260
  gesamenungon   in lichamen
rum ęcclesiarum . an tympanis singente . uuanda sie in carnis
  chálo   irdórretero hiűte
maceratione lébeton . also timpanum uuirt űzer corio siccato
unde ferstráctero   samenunga sint tympinarra
et extento. *In ęcclesiis benedicite deum.* Ęcclesię sint tympanistrię .   27

an diên lóbont Got. *Dominum de fontibus israhel.* Lóbont trúhte-
                                       brúnnen
20   nen fone diên israhelis prúnnon. Diê êresten fontes . ih neîmo
                           die brunnen
apostoli . diê châmen fóne israhel. Sîe uuâren fontes . siê uuâren diê
                           áha
urspringa . fóne în châmen flumina. *Ibi beniamin adulescenti-*   28 S450
  brunnon   dero chúmbarrun   file iunch
or. Dâr uuas inter fontes PAVLVS de tribu beniamin . adulescen-
                iungesto
tior . daz chit nouissimus apostolorum. *In extasi . i . in excessu mentis.* In ir-

25   châmeni. Also er sih erchâm . dô er fóne himele gehorta. SAVLE
         uuaz âhtist dű mîn
SAVLE QVID ME PERSEQVERIS? Alde iz chît . în déro

---

1 Dînero: e *aus* i *rad. und verb.*   3 *âne   4 s̄unt   23 In extasi
schwarz   *Punkt fehlt* 12

           der-zúcchit
hína-gelíteni des mu̇ótes . also iz fuȯr dô er raptus uuard ad
an den dritten hímel
tertium cę̄lum. *Principes iuda . i . confessionis . duces eorum. Princi-*

pes zabulon . i . fortitudinis. Principes neptalim . i . latitudinis. Apostoli
    fúrstin pígihte   starchi   kesprēiti[i]
uuâren principes confessionis . fortitudinis . latitudinis . hoc est
geloûbo kedíngi mínno
5 fidei spei caritatis. *Manda deus uirtutem tuam. Commenda nobis*   *29*
                chraft
deus uirtutem tuam. Keliûbe uns Gót fáter christum . der dîn uirtus ist. S451

Kelêre únsih den mínnon der umbe únsih irstárb. *Confirma hoc*

deus quod operatus es in nobis. Keuésteno Got dîa geloûba . dîa dû úns

kâbe. *A templo tuo quod est in ierusalem . tibi offerent reges mu-* *30* P261

10 *nera.* Ferro fone dînemo hus . daz in déro níderun ierusalem ist .

prîngent dir diê chúninga geba in dero óberun ierusalem. Daz
            líchamen lúste
sint diê . die hiêr doûbont *carnis concupiscentias. Increpa feras*   *31*
              irre-geloubâre figinta dero heili-
calami. Irréfse diû tiêr des rôres. Irréfse hereticos . inimicos sanctę scrip-
gun scrifte
ptu̯rę. *Congregatio taurorum . inter uaccas populorum . ut exclu-*

15 *dantur . hoc est ut emineant . hi qui probati sunt argento.* Díe sélben he-

retici dánne uuerbent also mánige phárre under diên liût-chuô-

en. Vuéle sint daz? Ane spénstige unde ferleîtige ménniscen . also   S452

diê chúoe . die diên pharren fólgent . daz diê irbúret uuerden .
     Gótelichero gechōso   keloûbon
diê ze diuinis eloquiis lôbesam sî<n>. Also paulus chad. OPORTET
írreden sulín ioh uuésen . daz die irchórinun scîmbâre
20 ET HERESES ESSE . VT COMPROBATI MANIFESTI FI-
uuerden únder iû   geloubirraro
ANT IN VOBIS! Diû úbeli déro hereticorum getéta scînen dîa
          rehto geloûbigon
guôti . unde den uuîstuǒm déro catholicorum. Fóne diû chît
      uuerden ûf ke-tríben uuerden irhában
hiêr . EXCLVDANTVR EXPRIMANTVR. Also oûh díe hé-

uâra déro sílberfázzo exclusores heîzzent. *Disperge gentes*
               keloûb-irrara
25 *quę bella uolunt.* Zeuuírf trúhten die hereticos . diê nîht
 diête   geburte   chúnnescefte
gentes ne-heîzzent umbe *generationes familiarum .* núbe úmbe

---

23/24 héuâra: *Tintenfleck auf a[1], ua zum großen Teil verwischt
Punkt fehlt* 14[3]

20 irchoriñun 21 únderiu: iu *durch Unterstreichung getilgt*

slahta sélbfólgon	after-chunft
genera sectarum. Fertîligo siê . êr siê successionem geuuúnnen.

Offerant uelociter ex egypto. Spuótigo bringen gentes iro sêla	32
          finstri   liûte
Góte ûzzer egypto . ûzer tenebris . îlen ze îmo alle gentes. *Ethio-

pia festinet manus dare deo.* Ethiopia île iro hénde biêten Góte .

5 île sih imo irgében. Also in uuîge sigelôse tuônt. Secundum ieroni- S453

mum chît iz sô. *Regnæ terra cantate deo . psallite domino.* Vmbe 33 P262

sús mánigfalta gnâda . singent Góte álliû erderîche . hôh-sángoNT

trúhtene. *Psallite deo .* °*qui ascendit super cęlos cęlorum ad orientem.* 34

Hôh-sángont Góte der álle himela über fuôr . fôre sînen iúngeron
        in ôsterlandin ist
10 ze ierusalem . diû in orientis partibus ist . siue ad orientem . i . ad pa-

trem. *Ecce dabit uocem suam uocem uirtutis.* So er dannan chúmet

ad iudicandum . sô óffenot er sîna stimma . stimma déro crefte . i .

uenite . uel . ite. So uuirt lûtrêiste . der iû êr uuólta uuésen stille.

Date gloriam deo . super israhel magnificentia eius. Cuóllichont Got . 35

15 uuanda danne chumet sîn michellichi úber israhelem . dann
       geloubigin liût
gemichelîchot er populum fidelem. *Et uirtus eius in nubibus.* Vn-
        uuólchinen in bóton   in uuîssâgon
de sîn chráft scînet danne an diên nubibus . in apostolis et prophetis .
   uuólchentunchel   stuôlsazzen
díe hiêr uuâren nubes . unde dar uuerdent iudices. *Mirabilis deus* S454 36

in sanctis suis deus israhel. Dánne uuirt uuúnderlih an sînen hêilegon
            des Got âne séhentin
20 Got israhelis . Got uidentis deum. *Ipse dabit uirtutem . et fortitudinem*

plebis suę . benedictus deus. Danne gíbet er sinemo liûte chraft dé-
          unuuartigi
ro resurrectionis . starchi dero incorruptionis . Gót kelóbot sî

er des. *IN FINEM PRO HIS QVI COMMVTABVNTVR* 1

IPSI DAVID. **S**élbemo Dauid selbemo CHRISTO uuirt diser psal-
           martira
25 mus kesungen. Er selbo ságet uns dâr âna sîna passionem . mit de- P262 S455
  irlosit   feruuandilot fone tod-lîbe
ro uuir uuurden redempti unde commutati . de uita mortali

---

5 sî gelôse 9 vor himela *kleines Loch im Pgm.* 10 orientis: is
aus e *rad. und verb.* 10/11 pa/trem: *nach* pa *Ansatz von* t *rad.*
24 Sélbemo: S *nur vorgeritzt, nicht rot nachgezogen* *Punkt fehlt* 20[3]

10 ôsterlindin 18 uuólchentunchel: n[1] *aus* l *verb.* stuólstazzen:
über Ligatur st *Punkt, darunter kleiner Strich (*st *zu* s *verb.?)*

ze êuuîgemo lîbe   feruuândilot fone êrdlîbe   ze hímil-lîbe
ad uítam ęternam . commutati de uita terrena ad uitam cęlestem
fone eruuártemo lîbe   ze un-iruuártemo
de uita corruptibili ad incorruptionem.

SALVVM ME FAC DEVS . QVONIAM INTRAVERVNT   2

S   *aquę . usque ad animam meam.* Duô got mih kehálte-

5   nen . uuanda uuázzer sint mir chómen únz án den

lîb . uuázer heîzent diê mit rêhte . diê uuazzeren iêo

gelîcho diêzzent . in stúrme unde strîte . so iudei tâten.

Ziû bítet er den fáter imo des tôdes fore sîn uuíder siê . sîd ér uuíl-
                                            ferbildondo
ligo irstárb? Ane únsih in se transformando . uuir den tôd fúr-

10 hten . niêo únsih diû fórhta únseren fienden gelîche ne-tûe . noh

ze ín ne-bechêre. *Infixus sum in limo profundi. Vuaz chit daz?*   3
ih háfteta an ín sie fiêngin mih sluogen mih
Hęsi IN ILLIS . TENVERVNT ME . OCCIDERVNT ME. Hô-   S456

ro sint siê . uuanda siê de terra sint . cóld uuúrdin siê . úbe sie mir

ûf fólgen uuóltin ze hímele . nu ziêhent siê áber nider . bediû

15 sint siê hóro déro tiêfi . in démo haften ih. *Et non est substan-*

tia. Vnde ne-sint siê ne-heîn uuîht. Daz chit. Siê ne-sint niêuuiht
                                                        uuist
uuiht. Vnde sô súndig hóro . ne-ist niêht diû substantia . diâ ih
         firchústa ánaburt
scuôf . uiciatam naturam ne-scuôf ih niêht. *Veni in altitudinem*

maris . et tempestas dimersit me. In diâ tiêfi des méres cham ih .
                                  under súndige
20 unde dâr besoûfta mih daz úngeuuítere. Inter peccatores cham
                geuuázzeni
ih . îro persecutio irstarpta mih. *Laboraui clamans.* Ih muôhta   4
           uuê dirro uuerlte fóne scántuuerron.uuê iû
mih ruofendo . VE MVNDO AB SCANDALIS . VE VOBIS   P264
priêuarra unde súndirguôte
SCRIBE ET PHARISEI. *Raucę factę sunt fauces meę.* Des ruô-
                                                          ôren
ftes uuúrden hêis mîne giûmen . uuanda sie ne-hábeton aures   S457
fernêmennis
25 audiendi. *Defecerunt oculi mei ab sperando in deum meum.* Diz
               lîchamen
ist fone démo corpore gespróchen. Mînero iúngeron oûgen

---

9 trans   formando: vor formando kleines Loch im Pgm.   12 Hęsi ˙
(Art Punkt auf Zeilenhöhe, wohl Ansatz eines Buchstabens)   17 ih 1
       20 chā   22 MVNDO: N aus D rad. und verb.   Punkt fehlt 14²

1 êrdlîbe: d aus 1 verb.

Ps 68,4-7

```
                              uuir uuandon ioh daz
irdrôz déro gedîngi. Also eîner chad. ET SPERABAMVS QVOD
   er      israhelin  solti irlosen
IPSE REDEMPTVRVS ESSET ISRAHEL. Dîa urdrúz-

zi gebuôzta er în . dô er irstuônt. Multiplicati sunt super capil-                  5

los capitis mei . qui oderunt me gratis. Mánigeren sint danne

 5  mînes houbetes hârer . diê mih házzent tanches. Mánige mág
                      eîner dero zuelfo
    sô sîn . sîd ioh unus ex duodecim dâr mîte uuas. Vnde diê álle
    tanchis     uuanda ane sculde
    gratis . quia sine causa. Confortati sunt inimici mei . qui perse-

    quuntur me iniuste. Gestérchet uuúrden mîne fienda . diê mîn

    mit unrehte âhtent. Mit únrehte . uuanda âne sculde. Quę non
                                                     ih ne-súndota
10  rapui tunc exsoluebam. Ih kált . daz ih ne-zúhta. Non pecca-                   S458
         unde leîd uuîzze            ében-maht Gótis
    ui . et penas dabam. Ioh úngezúhta equalitatem dei . liêz ih kér-
        scálchis pilde an mih neminde      mit nôt-nâmo Gôteheît keuuúnnin
    no . formam serui accipiens. Adam uuolta per rapinam diuinitatem .
                            sâlida
    bediû ferlôs ér felicitatem. Daz lêrta in dér iz fôre îmo teta.
                      er zuchta sih âna des er niêht ne-uuas unde ferlôs
    Vuaz kescáh oûh démo? Vsurpauit quod non acceperat . perdidit
           daz er uuas
15  quod acceperat. Deus tu scis inprudentiam meam. Got dû uueîst mî-               6
                  uuâr úmbe
    na únfruôthêit. Dû uueîst dîa causam. Du uueîst umbe uuaz

    ih dô irsterben uuólta . dô ih is_uuóla úbere uuerden mahta.
                       niêmer ne-gechriûzegotin siê den herrin mágenchrefte
    Vbe siê iz uuîssen . numquam dominum maiestatis crucifixissent. Aber          P265
            unfruôti ist uuîsera menniscon fruôti
    mîn stultum . sapientius est hominibus. Dû bechénnest den fru-
    uuuôcher                                tûmplich
20  ctum . doh iz în dunche stultum. Et delicta mea a te non sunt
                                     lido     úndâte
    abscondita. Vnde mînero membrorum delicta . ne-sint ferbór-
                                       uuúnda                heîlare
    gen fore dir. Dir irbárant siê íro uulnera . uuanda dû íro sana-               S459

    tor bist. Non erubescant in me qui expectant te domine . domine uir-           7

    tutum. Scámeg ne-uuérden diê an mir . diê dîn pîtent trúhten .
                       niêmer ne-uuerde în zuô gesprôchen. vuar ist der nû der iû zuô
25  truhten dero túgede. Non dicatur illis . ubi est qui uobis dice-
    sprah Keloubint an Got  unde so geloubent an mih
    bat. CREDITE IN DEVM . ET IN ME CREDITE? Non confun-
```

4 capitis: über t Ansatz einer Oberlänge   6 duodecim /   12 diui-
nitatem: d oben anrad.   14 kescáh: über Akut Ras.   17(r) irster-
ben: über s Ansatz einer Oberlänge   ìsuuóla auf Ras.   19(r) sa-
pientius: tius auf Ras.   20 Doh   21/22 ferbórgen /   Punkt
fehlt 24³

11 uuîzze

dantur super me qui querunt te deus israhel. Nóh sô fílo ne-ferhéngest

dû mînen fíenden an mir . daz sih diê mîn scámeen . diê dih suô-

chent israhelis Got. *Quoniam propter te sustinui exprobrationem . operuit*   8

inreuerentia faciem meam. Vuanda umbe dih leîd ih íteuuiz

5 unde umbe dih pedáhta scámelôsi mîn ána-siûne. Vbe man ze
　　　　　　　du bist christâne . des kechriûzegotin uôbare
mir chad . christianus es . cultor crucifixi . des uuas ih scámelôs . des

ne-meîd ih mih. *Alienatus factus sum fratribus meis . et hospes fili-*   9

is matris meę. Frémede bin ih uuorden unde gást mînero muô-   S460
　　　　　　　ih pin sun der nôt-sámenungo
ter chínden. Filius synagogę bin ih . noh danne chédent sie .
disin　　ne-uuízzin uuir uuánnan er sî
10 HVNC AVTEM NESCIMVS VNDE SIT. Ziû ist daz? *Quoniam*   10

zelus domus tuę comedit me. Vuanda mih peîz . dînes húses
　　　　　　daz meînit iz
ando . Daz ist diû causa. Ih ándota íro únreht . dánnan ne-ge-

uuérdoton siê mih pechnâhen. Pechnâtin siê reht . so bechnâ-   P266
　　　　　　âne ánden
tin siê mih . sô uuare ih sîne zelo. *Et opprobria exprobrantium tibi*

15 *ceciderunt super me.* Vnde íteuuizza déro dir íteuuîzzónton

châmen an mih. Ziû so? Vuanda mih niêman ne-scíltet . er ne-
　　　　　　ih unde du pírin eîn
scélte dih . *ego et tu unum sumus. Et cooperui in ieiunio animam*   11

meam . et factum est in opprobrium mihi. Ih pedáhta in uástun mîna

sêla . daz uuard mir oûh ze íteuuîzze. Dô ih íro húngerg uuas
　　　　píttir
20 unde siê amaricantes uuâren . dô ne-uuolta ih siê sólche nemen   S461
　　　　　　mir uuas liêbera iro nuôhtarnin sîn
in mînen lîchamen . malui ieiunare ab illis. Ih ne-uuolta con-
ke-hên-gîc　　　ubeli
sentiens uuerden îro malitię . dés tâtin siê mir íteuuîz. *Et po-*   12

sui uestimentum meum saccum . i . opposui eis meam carnem ut seui-

rent in eam . diuinitatem autem meam occultaui ab illis. Ih pôt ín

25 mîna hárinun uuât . mînen tôdigen lîchamen . daz siê sih án
　　　　　samo in ze báleuue　　　ze buozzo
demo fertâten . unde îro piaculum . ánderen uuúrde expiatio.

8/9 muôter *!*　　10 NESCIMVS: S¹ *aus* C *rad. und verb.*　　12 Daz: z
oben anrad.　　13 mih *!*　　14 exprobrantiū: u *aus* a *rad. und verb.*
　　20 siê sólche: siê solc *auf Ras.*　　21 maliu ienunare　　22 uuer-
den *!*　　Punkt fehlt 6¹

21 sin　　26 buo̊zzo: z¹ *durch Unterstreichung getilgt,* o *übergeschr.*

.s. comparatiuam
Et factus sum illis in parabolam . i . in irrisionem. Ih pin în uuórden ze comparatione . ze uuíder-mézzungo. Also démo gescâhe . châtin siê . so gescâhe îmo. Also der ferlóren uuúrde . so uuérde er ferlóren. Vbel uuás der . úbel begágenda îmo . úbel ist díser .

5 pézzera ne-begágene ouh îmo. *Aduersum me insultabant . qui sedebant in porta . i . in publico.* Diê húhoton mîn die únder démo búrgetóre sâzzen. Dâr die liûte în unde ûz fuôren . dâr hábeton siê mih ze huôhe. *Et in me psallebant . qui bibebant uinum.* Sâzzen ze uuîne . unde sungen fóne mir. So tuônt noh kenuôge .

10 singent fone démo . der în íro únreht uuéret. *Ego autem orationem meam . s . direxi ad te domine.* Ih péteta áber ze dir . umbe siê. PATER
                                                          fater
pelâz in iz   sie ne-uuizzin lês uuaz sie tuônt
IGNOSCE ILLIS . NON ENIM SCIVNT QVID FACIVNT. *Tempus beneplaciti deus . hoc est . uenit tempus beneplacitum.* Liêbez zît Got fâter chúmet noh. Vuanne? *In multitudine misericordię tuę.*

15 An dero mánigfalti dînero gnâdo . an dero daz dîn sun fóne tôde irstât . unde ménnescen sáment îmo. *Exaudi me in ueritate salutis tuę.* Ke-hôre mih an déro uuârhêite dînero hêili. Dîa hêili gehiêzze dû . diê geuuérest dû . an déro gehôre mih. *Saluum me fac de luto ut non inheream. De quibus supra dixit.* INFIXVS

20 SVM IN LIMO PROFVNDI. Lôse mih ûzzer démo hóreuue daz ih dâr inne ne-háftee. *Fóne uuémo chîst dû? Eruar ex his qui oderunt me.* Ih chído . lôse mih fone diên . diê mih hazzent. Díe sint daz hóro. *Et de profundo aquarum.* Vnde fóne déro uuázzero tiêffi. Daz sint ál diê selben. Siê diêzzent in íro stúrme also
                                         i.ęcclesia
25 drâtiû uuázzer. *Non me demergat tempestas aquę.* Chît corpvs
                              in lîchamen
CHRISTI. Mih ne-besoûffe diû uuázzer-zessa. Carne hábet si íz ke-

---

8 mih /   12 FACIVNT: V *links oben anrad.*   18 *dîa   19 de: e
aus s rad. und verb.   20 PROFVNDI: P *mit Ansatz des rechten Striches
von R*   Punkt fehlt 2³ 3¹

                    un-geuuîtere   soûfta mih in sêlo
tân . also dâr fóre stât . ET TEMPESTAS DIMERSIT ME . spiritu
          ke-fólgîg   in tiûffi
ne-tuôe siê iz . consentiens ne-uuérde ih in . sô ne-fâre ih in profun-
des leîmis   .i.perditionem
dum limi . sô ne-slínden siê mih . so ne-fâre ih in îro corpus . uuân-
         lîchamo
da ih corpus CHRISTI bín. Mánnolih pórgee daz sîn lîchamo in îro

5 geuualt ne-chôme . ube iz áber gescêhe . so bétoe umbe dîa sê-

la . daz siê dero ne-muôzzin uuálten. *Neque absorbeat me profun-*   S464

dum. Noh diû tiêffi ne-ferslínde mih. *Neque coartet super me pu-*   P268

teus os suum. Noh diû búzza ne-betuôe îro lóch óbe mir. Der

in dîa súnda sturzet . der stúrzet in dîa tiêffi . unde in dîa búz-
                                                             fone
10 za. Vbe der doh dâr iîhet sînero súndeon . also iz chît . DE PRO-
tiêffi hareta ih ze dir hêrro
FVNDIS CLAMAVI AD TE DOMINE . so ne-ist er be-tân în de-
                    lichamen.i.ęcclesię
ro búzzo. Diû uuort sint corporis CHRISTI. *EXAVDI ME DOMINE QVONIAM*   17

suauis est misericordia tua. Kehôre mih trúhten . uuánda mir suôzze

ist dîn gnâda. In sô míchelên arbêiten bín ih . daz mir nôte suôz-

15 ze sî dîn gnâda. Míchel húnger tuôt prôt suôzze . michel arbêi-

te tuônt cnâda suôzza. *Secundum multitudinem miserationum tu-*

arum respice in me. Nâh déro mánigi dînero gnâdon . náls mí-

nero súndon sih mih âna. *Ne auertas faciem tuam a puero tuo.*   18 S465
                                                     geduuáng
Dîn âna-siûne ne-chêres dû fóne dînemo chínde . dén disciplina
manigh nôthhâfti
20 tribulationis lúzzelen getân hábet. *Quoniam tribulor uelociter*

exaudi me. Spuôtigo gehôre mih . uuanda ih in dero nôte bin.

Intende animę meę et redime eam. Duô mînero sêlo uuára . ún-   19

de lôse sîa. *Propter inimicos meos erue me.* Vmbe mîne fíen-
             sela in toûgeni   líchamen in óffeni
da lôse mih. Lôse animam in occulto . lôse corpus in manifesto .
     lîchamen úrstêndida   friûnt   fone
25 daz sie corporis resurrectionem geêiscondo . amici uuerden ex
fígenden
inimicis. *Tu enim cognoscis obprobrium meum . et confusionem me-*   20

---

5 geuualt *!*   7 co artet: e *aus* a *rad. und verb.*   8 lóch: *zwischen*
o *und* c *hochgestellter Punkt (zu früher Ansatz des* h *?)*   10 iêhet: e¹
aus i *verb. (!)*   10/11 PROFVNDIS: P *aus* R *rad.*   20 tribulor:
r¹ *aus* i *oder Ansatz von* t *verb.*   25 resurrectionē: one *auf Ras.*

12 ęcclę: *über* c² *Ansatz einer Oberlänge*   20 *manighnôthhâfti (?)

```
               am . et uerecundiam meam. Dû bechénnest mînen iteuuîz fientlî-
                                andere têta er genêsen sih ne-mâg er selben
          chen sîn . so der îst. ALIOS SALVOS FECIT . SE IPSVM NON PO-          S466
                 ge-nerrin                  diu mih pîzzet in mînero
          TEST SALVVM FACERE. Vnde mîna scâma . quę mordet con-
          geuuîzzeni
          scientiam . diu an mînen lîden uuirt fúnden nals an mir. Also diû     P269
                        uuaz âhtast du mîn
       5  ist . SAVLE SAVLE QVID ME PERSEQVERIS? Vnde mîna
                                                                  uueîchi
          mîdunga. dâr forhta ána ist . diû fone infirmitate chúmet . diû

          oûh an dien lîden ist. Also an PETRO . do er CHRISTI loûgenda sús.
          ·kuôt man ih ne-bin    mîdunga              scâma
          O HOMO NON SVM. Diû uerecundia heîzzet ouh reuerentia.
                                                    iteuuiz
          Nû fáter dû uueîst mîn obprobrium . áber déro mînero uueîst dû beî-
                  iteuuiz        scâma             mîdunga
      10  diû . ioh opprobrium . ioh confusionem . ioh reuerentiam. Diê ne-feruuîrf

          umbe daz . núbe hilf oûh în . uuanda siê an mir sint. In conspectu      21

          tuo sunt omnes tribulantes me. Dû siêhest ána . alle diê mih arbeîtent

          an mir unde án diên mînen . bediû lôse mih. Obprobrium expecta-
          uit cor meum et miseriam. Mîn herza beît déro zuêio diû iz fóre

      15  uuîssa. Iz uuîssa chúmftig uuésen mîn improperium . unde iudeorum
                               âmerondo              fater belaz in iz
          miseriam . umbe diê ih miserando sús péteta. PATER IGNOSCE              S467
                 sî ne-uuîzzin uuaz siê tuônt
          ILLIS . NON ENIM SCIVNT QVID FACIVNT. Et sustinui qui si-

          mul contristaretur et non fuit . et consolantes . s . sustinui . uel quęsiui

          et non inueni. Vnde fóne diû beît ih . uuér sáment mir trûreg
                           âmerlichi
      20  uuâre iro miserię . unde dér ne-uuas. Vnde fóne diû uuas mir me-
           arzâte trûrigi     trurigi              trôst-kebin die ne-fant ih
          dico tristicia . déro tristicię suôhta ih consolantes et non inue-
                                                                  uuîs-sagon
          ni. Vuaz half dô . daz ih iz fóre sáketa in prophetis? Et dederunt      22

          in escam meam fel . et in siti mea potauerunt me aceto. Vnde bediû uuúr-
          fen siê gállun in mîn ézzen . unde tránchton mih túrstegen mit

      25  ézzîche. Mir uuas pítter daz ih daz ne-fánt . daz ih suôhta . unde     P270 S468
          iro alti uuas mir ézzîch. Ih uuólta sie selben . dô uuâren siê a-
```

---

7 lîden auf Ras.   9 déro: e aus i verb.   10 ioh¹: i aus Ansatz
von o verb.   12 siêhest: über e¹ Punkt rad. (zu früher Ansatz des
h ?)   13(r) mir: r auf Ras. von h   Obprobrium: O sieht wie D aus
    16(r) diê: e aus u rad. und verb.   26(r) sie: i aus e rad. und
verb.   sie bis dô auf Ras., rechts neben Zkfl. früherer Zkfl. noch
sichtbar   Punkt fehlt 26²

5 *âhtest

                         pîttir   glouba   daz alta
           maricantes. Ih uuolta îro fidem . dô fánt ih uetustatem. Oûh
                                                                    uuizzod
           sint în geliche diê gállûn uuérfent in mîn ézzen . diê mîne sacra-
           menta niêzzent . unde áber diên uuíderuuártigo lébent. Diê
                         pîttir   der gemýrroto uuîn
           sint amaricantes . diê ne-nímo ih in mih. Daz ist myrratum uinum

       5   des ih in cruce chóreta . unde trinchen ne-uuolta. *Fiat mensa eorum*   *23*

           coram ipsis in laqueum. Nu uuerde în zûo-sehentem íro tisg in strîg.

           Vbelen gesmág práhton siê in mînen tisg . íro tisg si íro strîg . uuí-

           der íro scrîfte tuóien siê íro uuízzinthêite. *Et in retributiones*

           et in scandalum. Vnde ze lône unde ze írreden. Ze lône uuánda

      10   iz reht ist . ze írreden . uuanda siê sih selben írrent. *Obscurentur*   *24*

           oculi eorum ne uideant. Iro oûgen plíndeen . daz siê ne-sêhen.

           Ziû daz? Vt quoniam sine causa uiderunt . fiat illis et non uidere.

           Vuanda siê in gemeîtun uuízzende uuâren . únuuízzende uuér-

           den siê. *Obscurentur oculi eorum ne uideant.* Iro oûgen betímbe-   S469

      15   reen . daz siê ne-sêhen . diê gesêhente séhen ne-uuólton. *Dorsum*
                                                               ûf-uuertigiû dinch
           eorum semper incurua. Keboûge iêo íro rúkke. Sîd sie superna
                          bechênnin   hára nider
           ne-uuóltin cognoscere . daz siê de inferioribus ténchen. *Et indi-*   *25*

           gnatio irę tuę comprehendat eos. Vnde diû zúrneda dînero

           ábolgi gefâhe siê. Ne-lâz siê indrínnen sô siê in scíhte sîn. *Fiat*   *26*

      20   *habitatio eorum deserta.* Vuôste uuerde íro ána-sídele. Also

           nû sêhen . ierusalem ist íro hálb uuôste. Dâr sie Christum sluôgen .   P271
                                   vuerden petúnchelit iro oûgen
           dánnan sint siê fertrîben. Obscurentur oculi eorum . daz ist toûge-
                     Vuerde iro gebiûuueda uuuôste
           ner gerîh. Fiat habitatio eorum deserta . daz ist óffener gerîh.
                      unde in iro sélidon ne-bûuue niêman der iro
           Et in tabernaculis eorum non sit qui inhabitet . s . *ex numero eorum.*

      25   Daz ist iêo daz selba . daz daz fórdera uuas. *Quoniam quem tu percussi-*   *27*

           sti persecuti sunt. Vuánda den du sluôge unde hiêzze irstérben   S470

---

3 uuíderuuártigo: unter i und r¹ *Ras.*   6 tisg /   8 uuízzint-
hêite: über t¹ *Ras.*   13/14 uuérden /   14 Obscurentur bis uideant.
schwarz   15 gesêhente   26 persecuti: se *auf Ras.*   *Punkt*
fehlt 11³ 21³   *Punkt steht nach* 7 tisg² 8 siê

Ps 69,2-6

```
                 uuerra            des rehten muôt
       ana scandala chéllent animam iusti . ne-lîde er oûh ne-heîne tor-
       uufzze lîchamin
       menta corporis. Confundantur et reuereantur qui querunt animam           3

       meam. Scámeg uuérden . unde in uórhtun chômen . diê mîna sêla
                        nals ze bildonne sunder ze ferliêsenne
       suôchent . non ad imitandum sed ad perdendum. Sô uuégoe mán-

5      nolih sînen fienden . sús uuóla uuúnsce în. Auertantur retrorsum         4

       et erubescant qui cogitant mihi mala. Tána uuérden geuuén-                P274

       det hínder rúkke . unde mîden sih . diê mir úbelo uuéllen. Nâh
                                  christis sámenunga mit úbelen râten
       kángen siê . nals fóre . diê dîa ecclesiam prauis consiliis írren uuel-

       len. Also petrus úbelo uuolta fóre gân. do în CHRISTVS uuanta . sús
                                    íruuint hindir mih fiánt
10     chédendo. REDI RETRO ME SATANAS. Auertantur statim

       erubescentes qui dicunt mihi euge euge. Tána chêren siê sâr scá-         S475
                              slech-sprachondo uuola tuôsto uuola tuôsto
       mege . diê mir zuô chédent adulando . VVOLA VVOLA. Daz
                                                   huldi
       sint diê . diê in úntriûuuon den mán lôbont . gratiam suôchendo
                uuarheit                        âhtara
       nals ueritatem. Diê sint diê frêisigosten persecutores. Exultent et       5

15     iocundentur in te omnes qui querunt te . et dicant . semper ma-
       gnificetur dominus . qui diligunt salutare tuum. Fréuuen sih . unde

       geuuúnnesámôt uuérden an dir . diê dih suôchent . unde sús

       chéden . diê dînen háltare mínnont christum. Vuieo? Truhten uuér-

       de iêo gemîchellichot. In sól man michellichon . áber sih selben

20     ne-sol niêman michellichon. Vuiêo sól ér chéden fóne imo sel-
       bemo? Ego uero egenus et pauper sum. Ih pin dúrftig unde arm.             6

       Ziú sól . ube imo sîna súnda fergében sint? Vuanda iz chît. VI-
       ih ke-siêho eîn andra êa an mînen liden uuiderbréchenta
       DEO ALIAM LEGEM IN MEMBRIS MEIS REPVG-
                mînis muotis êo
       NANTEM LEGI MENTIS MEE. Dánnân ist er siêh . unde

25     arm. Deus adiuua me. Gót hilf mir. Daz chîd dû díccho . daz sî
       dir in muôte unde in munde . des ne-irdriêzze dih. Adiutor               S476
```

---

3 *chômen   24 ist: i aus e rad. und verb.   26 nach dih. Ras.
A von Adiutor nicht eingetragen (mitradiert?)   Punkt fehlt 18[1] 21[2]

8 christis: davor x durch Unterstreichung getilgt   12 *tuôst tu

meus esto domine ne tardaueris. Chîd oûh dâr mîte. Hélfâre mîner
uuîs dû trúhten . des ne-tuuéle dû. Daz ist uox martyrum . daz
  stímma allero
si uox omnium.   *PRIMI CAPTIVI DVCTI SVNT*.

IPSI DAVID . FILIORVM IONADAB . ET EORVM QVI

5 U̇ues kemánot ûnsih díser psalmus sélbemo Dauidi gesúnge-
        dèro súno
ner? Daz tuôt ér filiorum ionadab . diê íro fáter gebôt uuére-
       gehorsami
ton . unde mit déro obędientia Gótes húldi geuuúnnen. Iro

fáter gebôt ín . daz siê uuîn ne-trúnchîn . heîme ne-uuârin . nú-
be ûzze . unde in íro gezélten. Daz uuéreton sie sámo sô Gót

10 selbo ín iz ke-búte . uuanda er allen chínden hábet ke-bóten
    fáterin
daz siê íro parentibus kehôrsam sîn. Dánnân inphiêngen
  segen fone Gote
siê benedictionem a domino . und uuard állen diên liûten ze

ín gezêigot fóne ieremia propheta . der dés póto uuas . do
   in ellende
sie in captiuitatem gefuôret uuúrden . daz siê des éllendes

15 kehôrsam Góte uuârin . der sie ís irlâzzen ne-uuolta . unz

er sie dar ûz lôsti . also filii ionadab íro fáter des kehôrsa-

moton . des er ín gebiêten uuolta. Nû sîn also gehôrsam Go-
       êllendi
te . daz er unsih inbínde dero captiuitatis . díà uns paulus
       ih ke-siêho aber ándra
zeîgota an únseren líden . do er chad. *VIDEO AVTEM ALIAM*
êa. *VT SVPRA.*
20 *LEGEM IN MEMBRIS MEIS REPVGNANTEM LEGI*
    unde mih êllenden fuôrinta in êo
MENTIS MEĘ . ET CAPTIVVM ME DVCENTEM IN LEGE
dero sundo diu in mînen líden ist ellendi
PECCATI . QVĘ EST IN MEMBRIS MEIS. Diû captiu-

itas ist sórglîh . déro ist úberuuint ze getuônne mit Gó-
        uuer lôsit mih
te êinemo . also er ouh fóne íro chad. *QVIS ME LIBERA-*
fóne demo líchamen disses líb-todis? daz tuôt Gótes kenâda
25 *BIT DE CORPORE MORTIS HVIVS? GRATIA DEI PER*
mit demo haltare criste   lâchin
IESVM CHRISTVM DOMINVM NOSTRVM. Ander remedium ne-ist íro . âne

---

15 der: r *aus langem* s *rad. und verb.* 18 captiuitatis: a² *aus An-*
satz von i *oder* t *verb.* 25 hiVIVS *Punkt steht nach* 9 Gót

20 VT SVPRA.: *243,22-24.*

Gotes kenada
*I*gratia dei . dîa unsih diser psalmus lêret pechénnen.

IN TE DOMINE SPERAVI NON CONFVNDAR IN

ęternum. An dih truhten kedîncta ih . keschéndet ne-

uuerde ih in êuua. Sô ih nû bin . sô ne-sî ih iêmer. In adam

5 bin ih keschéndet . an dir muôzze ih ungeschendet sîn. *In*

tua iustitia erue me et exime me. In dînemo rehte lôse mih . un-

de in dînemo rehte nim mih ûzzer únrehte. In dinemo . nals
                              diē Gotes rehtes unuuizzige.
in mînemo. Niê ih déro êiner ne-sî . qui ignorantes dei iustitiam
    unde iro selbero reht stâtinde Gotis rêhtis ungelôs sint
et suam uolentes statuere . iustitię dei non sunt subiecti. *Inclina ad*
                                            arzât
10 *me aurem tuam.* Helde ze mir dîn ôra. Du stâst ûf-réht medice .

nídere ligo ih . ûf irríhten ne-mag ih mih . neîge díh ze mir.

Et saluum me fac. Vnde halt mih. °*Esto mihi in deum protectorem.*

Got schirmâre sist dû mîr . uuanda ih mih selbo schirmen ne-mag.

Et in locum munitum. Vnde in_ fésta stat . dâr ih irfóhten ne-mú-

15 ge uuerden. *Vt saluum me facias.* Daz dû mih keháltest. *Quoniam*

firmamentum meum et refugium meum es tu. Vuanda mîn uésti
                     âhta   ursuôch
unde min zuô-fluht pist dû. Persecutio geschêhe . temptatio ge-
schêhe . ze dir fliêho ih. Adam solta fliêhen zuô dir . er flôh
         er indrân.uuart ferlôrin.er uuard aber fúndin
fóne dir. *Abiit . periit . sed inuentus est. Deus meus erue me de ma-*

20 *nu peccatoris.* Got mîner lôse mih . fóne déro hant des súndigen.

De manu legem pręteruntis et iniqui. Ioh intuuérentis diâ êa . ioh
                                            ubelen
únrehtes âne êa. Ne-uuéderên laz mih kelîh sîn . noh malis
                  hêidenen
Christianis mit êo . noh paganis âne êa. Iro hant ne-ziêhe mih

ze în. Súle ih siê oûh fertrágen . des hilf mir áber. *Quoniam tu es*

25 *patientia mea.* Vuánda dû bist mîn gedúlt. *Domine spes mea a*

iuuentute mea. Trúhten mîn gedîngi . fóne mînero iúgende

10(r) ûf rêht *auf Ras., Zkfl. von* neîge, *Z. 11, mitrad., aber noch er-
kennbar*   11 mir: *über* ir *Ras.*   14/15 múge /   21 manu *(viel-
mehr* manii *)*: n *aus* r *verb.*   23 êo: e *aus* i *(?) verb. Punkt fehlt*
20³   *Punkt steht nach* 4 uuerde   *Die Seite ist unten ziemlich ver-
schmutzt.*

hára. *In te confirmatus sum ex utero . de uentre matris meę tu* 6
es protector meus. Ioh noh fruôr . fóne des ih kebóren uuard .
starchtost dû mih . fone mînero muôter uuómbo hára schírm-
dost du mih. *In te cantatio mea semper.* Mîn sang daz mir
                                          in dero gloubo zîte
5 mendi irréchet . daz ist iêo an dir. Niêht eîn *tempore fidei*
                      in dinero ánasihte zîte
daz nu ist . nube ouh *tempore speciei* . daz hína fúre ist . dán-
   mennischin êngelin
ne hómines angelis kelîh uuérdent. *Tamquam prodigium factus* 7
                                                    daz
sum multis. Ih pin manigen uuorten sámo so uuunder. Ziu? Qui-
ih daz keloubo des ih niêht ne-sîeo   in mazze
a credo quod non uideo. Siê méndent an diên uisibilibus . *in esca* .
in trânche in guôtis ûnmêzze in huôr-uuînisceftе in frêchi in richtuome
10 in potu . in luxuria . in scortationibus . in auaricia . in diuitiis . in
   in uuêrlt-herscêften   in dero tûnicho leîmenero uuende
secularibus dignitatibus . in dealbatione lutei parietis . áber mîn
                ûngesiûnlichen   ezzen
gedingi ist an diên in-uisibilibus. Iro uuort ist . *MANDVCE-* S481
   unde trínchen iâ sûlen uuir doh irstêrben
MVS ET BIBAMVS . CRAS ENIM MORIEMVR . mîn uuort ist dára
      nube mêr fásteien unde beteien uuir sûlen halto irstêrben
gágene . *IMMO IEIVNEMVS ET OREMVS . CRAS ENIM MORIEMVR.*

15 *Sed tu adiutor fortis.* Aber du bist starcher helfare . daz páldet
    in êngemo uuege   den du êrron über stíge
mih . *in uia angusta* . *quam prior transisti*. *Repleatur os meum lau-* 8
de . ut cantet gloriam tuam . tota die magnificentiam tuam. Mîn múNT
uuérde irfúllet mit lôbe . daz er dîna guôllichi singe . unde
                          in uuólon ioh in únuuolon
állen dág tîna míchellichi . ioh in *prosperis* ioh in *aduersis*. *Ne* 9
20 *proicias me in tempore senectutis.* Ne-feruuírf mih . so ih alt uuér- P278
de. Vuaz chit daz? *Cum deficiet uirtus mea ne derelinquas*
me. Daz chit. So ih chráftelos uuerde . so ne-feruuírf mih. Chrá-
ftelôsi . ist alti. Dîn chraft sî an mir . so mînero gebreste. Ziú
bîto ih des? *Quia dixerunt inimici mei mihi . et qui custodiebant* 10
25 *animam meam . consilium fecerunt in unum . °dicentes . deus dereliquit* 11
eum . persequimini et comprehendite eum . quia non est qui eripiat

---

12 gedingi *l*   13(r) dára *auf Ras.*   14(r) CRAS .H. [= enim]:
S .H. *auf Ras.*   16(r) angusta: *Tintenfleck links oben über Ligatur*
st   17(r) magnificentiā: ficenti *auf Ras.*   21 derelinquas: li *aus*
n *verb.*   *Punkt fehlt* 1^2 3 13^1 17^2 *Punkt steht nach* 3 uuómbo 13 .H. [=enim]

eum. Vuanda mîne fienda mir fârendo châden . Got hábet
in ferlâzzen . unde diê mîn huôtton umbe ubel nals umbe
guôt . sâment riêten . ouh so chédendo . Got hábet in ferlâzzen.
Lâgent imo . unde gefâhent ín . niêman ne-ist der ín lôse. *Deus ne* 12
5 *elongeris a me* . *deus meus in adiutorium meum respice*. Dû Got
ne-uuerdest keuírret fóne mir . Got miner sih ze mînero helfo . S482
sih mih túrftigen hélfo. *Confundantur et deficiant detrahentes* 13
animę meę. Keschendet uuerden . unde irlíkkên mir arg chô-
sonte. Scámen begínnen siê sih ist . pedriêzzen begínne siê ís.
10 *Operiantur confusione et pudore qui querunt mala mihi*. Pedéchet
uuérden mit˚scámo unde mit mídungo . diê min ze úbele ge-
denchent. Also déro síto ist diê sih mîdent . daz siê rótemen
gefâhent under oûgon. *Ego autem semper in te sperabo* . *et adiciam* 14
super omnem laudem tuam. Aber ih kedíngo iêo an dih . unde mê-
                   mánchunnis irlosido
15 ron dîn lob. Niúuuez lob redemptionis generis humani . légo
ih ze allen ánderen dînen lóben. *Os meum enuntiauit iustitiam* 15
tuam . *tota die salutem tuam*. Min munt sageta dîn reht . allen
                                              daz
dag dîna heili. Alle zîte . tages ioh nahtes . lêrta ih daz . QVIA
  diû geníst Gotis ist nals ménniscin
DOMINI EST SALVS ET NON HOMINIS. *Quoniam non cognoui lite-* P279
20 *raturam*. Vuanda ih ne-bechnâta dia buôch-scrift Moysi mîna
                               Gotes nâh kenâda
heili uuésen . so iudei sih kuôllichont . nube gratiam dei. Also Paulvs S483
      diû êhascrift diû irslâhit diû geîstscrift diû irchicchit
chît. LITERA ENIM OCCIDIT . SPIRITVS AVTEM VIVIFICAT. An-
              uuanda ih ne-bechnata die in iro unmuozzechêit
dere interpretes châden. QVONIAM NON COGNOVI NEGOTI-
uuérbinte   fone
ANTES . idest non otia sectantes. Daz sint aber iudei diê ex
iro êho uuerchin   reht-haft nals fone genâdon
25 operibvs legis uuellen uuerden iustificati . non ex gratia. *Introibo* 16
in potentiam domini. Ih faro in mînes truhtenes maht . unde suôcho

---

9 sih: *danach kleiner Fleck (Tupfen) im Pgm. (kein Punkt)*   *Punkt*
fehlt 3⁴ 6² 21²   *Punkt steht nach* 17 salutem

15 irlosido: o¹ *aus Ansatz von* i *verb*.   25 uuerchin: *über* c *Punkt*
(zu früher Ansatz des h *?)*

dâr sîna heili . uuanda ih mîna ne-bechenno. *Domine memora-*

bor iustitiȩ tuȩ solius. Daz tuôn ih . dînes rehtes keuuâno ih

echert dines eines . mînes ne-trûen ih . sô sie tuônt. Du bis mîn
reht-machâre
iustificator . nals ih min selbes. Vuánnan uueîz ih daz? *Deus do-*   *17*

5 *cuisti me ex iuuentute mea.* Du truhten lêrtost mih iz . ál én-
           reht
nân hára fone mînero iúgende. Vuiêo mîn iustitia dar ába   S484
         demo herizogin
giêng . dâr ih desertori baz keloûbta dánne imperatori. Vn-
    uuider mir gesceîden fleisc
de uuiêo ih dâr uuarb aduersus me diuisus. Also daz caro ist
 kêronte uuider dêro selo
concupiscens aduersus spiritum . uuanda ih eînemo ne-uuolta uué-
   under-tân
10 sen subditus. Vnde uuiêo ih sîd fóne CHRISTO ne-dórfti uuerden
 irlôsit   ellente
redemptus . ube ih do ne-uuúrde captiuus. *Et usque nunc pronun-*

tiabo mirabilia tua. Vnde dannan hára chundo ih dîniû uuún-
       die uuirsistin rehte getuôn
der. Vuaz ist uuúnderlichora danne impios iustificare?
  tôten irchicchen
Ne-ist daz mortuos suscitare? *Et usque in senectam et senium.* Vn- *18* P280

15 de iêo chúndo ih iz . unz hína in álti unde eruuérni . dar dis-

ses lîbes ende gat. *Domine ne derelinquas me donec adnuntiem bra-*

chium tuum generationi omni superuenturȩ. Truhten ne-fer-

laz mih . uuis mit mir . unz ih chunt ketuoe Christum allero zuô

gândero sláhto . dînen arm . mit démo dû unsih lôstost. *Poten-* S485
         mîne chrêfte ne-hêine
20 *tiam tuam* °*et iustitiam tuam.* Vnz ih ín ságe . nullas meas uires . *19*
sin min reht noh-eíniz nube dînin geuuált unde dîn reht
nullam iustitiam meam . sed potentiam tuam et iustitiam tuam.
        niúuuiht ne-bist dû dîn-halb.ruôfe
Vnz ih sus chéde . ze mánnelîchemo. NIHIL ES PER TE . DEVM
Got ána sunda sint dîn uuirde sint Gotis daz uuízze daz sal
INVOCA. TVA PECCATA SVNT . MERITA DEI SVNT. SVP<P>LICIVM TIBI DE-
dir unde so sin lôn chúmit so lônot er sinen be̱ genâdon
BETVR . ET CVM PREMIVM VENERIT . SVA DONA CORONA-
nals dinen guot-tâtin
25 BIT NON PREMIA TVA. *Deus usque in altissima . quȩ fecisti*

magnalia. Ih ságo ín . potentiam tuam et iustitiam gerêichen

1-4 *Tinte teilweise ausgelaufen* 12/13 uú/under 21 nullam: m *aus*
langem s *rad. und verb.* 23/24 SVPLICIVM *bis* PREMIVM *auf Ras.*
Punkt fehlt 20³ 21²

8 *zwischen* mir *und* gesceîden *ein kleines* o, *Ansatz von* g 23 sunda:
d *aus* t *verb.*

hína ûf . ze diên hôhesten díngen . diû du míchellîchiû tâte.
       mezpotin   furst-poten stuola   hêrsceffe   furstuôma
Vuanda angeli . archangeli . sedes . dominationes . principatus . po-
keuuálta súlen dir daz sîe sint. sulen dir daz sîe lêbent sulen
testates . tibi debent quod sunt . tibi debent quod uiuunt . tibi
dir daz sîe rehto lêbint sulin dir daz sîe sâligclicho lêbint
debent quod iuste uiuunt . tibi debent quod beatę uiuunt. *Deus quis*

5 *similis tibi?* Got uuer ist dir gelíh? Iâ muôdinch adam . dû uuol-
             mit ubermuôti   mit diêmuôti
tost imo gelîh sîn. Vuîeô? per superbiam . nals per humilitatem. Kelîh

uuârist dû ímo . ube dû uuoltist . daz er uuólta . er uuolta dîna
  ge-hôrsami   undertâni   fermánunga
obędientiam . dîna subiectionem . dû zúge áber fúre contemptum.
                                    tumben tiêrin
Vnde uuîeô ist dir daz irgángen? Daz dû iumentis insipientibus
                    uuênighêit   riûuuo
10 kelih pist. Nû bechénne dina miseriam . unde chit mit pęniten-

tia. DEVS QVIS SIMILIS TIBI? Chid oûh sús. *Quantas ostendisti*

mihi tribulationes . et multas et malas. Vuîeô manege ar-

beite du mir dannân geoûget hábest . daz ih mih dir genôz-

zon uuólta. Vuîeô mánege . uuîeô úbele. Vuîeô úbelo sîe mir
                     keduuanch   manunga
15 líchen múgen . âne daz sie mir disciplina sint . unde admonitio .

nals desertio unde ih dir danchon sol mit dísen uuórten.

Et conuersus uiuificasti me . et de abyssis terrę iterum reduxi-

sti me. Vnde doh pechêrter ze mir . bechîhtost dû mih an dî-
           urstende
nero resurrectione . unde leîtost mih áber ánderêst ûzer déro

20 tiêffi déro erdo . uuanda ih an dir irstándener . áber an mir sel-
                                       unserro burte
bemo irstân sol. Dû irstuônde er in nostra natura . dara nâh irstan-
   dero selbo anaburte
den uuir in eadem natura. *Multiplicasti iustitiam tuam . et con-*

uersus consolatus es me. Du mánigfáltôtost dîn reht . an únse-
     irrâfsungon
reņ increpationibus diê uuir lîden umbe unser<e> sunda . unde

25 bechêrter ze genâdon drôstost du mih . uuanda ih kedingi
                               urstende
hábo dero chúmftigun resurrectionis. *Ego autem confitebor tibi*

---

9 uuîeô ist dir *auf Ras.*   10 Nû: *Zkfl. sehr dünn*   16 unde *auf*
Ras.   19 ûzer: z *links oben anrad.*   21 *ēr   dara: zwischen*
Schleife des r *und Bauch des* a *Ras.* (x *aus Ansatz von* n *rad.?*)
24 lîden: d *oben anrad.*   *Punkt fehlt* 2¹ 8³   *Punkt steht nach* 20
tiêffi

2 *fúrsttuôma   24 irrâffungon

Aber ih lóbon dih . unde iého dînen genâdon. *In uasis psalmi*

ueritatem tuam. An dien uazzen des hôhsanges iiêho ih dînero
róttun seît-spíle
uuarheîte. An démo psalterio singo ih dir . daz dar ána gesun-
scál-s[c]anch
gen uuirt . daz heîzzet psalmus. *Psallam tibi in cythara sanctus israhel.*

5 Hôh-sangon dir in cythara israhelis heiligo. Vuanda dû uns
keîst óbenan níder rotta
kâbe spiritum desuper . be diû singo ih dir in psalterio. Psalterium
líchamo fone erdo
hábet obenân nídir bûch . uuanda ouh corpus ist de terra .

bediû síngo ih dir in cythara . diû hábet níder lígenten bûh.

Exultabunt labia mea cum cantauero tibi . et anima mea quam 23

10 *redemisti.* Danne fréuuent sih mîne lefsa . so ih dir sô síngo un-
de mîn sêla . diê du lôstost. Vuanne ist daz? Hôre noh. *Sed et* 24

lingua mea tota die meditabitur iustitiam tuam. Ioh mîn zúnge
in êuuicheîte âne ende
ga lôbot dih állen dag. Der állo tág . ist in eternitate sine fine.

Cum confusi et reueriti fuerint . qui querunt mala mihi. Danne ist

15 iz . sô diê in scáma unde in forhtun chóment . diê mir ubeles
únnen. So CHRISTVS chumet in iudicio. *IN SALOMONE.* 1 S489

Diser psalmus uuirt kesúngen in CHRISTO . er ist der uuaro salo-
fridoman frido uber frido
mon . daz-dir chît pacificus. Er gibet pacem super pacem . ze êrist
suôno untôdigi
reconciliationis . dára nah . inmortalitatis.

20 *DEVS IVDICIVM TVVM REGI DA .* 2

D *et iustitiam tuam filio regis.* Gót pe-uîle

démo chúninge des chúninges súne . din

gerîhte ze tuônne . unde din reht ze fórde-
der fater überteîlet
ronne. Vuanda er chad. PATER NON IV-
niêmannen er gab daz dinch-reht al demo
25 DICAT QVEMQVAM . SED IVDICIVM OMNE DEDIT
sune.
FILIO. *Iudicare populum tuum in iustitia . et pauperes tuos in*

1(r) *iiho   dînen: n¹ aus h rad. und verb.   10 mîne   11 *dîa   17 **Di-**
ser: rotes D nicht eingetragen   Punkt fehlt 8² 13³

iudicio. Dînen liût unde dîne ármen in rehte unde in urtêildo

ze irteîllenne. Die dîne armen sin ne-uuéllen . diê ne-sint dîn
                     uuanda sâlig sint armmuôtige
liut nieht. Ziu? QVIA BEATI PAVPERES SPIRITV. Der-dir armuô-

tig ist . der nist hoh-muôtig. *Suscipiant montes pacem populo*   P283 *3*

5 *et colles iustitiam.* Apostoli inphâhen fóne CHRISTO frído . daz chit re-   S490
  suôna
conciliationem ze chúndenne sînemo liûte . unde diê mínneren

gelírneen aber fóne in reht . uuieo siê geloûben unde lében su-

lin. *Iudicabit pauperes populi . et saluos faciet filios pauperum.*   *4*
  tiêmuôtige
Ioh humiles . ioh dero súne . irteîlit er . unde gehaltet er. Diê sint
          purg hohuuarto   tôhter
10 eîn . also ouh ciuitas syon . unde filia syon. *Et humiliabit calumniatiorem.*
                                        tôdes rî-
Vnde er genîderet den unliûmendâre. Diabolum . der regnum
  che
mortis hábeta . den intsézzet er. Calumniator ist . der guôtta-

te in âbeh uuéndet . unde únsculdige ánafristot. Also er téta.
  uôbit   iob Got   fergêbino?
NVMQVID GRATIS IOB COLIT DEVM? *Et permanebit cum*   *5*
                                       ze zêseuuun-
15 *sole.* Vnde uuêret sáment dêro sunnun. CHRISTVS rîchesot ad de-
halb sînis fáter   sunna   skîmo
xteram patris. Der ist sol . unde ist der sun sin splendor. *Ante*
                      daz chit fúre gânde den mânen
lunam . generationes generationum . hoc est precedens lunam .
unde allero chunno chûnne   untôdigi
et generationes generationum. An sinero in-mortalitate úber   S491
              tôdigiû   irstanden
reîchende álliû mortalia. Nah diû iz chit. CHRISTVS RESVRGENS
fone tôde ne-irstirbit nieht mêr der tod ne-hêrit sih fúrder
20 A MORTVIS IAM NON MORITVR . MORS ILLI VLTRA NON DO-
uber in.   mâno   tôdigiû dinch
MINABITVR. Vuanda luna bezeîchenet mortalia . an diên
      chunne dero chunnô   nâh-chumfte tôdigero dingo
sint generationes generationum . daz chit successiones mor-

talium. *Et descendet sicut pluuia in uellus.* Vnde er féret also lîso   *6*

in sînero muôter uuomba . also der régen an den scâpâre .
            der hêrdo
25 be iedeonis zîten . do uellus ke-nezzet uuart . in trúcchenemo

tenne . unde aber ánderest daz tenne ke-nézzet uuard . démo   P284 S492

2(r) uuêllen .: llen . *auf Ras.*   4(r) pacem *auf Ras.*   5/6 reconciliationem: em *aus* is *rad. und verb.*   10(r) *von also* an ganze Zeile *auf Ras. (wegen Homoioteleuton.* unde filia syon *waren zunächst ausgelassen worden)*   24 scâpâre: a² *aus* e *rad. und verb.*   *Punkt fehlt* 4³

22 chunnô: *chúnno

```
             scâpare                         lera
     uellere trúcchenemo. Vuanda iudeis êr doctrina cham . gen-
     tiêtin                       tiêtin    lêra
     tibus ne-hêiniû . unde aber sîd gentibus doctrina cham . do sî iu-

     deis in-giênch. Et sicut guttę stillantes super terram. Vnde also re-

     genes tróphen rîsente in érda . so stillo chúmet er. Orietur in di-            7

5    ebus eius iustitia . et habundantia pacis donec tollatur luna.
                                                tôdigi
     In sînen tâgen chúmet reht . unde frides kenúhte unz morta-
                            uuirt irbúrit
     litas zegât. Alde iz chîd extollatur . uuanda daz grecum antha-

     narethe bezeîchenet pêidiû. So chîd iz danne . und diû ecclesia
                        ze rîchesonne mit
     irbúret uuerde ad regnandum cum CHRISTO. Et dominabitur a ma-               8

10   ri usque ad mare . et a flumine usque ad terminos orbis terrarum.
                                             mittelândige-
     Vnde hêrresot er fóne eînemo mére ze ánderemo . fóne mediter-
       mo    mére           êndil-mére
     raneo mari . unz ze ocęano . unde fone iordane unz ze énde             S493

     dero uuerlte. Coram illo procident ęthiopes . et inimici eius ter-          9

     ram lingent. Diê ûzzerósten ęthyopes pétont in . unde sîne

15   fienda lécchont diê erda. Daz sint diê . die arrium mínnont .

     unde sabellium unde donatum . unde apollinarem. Die sint
                         christis fienda
     erda . unde inimici CHRISTI mínnont siê. Arriani unde sabelliani

     donatiste apollinaristę heîzzent sie nah ín. Reges tharsis et             10

     insulę munera offerent . reges arabum et saba dona adducent.

20   Chúninga fone tharsis unde insulę pringent ímo géba . chúnin-

     ga fóne arabia . fóne saba fuôrent ímo géba zuô. Et adora-                11

     bunt eum omnes reges . omnes gentes seruient ei. Vnde bétont

     ín alle chúninga . alle diête diênont ímo. Quia liberauit ege-            12

     num . a potente . et pauperem cui non erat adiutor. Vuanda ér irlô-       P285

25   sta sînen dúrftigen . unde ármen liût der hélfelos uuas . fóne

     demo geuuáltigen tiêuele . der fóne menniscon sundon ge-
```

---

r(r; r auf dem Rand rad., aber noch erkennbar) stillantes: 11 auf Ras.
   7,8 *chît   13(r) procident: i aus e rad. und verb.   ęthiopes: ęthio auf
Ras.   14 ęthyopes: e² aus i verb.   15 *dia érda   16 donatum:
n auf Ras.   Die: über D Ras.   Punkt fehlt 4¹ 10¹ 21¹

uualtig uuard . nals fone imo selbemo. *Parcet inopi et pauperi.*   *13*

Er lîbet imo . dîa sunda fergébendo. *Et animas pauperum saluas*   S494

faciet. Vnde iro sêla gehaltet er. Er lêret siê rehto lében . so ge-

haltet er sie. *Ex usuris et iniquitate redimet animas eorum.* Fone   *14*

5 uuuôcherungo unde fone únrehte lôset er siê. Vbel uuûoche-

runga ist des mánneslékken . so er corpus slâhet . daz er dan-
                                 in selo ioh in lîchamen
nan selbo irslagen ist . in anima et in corpore. Dánnan lôset

er siê. So sámo tuôt er fóne únrehte . uuanda er brínget siê ze

rehte. *Et honorabile nomen eorum coram ipso.* Vnde ír námo ist

10 êrhafte fóre imo . daz siê christiani heîzzent . doh is íro fienda

húhôhen. *Et uiuet . et dabitur ei de auro arabię.* Vnde er lébet   *15*
                              sîn lébin uuirt fone erdo genómen
nals hiêr uuanda iz chît . TOLLETVR DE TERRA VITA EIVS .
    in himele   fone tôde irstánde
nube in cęlo . also iz chît . RESVRGENS A MORTVIS IAM   S495
ne-irstirbit nieht mêr
NON MORITVR. Vnde imo chúmet cold fóne arabia. Vbe iz
                                            uuîstuom
15 énemo salomoni cham . mêr dísemo . démo uuâren . démo sapi-
        geloûbo
entia fidei . i . tria munera . dannan ge-ópherot uuirt. *Et adora-*

bunt de ipso semper. Vnde bétont siê iêo . also siê fone imo sél-
                            hêra chome dîn rîche
bemo gelírneton . ADVENIAT REGNVM TVVM. *Tota die*

benedicent ei. Alle zîte lobont siê ín. *Et erit firmamentum*   *16*

20 *in terra a summis montium.* Vnde er uuirt féstenunga in érdo .
          scrifto   uuîs-ságon   óbenahtiga
állero scripturarum chómenero fone prophetis . diê summa
      bergo   die óberosten ort-frúmmin hêiligero
montium heîzzent . uuanda sie summi auctores sint sanctarum
      scrifto
scripturarum. Er cham in erda . daz er siê irfólloti. *Superex-*   P286

tolletur super lybanum fructus eius. Sîn uuuôcher uuirt irbú-
        hómberg   perga
25 ret uber lybanum. Vber prophetas die montes heîzzent . unde
        hómberch   púrlichosten
uber lybanum . daz chit uber iêgelichen excellentissimum

---

2 *die   3 so *auf Ras., über o ursprünglicher Akut noch erkennbar*
9 *iro   10 xp̄iani: i² *aus* e *rad. und verb.*   24/25 irbúret /
26 iêgelichen excellentissimum: (n e) *aus* mo *rad. und verb.*

13 *irstánde   22 die: i *aus Ansatz von* e *verb.*   26 *oder* hóinberch

hoh-fáter   uuîs-ságin   uuuôcher
patriarcham alde prophetam ! uuirt sîn fructus . i . caritas ! irbu-
                                des kêistis uuuôcher ist
ret. Den Paulus zeîgota do er chád. FRVCTVS AVTEM SPIRITVS EST
minna   iêo noh sal ih iû zeîgon
CARITAS. Fone démo er ouh chad. ADHVC SVPEREMI-
den hoho irbúrten uuêg
NENTEM VIAM VOBIS DEMONSTRO. Et florebunt de

5 ciuitate sicut fęnum terrę. Vnde dannan bluônt sine hêili-

gen fone dírro búrg chómente ze énero . also daz érdhéuue .
            ánderest chómene bluômen
dánne iz dâr ûzze rediuiuos flores keuuúnnet. Sit nomen

eius benedictum in sęcula. Sîn námo si gelóbot iêmer. Ante ro-
             sunna   zîtlichiû dinch
lem permanet nomen eius. Sol bezeîchenet temporalia. Diû ú-

10 ber uuéret sîn námo. Et benedicentur in ipso omnes tribus terrę.

Vnde an imo uuerdent kesêgenot alle chúmberra déro erdo.
                         in dînemo chúnne uuerdent kesêgenot
Sô uuard abrahe geheîzzen. IN SEMINE TVO BENEDICEN-
    alle diête
TVR OMNES GENTES. Omnes gentes magnificabunt eum. Alle

diête míchellichônt ín. Benedictus dominus deus qui facit mirabilia

15 solus. Er si gelóbot . der eîno uuúnder tuôt. So uuér siû tuôt .

an démo tuôt ér siû. Et benedictum nomen glorię eius . in ęternum .

et replebitur maiestate eius omnis terra. Vnde sîn guôllicho ná-

mo sî gelóbot iêmer . ioh êr énde dero uuerlte . ioh nâh´ énde.
                                                    fone
Vnde sînero mágenchréfte uuirdet irfúllet álliu diû erda a
dero áho unzint in ende des erde-ringis
20 flumine usque ad terminos orbis terrarum. Fiat fiat. Nû hábest

dû iz kebóten . nû fáre iz so . so fare iz.   ASAPH.

DEFECERVNT YMNI DAVID FILII IESSE.   °PSALMVS
                                              êo-uuartin
Dauid filius iesse . uuórhta sang unde lêrta die sacerdotes diû

síngen . also gescríben ist . daz sie Got míte lóbotin. Diû sún-
                          zîtlíchon   hábido
25 gen siê Góte umbe den dang déro temporalium bonorum . diû
              ze bilde êuuigero genádon
er ín hábeta gegében in figura ęternorum. Vuanda siê áber

---

1 caritas !: Strich des ! sehr klein   7 flores !   19 vor a Punkt
rad.   20 Fiat: Schaft von F schwarz   21 zwischen iz. und ASAPH
trennendes, bloß eingeritztes Schmuckmuster   22 DeFECERVNT: e durch
Häkchen zum Kapitälchen-E verb.   23 Dauid: D nur vorgeritzt, nicht
rot nachgezogen   Punkt fehlt 15[4]

2 ist] sint

ēuuigiû dinch   irdiskîu guôt
aeterna ne-mínnoton . unde sie oúh terrena umbe iro sunda
                    erdrîche
ferlúren . und íro regnum zegiêng . pediû zegiêngen oúh
                                        dero zuô ge-
diu sang. Dannan ist díser psalmus asaph . daz chît synago-
          dúnsenun   stimma
          gę . dero uox hiêr liûtet.

5   Q VAM BONVS ISRAHEL DEVS. Der israhelis

Got . uuiêo guot der ist. Vuemo? *His qui recto*

sunt corde. Diên . die rêhte sint in iro hérzen . diên

sîn uuíllo lîchet. *Mei autem pene moti sunt pedes.*   2

Aber mîne fuôzze . chîd asaph . uuangton nâh âba

10 rêhtemo uuege. *Pene effusi sunt gressus mei.* Mîne gén-

ge sint nâh ze uuîtsueifte uuórden. *Quia zelaui super iniquos.*   3

Vuanda mir ándo ána uuas . umbe die únrehten . unde ih in ír-

bonda. *Pacem peccatorum uidens.* Iro frído unde íro gemáchen
                                             súnthafte
lîb ana séhende. Daz ih siê peccatores uuíssa . unde doh uuérlt-

15 sálige. *Quia non est declinatio mortis eorum.* Vuanda siê gâhes   4

der tôd ne-nícchet. *Et firmamentum in plaga eorum.* Nóh   P288

uuírig ne-ist íro chéstiga. *In labore hominum non sunt.* In ar-   5

beîte ne-sint sie sáment ánderen ménniscon diê bézzeren sint.

Et cum hominibus non flagellabuntur. Vnde sáment în ne-uuérdeNT   S499

20 siê gehárinscárot. *Ideo tenuit eos superbia.* Bediû sint siê úber-   6

muôte. *Operti sunt iniquitate et impietate sua.* fone diû uuúrden

siê bedécchet mit iro únrehte . unde mit iro guôtelosi. Siê ne-

uuolton mâzigo úbel sîn . sie soûfton sih mit állo in daz ún-

reht. *Prodiit quasi ex adipe iniquitas eorum.* Iro únreht chám   7
                                   mageri
25 sámo ûzzer spínde . nals ûzzer macie. Daz chît . sie tâten iz

undurftes . nals fone durften. Vuanda doh siê bêide Góte mis-

---

1 aeterna: na *auf Ras.*   minnoton: o² *aus* a *rad. und verb.*   9 *chît   11
uuîtsueifte: *über* i² *Ras.*   13(r) peccatorum: ecca *auf Ras.*   14
séhende: e³ *aus* o *rad. und verb.*   17/10 arbeîte: nach ar Ras. *von*
be   23 mâzigo: *zwischen* a *und* z *Ras.*   Punkt fehlt 2² 9¹ 9² 25³
    Punkt steht nach 5 ISRAHEL

selîchen . die fóne nôte unde âna nôt míssetuont . dâr ist doh
ána fílo gesceîdenes. Der armo chît. Vuanda ih nieht ne-hábeta
. bediû stal ih . der rîcho roûbot . unde ne-uuíle daz ís sâr
iêman getúrre geuuânen. Vuannan tuônt siê daz? *Transierunt*
5 *in dispositione cordis*. Vuanda siê in íro herzen áhtungo úber
stáfton . daz sie sih ahtont óbe ánderen . nals nében ánderen.
Excesserunt metas humani generis . homines se pares cętris non putant. *Cogitauerunt et locuti sunt ! nequitiam.* Arges
tâhton siê . árch sprachen siê. *Iniquitatem in excelso locuti sunt.* Offe-
10 no sprâchen sie daz únreht. Siê ne-uuolten sih is niêht hélen.
Posuerunt in cęlo os suum et lingua eorum transiuit super terram.
Vf hôho huóben sie íro múnt unde íro zúnga über fuőr diê erda.
Sie ne-redeton nieht samo so siê lutei uuârin unde mortales.
Ideo reuertetur huc populus meus . et dies pleni inuenientur in eis.
15 Bedîu iruuîndet hára min liût . chît asaph . ze Góte eruuîndet
er . unde bedenchet díse . unde tuôt sîn getráhtede über siê
ze uuiû in daz irgánge . daz sie uuerlt-sálig sint. Vuanne?
Cum dies pleni inuenientur in eis. So an ín irfóllot uuerdent diê
tâge . *aduentus* CHRISTI. So er chúmet . er lêret sie iz pedénchen.
20 Er ságet ín uuiêo diues purpuratus uuard *sepultus in inferno*.
Et dixerunt . quomodo scit deus? Vnde diê selben reuertentes
chấden . ếr siê begóndin reuerti . uuiêo uueîz Got dann humennischon
dinc unrếhte . sîd iniqui so sâlig sint? *Et si est* . daz chît *et utrum
est scientia in altissimo?* Ist sar dehein scientia án demo hőhe-
25 sten? Vuiêo mag ih ís truen? *Ecce ipsi peccatores et habundantes
. in sęculo obtinuerunt diuitias.* Síno . daz chît . nû sih . uuâr

---

1 *âne   4 Vuannan: V teilweise auf Ras. und davor Ras.; n² auf Ras.   12 *dia
   18(r) uuerdent: e¹ aus i verb., d aus t rad. und verb. Punkt
fehlt 3¹ 10² 15¹

23 mennischon: o aus ii oder u verb.   24 chunst] chumft

siê súndige sint . unde doh kenúhtige sint . ioh uuérltrîhtuôma
hábent. Niêht eîn genuôge . nube ioh mêr danne genuôge. *Et* 13
dixi . s . asaph. Ergo sine causa iustificaui cor meum . et laui inter
innocentes manus meas. In gemeîtun geréhtháftota ih mîn hér-
5 za . in gemeîtun teuuuôg ih mîne hende . daz chît in gemeîtun
uôbta ih kuôtiu uuérch sament diên unsúndigen . sîd ih súslih
nehabo. Ih pin guôter arm . der úbelo ist rîche. *Et fui flagella-* 14
tus tota die. Vnde iê ána leîd ih fíllâ. Den unrehten ziêreth ér .
mih rehten fíllet er. *Et castigatio mea in matutino.* Vnde iêo
10 sâr fruô . daz chît spuôtigo cham mîn hárinscára . înnin úber
lang . alde sâr niémer. *Si dicebam narrabo sic . ecce nationem filiorum* 15
tuorum reprobaui. Vbe ih tâhta . sus sâgo ih ánderen . sô ih iz irchún- P290
Got ne-ruôchin uuieo dero liûto dinch fâre.die unrehtin hartost salige sin
net hábo . *deum non curare humana . iniquos maxime felices esse .* S502
dero rehton gesláhte
so hábo ih ferchóren . diê gebúrt dînero chíndo . *nationem iu-*
15 *storum* hábo ih dánne ferchóren . die so niêht ne-lêrton . nube
démo uuíderuuartigo. *Et suscepi cognoscere.* Vnde dô iruuáNT 16
ih des unde hinder stuônt ze erchennenne dîe so getânun Gó-
  uuít-spendunga
tes dispensationem. *Hoc labor est ante me.* Daz ist aber únsem-
fte ze tuônne . doh iz fôre Góte semfte si . fôre minen oûgon ist
20 iz árbeit-sam. *Donec intrem in sanctuarium dei.* Ieo unz ih kân in 17
                                                           scrifto
daz Gótes hus . in dia to<u>genun fernûmest déro scripturarum.
Et intellegam in nouissimis eorum. Vnde ih dar fernéme hína
fúre . unde ih denche an iro lézesten dîng . uuieo diû irgángên.
           .s. dolos
Verumtamen propter dolos posuisti eis. Aber doh umbe íro be- 18
25 suíchen . rihtest dû în bisuuîh. Des siê spulgent . daz begágenet
în. Menniscen îlent siê triêgen . betrogen uuerdent siê . daz S503

4(r) innocentes: nn *aus* m *rad. und verb.*   10 innin: *diu iro (Sehrt
z.St.) oder* *diu (tiu) sîn   13 curare /   14 *dîa   17 *dia   20 Ieo: e
aus i verb.   22 ih: h aus lanqem s rad. und verb.   Punkt fehlt 10²

13 liûto: o *aus* e *verb. (oder umgekehrt)*

dero erdo guôt ze iruuéllinne sin fûre daz êuuiga
sie uuânent terrena bona eligenda esse pro ęternis. *Deiecisti eos* R258
dum alleuarentur. Du uuúrfe sie nider înnan diû . unz siê irhá-
uen uuúrden. Selbiû îro héuî . uuas iro iruélleda. *Quomodo* 19
facti sunt in desolationem ! subito? Vuieo sint sie iêo nû so gâhes

5 intsazte? unde ze ôdi uuórtene? *Defecerunt .* sie sint zegângen . sá-
mo siê niêo neuuúrdin. *Perierunt propter iniquitatem suam.* Vmbe
iro unreht sint sie ferlôren. Vuieo? *Veluti somnium exsurgen-* 20
tis. Also der troûm des ûf stânten. Demo daz troûmet . daz
er scaz hábe . unde niêht ne-hábet . sô er ûf stât. *Domine in ciuitate* P291

10 *tua imaginem ipsorum ad nihilum rediges.* Trúhten dû uertî-
legotost îro bîlde in dînero burg . uuanda siê niêht ne-chó-
ment ze hîmele . dâr siê dih kesêhen. Hiêr ne-oûgton siê dîn
bilde . dâr nelâzzest dû scînen îro bîlde. *Quia delectatum est cor* 21
meum . et renes mei mutati sunt. Fóne în geskáh mir . daz mîn her-

15 za gelústig uuárd iro sâligheîte . unde mîne lancha sih uuéhse-
loton . nâh în fóne luxu ad luxuriam . fone úber-fuôro ze huôr-
lúste. *Et ego ad nihilum redactus sum.* Vnde bediû uuard ih 22 S504
sáment in . mînes sinnes . unde mînero fernúmeste ze niêhte brâht.
Et nesciui . unde ne-uuissa ih selbo mîn únuuízze. °*Vt iumentum* 23

20 *factus sum apud te.* Demo fêhe uuard ih kelîh mit dir . uuánda
                        erde guôt
sie só fore dînen ougon sint diê terrena mínnont. *Et ego sem-*
                    ze fremiden Goten
per tecum. Vnde ih iêo-dóh sáment dír. *Ad deos alienos ne-fuôr*
         ze dien tiêfelin
ih . ad demones ne-hafta ih mih . daz ih îro dánches iêht ke-
            diu zuo gezogena diû âbkotin ne-diênota
uuúnne. Daz chit synagoga . quę non seruiuit idolis. *Tenuisti* 24

25 *manum hoc est erexisti potestatem dexterę meę.* Du hábetost ûf
           dero erdo girida
den geuuált . mînero zéseuuun. Terrena concupiscentia uuas

---

8 stântem   9 niêth   14 geskâh: k *aus* a *rad. und verb., darüber Akut (?) noch erhalten*

1 *vor* guôt *Ansatz eines Buchstabens*

Ps 72,24-28

```
                                                                       R259
       uuinstra
    mir sinistra . quia ego semper tecum. Vuanda samit dir uuas
                                           zêseuua
    ih iêo. Sámit dir uuas min dextera. Dannan fone dextera há-
         keuualt    under Gotes chinden uuerdin
    bo ih potestatem inter filios dei fieri. Et in uoluntate tua dedu-
    xisti me. Vnde in dînemo uuillen . dînes tanches . nals fone mî-        S505
                                                     under Gotes chint
  5 nen frêhten . lêitost dû mih . unde brâhtost mih inter filios dei.

    Et in gloria suscepisti me. Vnde in guôllichi inphiênge dû mîh. Vué-
                                       urstende
    liû ist diû guôllichi? âne déro resurrectionis . diû únságelih ist.     P292

    Quid enim mihi est in cęlo? et a te quid uolui super terram? Iâ uuáz    25
                                                               un-
    ist . daz mir in himile ist keháltan . uuer mag daz kesagen? In-
       tôdige   richtuôma
 10 mortales diuitias hábest du mir dar gehálten. Vnde uuaz

    uuolta ih umbe dih do geuuúnnen ôbe erdo? Aurum . argen-

    tum . gemmas . familias? Daz hábent oûh peccatores. Defecit            26

    cor meum . et caro mea. Min herza unde mîn flêisch ist zegán-
       keîst-lichîu              fleiskiniu
 15 Spiritalia uuîle ih nû . nals carnalia. Deus cordis mei . et pars mea

    deus in sęcula. Got mînes herzen ist in hímele . unde Got ist mîn têil .
                                              rihtuoma
    lêmer. An imo hábo ih funden mîne diuitias. Quia ecce qui e-           27

    longant se a te peribunt. Vuanda diê sih ferro fône dir tuônt
                                     diê bedecchit sint in unrehte
 20 diê giêngen ferro . qui operti sunt iniquitate. Perdidisti omnes qui    S506

    fornicantur abs te. Ferlóren hábest dû álle . diê sih dîn geloû-
                                                        rêine minna
    bent . uuanda diê minnont iêht ánderes dánne dih. Minnont
    sie ouh dih umbe îeht ánderes daz ne-ist niêht castus amor .

    uuanda ín énez liêbera ist dann dû. Mihi autem adherere deo            28
 25 bonum est. Mir ist áber guot ze Góte háften . daz eîna uuíl
                                      fône an-siûne ze ansiûne
    ih. Daz uuirt danne . so ih ín gesíêho . facie ad faciem. Ponere
```

---

14 *ist (?)   23 niêth   Punkt fehlt 9² 15³

20 bedecchit: t aus n oder o rad.; danach Buchstabe mit Strich darüber
(bzw. T) rad.

in domino spem meam. Vnde ist mir guot . ín-in diû an in gedíngen .
　　　　　　　　　　　　　　　raccho　　　　　in gedingi
uuanda ih iz noh ne-habo in re . daz ih iz hâbe in spe. *Vt an-*

nuntiem omnes laudes eius in portis filię syon. Vnde guôt ist

mir daz ih ín-in diû chunde álliû sîniu lob. Vuar? in portis filię　　　P293
　　　　　　　　　　　　　　　　　　　　　　　uuárto
5　syon . hiêr in sancta ęcclesia . diû dero êuuigun speculationis tohter

ist. *INTELLECTVS ASAPH. **D**iser* psalmus ist fernúmest　　　　　　1 S507

déro synagoge. Sî fernimet unde bechénnet . daz iro gescéhen

sol hína fúre . umbe den geríh daz si christum sluôg. Daz chláget
　　　　　　　　　　　　　　　　　　　　　　　　　　do er
sî . daz uueînot sî. Daz uuêinot ouh selber CHRISTVS. Also iz chît . VI-
　　　　　　　dia burg ana gesah do iruueînota er
10　　　　　　DENS CIVITATEM FLEVIT.

　　UT QVID DEVS REPVLISTI IN FINEM? Ziû Got há-

　　best dû únsih fúrenomes feruuórfen? Ziu sint dír

　　díe nû leîde . die dir êr uuarin liêbe? *Iratus est*

　　furor tuus super oues gregis tui? Ziu bist dû ír-
　　　　　　　　　　　　　　　　　irdiskiu
15　bólgen dînero scâfherto? Ane daz uuir terrena mínnoton .
　　hirte
pastorem ne-bechnâton? *Memento congregationis tuę quam*　　　　　　2

possedisti ab initio. Er-húge dînero gesámenungo dîa dû besâz-

ze fóne êrist . fone des sî ána fiêng ze abraham. *Liberasti uirgam*

hereditatis tuę. Du irlôstost fone egypto dîa gérta dines erbes.
　　　　　　　　　　　　　　　　　　　　　in moysenis hende
20　Vuir bín daz erbe . daz dû lôstost mit déro gerto in manu mo-

ysi. *Montis syon in quo habitasti.* ⸯrhúge ierosolimę dâr dû　　　　　S508
　　　　　　　　　　　　　　　　ḷichamhafto
bûtost . dar syon ist . dar dû selbo corporaliter scîne. *Leua ma-*　　3

num tuam in superbiam eorum. Héue dîna hant an íro úbermuô-
　　　　　　　　　　　　　　　romchuninga sint diêmuote
ti. Lob dir Christe . daz iz sô geuáren ist . romani reges sunt humi-
　　　　　　sint
25　les . sunt christiani. *In finem.* Iêmer sîn siê sô. *Quanta maligna opera-*

tus est inimicus in sanctis tuis. Vuélea úbeli der fient sceînda . an

---

1(r) meam: *über a m-Strich rad.*　　5 speculationis *!*　　6 Diser: D *nur vorgeritzt, nicht rot nachgezogen*　　16 Memento: ento *auf Ras. (wahrscheinlich aus* Memor esto*) Punkt fehlt* 15　　24 sunt: *langes s oben anrad.*

10 dia: *rechts vom i Punkt auf Zeilenhöhe; danach* bi *durch Unterstreichung getilgt*

                         in hus   piscetuôme   in opher-
diên . diê iû êr heîlig uuâren. In templo . in sacerdotio . in sacra-
uuiĕdon   uôbâre abkotero   christ-uôbo
mentis. Fiênt dô . frîont nû. Cultor idolorum dô . christicola nû.

Et gloriati sunt qui oderunt te. Vnde uuîeo sih kuôllichoton dîne   4

fîenda. Daz pegágenda mit rehte diên . diê sih kuôllichoton

5 Christum irslágen háben. *In medio solemnitatis tuę.* Ze Ôstron in mi<t>-
                         dĕro billon
ten dágen dĕro azimorum . do ôûh CHRISTVS irslágen uuárd. *Posue-*   S509

runt signa sua signa. Sazton dara iro fánen . ze âmere iro fánen .

daz sie dâr uuârin in monimentum uictorię. *Et non cognouerunt.*   5
                    kotis kerih   guôllicheit
Vnde ne-uuîsson. Vuaz? Daz iz uindicta dei uuas . nals iro gloria. *Sicut*

10 *in egressum desuper.* Siê ne-dâhton samo so án chómenez úrlub
                       chnêhtheit
fone himele . nube an iro fortitudinem. *Quasi in silua lignorum*

securibus°exciderunt ianuas eius in idipsum . i . conspiranter et con-   6

stanter. Sie hiûuuen ein-muôto diê tûre mit áccheson . also

man ze holz untûrlîcho níder slâhet diê boûma. *In dolabro*

15 *et fractorio deiecerunt ea.* Mit partun unde mit sticchele brâchen

siê siâ. *Incenderunt igni sanctuarium tuum.* Prandon din uuîehus.   7

Nieht eîn brâchen . nube ioh prandon. *In terra polluerunt taberna-*

culum nominis tui. Peuuúllen daz kezélt dînes námen . daz

in erdo îu eîn lúzzel uuas. *Dixerunt in corde suo . cognatio eorum in-*   8

20 *ter se.* Do châden iudei zôrnlîcho in íro herzen . châd al diû

slahta zeîn ánderen. *Venite comprimamus omnes sollemnitates*   S501

domini a terra. Choment ze-sámene . unde tîlegeien alle Gotes túlte

fone erdo . sîd in únser tûr ne-uuâre. Sus uuuôtige bechnâta   P295

siê asaph. *Signa nostra non uidimus . iam non est propheta . et nos non*   9
                                           ellendi
25 *cognoscet amplius.* Sus chédent sie nu in captiuitate. Zêichen
                              ellende   uuîssagin
ne-sâhen uuir . sîd uuir captiui uuurden . prophetam ne-hában

---

1 uuâren: e aus i verb.   2 *friûnt   5(r) irslágen: g aus h rad.
und verb.   8 uuârin: i aus e rad. und verb.   monimentum /
12(r) securibus: r auf Ras.   14(r) holz: l aus ᴅ rad. und verb.
15 *eam   partum   18 Peuuúllen: l² aus i verb.   21 añderen:
an auf Ras.   24(r) iā: i auf Ras.   Punkt fehlt 7³ 16³   Punkt
steht nach 22 túlte

uuir . iê noh ne-irchénnet er unsih hiêr in éllende. Ziu ist daz?

Ane daz ir iûh selbe nebechénnent . unde ir noh CHRISTI bîtent . sá-
mo so er ne-chómen sî . unde ir iûh an îmo eîgent fertân . er
chumet . er chúmet áber . ad judicandum . nals ad liberandum.
         ze uberteilenne ze irlosinne

5 *Vsquequo deus exprobrabit inimicus?* Vuiêo lango . chît asaph . îteuuîz- *10*
zot dir sûs dîn fient iudeus? *Irritat aduersarius nomen tuum*

in finem? Er grémet dînen namen . uuíderuuártiger unz hîna

ze énde . so helias unde enoch chúmet? Vnz dára uuéret sîn con-
bûch-suélli
tumatia. *Vt quid auertis manum tuam . et dexteram tuam de me-* *11* S511

10 *dio sinu tuo in finem?* Iâ chît asaph. Zíu uuéndest dû dána dî-

na hánt . unde dîna zéseuuun ûzzer míttero dînemo buôse-

me . so fúrenomes? Also moysi Got chad . stôz in dînen buôsem

dîna hant . unde si ingestôzzeniû soóne uuas . unde er aber chád .

zie ûz dîna hánt . unde si ûz kezógeniû míselohtiû uuas . un-

15 de er áber chad . stôz sîa in . unde sî ingestôzzeniu ánderest

soóne uuard . also bist dû iudee. Vzze âne Got . pist du únreî-

ne . ínne sáment ímo . bist dû reîne. Vuiê lango uuíle dû âne
                   stab
în uuésen unrêine? Ne-fuôr iz ouh sô umbe diê uirgam moysi?
 in sînero hende gereht
In manu eius uuas si directa . uzzer hende ferlâzzeniû uuard
 site-chrúmph   creht
20 sî tortuosa . aber uuídere gezúhtiû uuárd si ánderest directa. P296

Ne-solt dû daz pechénnen iudee . fone dir gescríben uuésen? *Deus* *12*

autem rex noster ante secula operatus est salutem in medio terre. Aber

Got unsir chúning uuúrhta heili êr déro uuérlte in míttero S512

erdo . in mítten gentibus. Fides unde baptismum uuas în benêi-

25 met ante secula. Nû sint siê bechêret zuo CHRISTO . zíu bist áber

dû bechêret fone imo? *Tu confirmasti in uirtute tua mare.* *13*

---

18 *dîa moysi. Punkt fehlt 5¹ 5²

Dû Got keféstenôtost den rôten mére in dinero chréfte . daz er

stuônt in mûro uuîs . unz israhel dâr dûre fuôr. Dô fóre bíldotost
                 diêto
du dîsa toûfi dero gentium . mit déro siê nu uuérdent irlôset

a diabolo . so sie dô tâten a pharaone. *Contriuisti capita draco-*
               ubermuoti dero tiê-
5 *num in aqua.* Sô tuóndo hábest du fermúlet superbias demo-
 felo
num. *Tu confregisti caput draconis.* Des meîsten tiêfeles úber-   *14*

muôti hábest dû gebróchen in dero toûfi. *Dedisti eum escam po-*

pulis ęthiopum. Du gâbe ín ze frézzenne suarzen liûten . ûz-
                Gotes lichamen
zer diên nu uuórdene sint uuîzze. Diê ézzent corpus domini .   *S513*
  den tiêfel
10 uuieo diabolum? Also augustinus chît. CHRISTVM QVO SE CON-

SVM<M>ENT . DIABOLVM QVEM CONSVMANT. Christum ez-

zent siê . sih zę gedúrnohtonne . diabolum frézzent siê . ze

sînero dîlegungo. In diên uuŕten gáb iů moyses israhelitis
         daz chalbis houbet
ze trínchenne caput uituli . ze êrest in fiûre gesmálztez . dá-
          die uuârin Gotes ane-sêhin
15 ra nâh gemálenez. Vuanda ueri israhelite . diabolum smél-

zen suln *!* unde múlen . unde fertîligon. Vuaz mág kelímfli-
              chalbis
chor bezeîchenen diabolum danne daz simulacrum . dâr man

in ána beteta? Fone diů uuard kesprochen ze petro . do ér in-   *P297*
      slah unde iz
munda ána sah . MACTA ET MANDVCA. Alde sus uuirt ez fer-

20 nomen. DEDISTI EVM ESCAM POPVLIS ETHYOPVM. Du gâbe ín
 tiêtin   âhtungo
gentibus ze bézzerungo. Vuanda fone sînen persecutionibus uuér-
         unde durenohte
dent siê martyres et perfecti. *Tu disrupisti fontes et torrentes.*   *15*

Du zebrache in manige strángen . brunnen unde chlínga . daz   *S514*
 prediare   chórunga   prun-
sint prędicatores . die temptatio besuôchet . uuéder sie sîn . fon-
 nen   chlingen
25 tes alde torrentes. *Tu siccasti fluuios etham . i . fortis.* Du hábest
              irrare   áne-bétâre
ketrucchenet des tiêfeles âha . daz sint heretici . aruspices .

---

7 eū: u *auf Ras.* escā: sc *aus* u *(?) rad. und verb.* 22 Tu: T *aus*
D *rad. und verb.* *Punkt fehlt* 14²

```
                calstrare                                    keîstliche
        mathematici. Tuus est dies . et tua est nox. Dîn sint spiritales . dîn          16
              fleiscliche                            keîstlicha fernûmest
        sint carnales. Dû chánst sie beîde gehálten. Diê spiritalem intel-

        lectum hábent . dîe chúnnen Got fernémen . sô siê gehôrent
              in ánagenne    uuas iêo Got    fleîsclicha
              IN PRINCIPIO ERAT VERBVM. Diê carnalem hábent . diê
                              lutun mundis.
     5  denchent án den sonum oris . daz iz uuort si. Tu fecisti solem
                                      uuîsin    unde únuuîsin
        et lunam. Dû tâte sapientem et insipientem. Bediû ne-ist neuuéde-
              ze ferchúnnine                fruôten  unde unfruô-
        rer îro desperandus. Also Paulus chad. SAPIENTIBVS ET INSI-                   S515
        ten pin ih êbin-sculdig
        PIENTIBVS DEBITOR SVM. Tu perfecisti omnes terminos terrę.

        Dû hábest kedúrnohtet álle marcha . déro erdo. Vuéliû ist diû
                                                     er uuorhta
    10  erda? uuéliû ist diû marcha? Dâr stat fôre . OPERATVS EST
        hêili in míttemo lande            in mítten diêtin
        SALVTEM IN MEDIO TERRĘ . unde daz ist in medio gentium .

        déro marcha sint apostoli. Siê ságent în . unz uuára sie récchen suln .
                                             niêht ferror uuîse
        unde uuar siê iruuínden suln. Also daz ist. NON PLVS SAPERE                   P298
        sîn danne manne tûge sunder sûberlicho uuîse sîn
        QVAM OPORTET SAPERE . SED SAPERE AD SOBRIETATEM.

    15 Estatem et uer . tu plasmasti ea. Súmer unde lénzen . diû be<i>diû
              die heiz-muôtigin ze quote      niûchomin ze geloûbo
        tâte dû. Feruentes spiritu . sint súmer . nouelli in fide sînt lénzo. Diên
                                        nie siê sih ne-ruômen samo sie iz niêht inphiêngin
        allen ist ze rátenne . ne glorientur quasi non acceperint. Tu feci-

        sti ea. Memor esto huius creaturę tuę. Dû daz allez hábest ke-                  18
                                                           folchis
        tân . erhúge dírro dînero gescéfte. Iudaice plebis erhúge. Sús
              fernúmeste              âne fernûmest
    20  uuégot asaph mit intellectu . démo der noh ist sine intellectu.
                                              diê alêiba uuêrdent kehalten
        Díser asaph ist . fone démo iz chit . RELIQVIĘ SALVĘ ERVNT.

        Fone dísemo ist Petrus chómener . unde alle apostoli . der asaph íu
              ane fernumist                     fernumiste
        êr uuas sine intellectu . unde áber nû ist mit intellectu . uuan-              S516

        da er al nû siêhet irfóllot . daz er uuard keuuîzzegot. Inimi-
    25 cus improperauit domino. Vnholder liût iteuuîzzota sînemo hêr-
                           dirro ist sundig man uuir ne-uuizzin
        ren. Vuiêo chad er. PECCATOR EST ISTE . NON NOVIMVS
```

5(r) nach Tu Ras.   24 er²: *êr

7/8 unfrǫ/ten   8 pin: n aus h verb.

uuannan er sâr ist uuir uuizzen moysen uuola îmo sprah Got zuô
VNDE SIT. NOS MOYSEN NOVIMVS. ILLI LOCVTVS EST DEVS .
dirro ist unserro gellun burg slahto
ISTE SAMARITANVS EST. *Et populus insipiens exacerbauit no-*

men tuum. Vnuuîzziger liût crámda dînen námen. Anderes-
                       chomint ze-samine . tîligoen alle Gotes
uuîeo ne-cháden siê. VENITE COMPRIMAMVS OMNES DIES
   tulte   fone erdo
5 FESTOS DOMINI A TERRA. *Ne tradideris bestiis animas confiten-*   19

tes tibi. Tiêren ne-gébest dû diê dir iêhenten sêla. Diabolo et an-
                                                   uuaz
gelis eius ne-gébest dû siê. Nube áblaz kib în so siê chéden. QVID
tuoien uuir is nu liébin bruódera uuîsint unsich
FACIEMVS ERGO VIRI FRATRES? DICITE NOBIS. Ketûo siê danne salu-   P299
heilsamo   tuónt   riúuua   unde uuerde iúuuer iégelih
briter gehôren. AGITE PENITENTIAM . ET BAPTIZETVR VNVSQVISQVE   S517
ketôufet in námen únsiris hêrrin des ke-uuiêhten haltâris.so uuerdent iû iûuuera sunda
10 VESTRVM IN NOMINE DOMINI NOSTRI IESV CHRISTI . ET DIMIT<T>ENTVR VOBIS PEC-
   fergeben
CATA VESTRA. *Animas pauperum tuorum ne obliuiscaris in finem.* Dî-

nero dúrftigon sêla ne-eígist dû in âgézze in ende . so siê sih ár-

melîcho dir irgében . sô irhúge îro. *Respice in testamentum tuum.*   20

Vuarte an dîna beneîmeda . irhúge uuaz dû úns penêimet eî-
             daz   lant   himel-riche
15 gîst . nals terram chanaan . nube regnum cęlorum. Daz erbe ne-lâz

uns in-gân. *Quia repleti sunt qui obscurati sunt terrę domorum iniqui-*

tatum . i . iniquarum domorum. Vuanda die irfúllet sint déro

erdo . díe fóne íro irblêndet sint. Vuélero erdo? Déro únrehton

hiûsero. Diê ze érdo uuartent . diên féret der stoûb in diû oû-

20 gen . unde blendet siê. Daz chît . diê irdische gedáncha hábent

die uuérdent dannan geírret íro sinnes. Vués sint dánne diê

gedáncha . âne unrehtero hiûsero? daz sint únrehtiû hérzen.

Sô ne-gescéhe dînemo testamento dînemo liûte . daz siê îro hér-
                                                            alêiba
zen írdesche gedáncha so irblénden . núbe doh diê reliquię ge-   S518

25 halten uuérden. *Ne auertatur .* i . *non repellatur . humilis confu-*   21

sus. Din liût die-muóter unde sînero súndon scámeger . ne-uuér-

---

1 ILLI: I² aus E *rad.*   3(r) Vnuuízziger] Vn uízziger: *dazwischen*
d *rad.*   9(r) *vor* gehôren *Ansatz eines* k (?) *rad.*   15(r; *kleines*
r *noch erkennbar)* chanaan: *zwischen* a *und* a *Art Punkt auf Zeilenhöhe*
(zu früher Ansatz des n *?)*   regnū cęlorum: (ū c) *auf Ras.*   16
uns: n *aus* u *rad. und verb.*   *Punkt fehlt* 8 (*nach* NOB;) 20³

4 alles: s *durch Strich darüber getilgt*

de fone dir ferstôzzen. *Egenus et inops laudabunt nomen tuum.*

Dúrftiger unde armer lôbont dih. Déro solt dû ruôchen. *Exur-* 22
ge domine iudica causam meam. Truhten stánt ûf . uuîs mîn dîngman .
irteîle ube ih reht hábe . daz ih daz keloubo daz ih ne-siêho.
             uuar ist nû din Got
5 Vuis diên uuîdere . die mir zuô chédent . VBI EST DEVS TVVS . sámo
         lîchamhaften ougon
sô dû fône diû ne-sîst . uuanda du corporeis oculis úngesíhtig   P300

pist. *Memor esto inproperiorum tuorum . eorum quę ab insipiente*
sunt tota die. Irhúge dînero íteuuîzzo . déro . diê fone ún-
uuízzegemo cháment ! in allen zîten. Die iudicium ne-gelôubeNT
             er ne-bechnâit unsih fúrder
10 unde resurrectionem . unde sie chédent . NOS NON COGNOSCET AM-
 mêr
 PLIVS. *Ne obliuiscaris uoces deprecantium te.* Ne-irgîz déro 23
uuorta diê dih flêhont . uuanda sie dînen geheîzzen geloû- S519
bent. *Superbia eorum qui te oderunt ascendat semper.* Oûh chóme
fúre dih íro úbermuoti . diê dih házzent. *IN FINEM NE COR-* 1
15 *RVMPAS.* Díser titulus chît ze CHRISTO. Ne-intuuére daz dû
            lîb êuuígin
gehiêzzist . kib iz uns in ̲ ̲énde . gib uns uitam ęternam.

CONFITEBIMVR TIBI DEVS . CONFITEBIMVR 2
tibi . et inuocabimus nomen tuum. Vuír iêhen dir
Got . dir iêhen uuír . unde ánaháreen dînen námen.
    pigiêhin   ána ruôfin
20 Vuanda êr ist confiteri . unde dára náh inuocare .
  husir   pígihte reîniû
so getûo únseriû templa fone confessione munda . daz siê fó-
 ana gehâretemo   geuuîsot
ne dir inuocato uuerden múgin uisitata. *Narrabo mirabilia tu-*
  fone bígihte ítâl uuordin úbilis ána-ruôfte sát uuórden
a. Fone confessione exinanitus malis . fone inuocatione repletvs
 kuôtis   kenâda zéllindo diû róffizzin dero du mih sáttost
bonis . peginno ih narrando eructuare ea quibus me replesti.

25 *Cum accepero tempus . ego iustitias iudicabo.* So ís zît uuirt . un- 3 S520
 suôno ták   aller
de dies iudicii chúmet . so irtêilo ih reht. Daz chît totus CHRISTVS . P301

---

1 & inops: & in *auf Ras.* 5(r) EST DEVS TVVS *auf Ras.* 10(r)
COGNOSCET: c² *aus* E *rad.* 19(r) ánaháreen: a³ *aus* e *oder* o *rad. und*
verb. 21 *siû 23(r) exinanitus: n² *auf Ras.* Punkt fehlt
3² 7²

26 suôno: o¹ *aus* n *verb.*

Ps 74,3-7

houbit unde lichamo   diê heîligin
caput et corpus . uuanda er êiner ne-irteîlet . núbe sancti sament ímo

Defluxit terra. Níder flôz diû erda . ménniscen zúgen sih níder .   4

des nîderen géreton siê . ân diû mísse-tuônt sîe álle . sô man siê heîz-

zet kéron des óberen . daz sie géront des nîderen. *Et omnes habi-*
                 réccheda
5 *tantes in ea.* Vnde álle dar ana sízzente. Daz ist expositio des ê-

reren. An diên ist sî nider geflózzen . diê dâr ána búent. Vuáz

sint siê . âne erda? *Ego confirmaui columnas eius.* Fone diû gefé-
         dero geloûbigon sûle
stenota ih iro siûle. Columnę fidelium sint apostoli . ioh die uuáncho-
 in christis mártiro   in christis urstende
ton in passione . sie uuúrden aber gestâtet in resurrectione. Dá-
          niêht nidiruliezzin
10 ra nâh lêrton siê ándere . *non deflúere.* *Dixi iniquis.* *nolite ini-*   5 S521

que agere. Ih chad ze diên únrehten . ne-fárent unrehto. Fermî-
              tôdig
ten sie iz dar umbe? Nêin ze sêre. Dánnan uuúrden siê morta-
 ioh uuênig
les . et miseri. *Et delinquentibus nolite exaltare cornu.* Vnde ze

missetâtigen chad ih . nehéuen iûuuer hórn. Vbe ir súndîg
   durh ubila glust   durh hôh-muôti
15 sint per cupiditatem . des ne-fersâgent iûh per elationem. Dér ís ne-
       unreht   hôinde daz hórn
iiêhet . der ist pêidiû ioh iniquus . ioh exaltans cornu. *Nolite er-*   6

go efferri . ne loquamini aduersus deum iniquitatem. Ne-uuésent

hôhfertig . ne-chôsont únrehto uuíder Góte. So der tuôt . der-

dir chît. Vuaz uuîzzet mir got . mêr dánne ánderen? Souuiêo

20 ih reht ne-sî . ándere sint únrehteren dann ih sî . diên ist uuó-

la . mir ist uuê. So chôsondo . scúldigot er Got . unde áhtot sih
           urtêile
réhteren . uuanda ímo sîniu iudicia misselîchent. *Quia neque*   7 P302

ab oriente neque ab occidente neque a desertis montibus. Pórge

dir . uuanda der úber ál ist . des urteilda ne-inflîêhest dû fóne   S522

25 ôstene ze uuéstene . noh fone uuéstene ze ôstene . noh fone de-

heînen uuuôsten bergen . únder mitte liûte . so uuâr sô dû bist .

---

3 misse   5 (r) Vnde: n aus u rad. und verb.   13 delinquentibus: über Rundung
des d Art Punkt   nolite /   14 (r) chad: h aus a rad. und verb.
    Punkt fehlt 2² 11²

10 nidiruilezzin

dâr ist ér. Suaz dû chôsost . daz kehôret er. Zíu daz? *Quoniam deus iu-*   8

dex est. Vuanda Got selbo ist irteîlare . nals ménnisco. Vuâre

iz ménnisco . der nehorti über al . so Got tuôt. *Hunc humiliat*
                                   liût   hôhfertigin   den diêt-liût
et hunc exaltat. Iudaicum populum superbum nîderet er . *gentilem*
tiêmuôtin

5 *humilem* hôhet er. *Quia calix in manu domini.* Vuanda in Gótes   9
                             êha gegében   alt   penêimida
keuualte ist lex data iudeis . diû uetus testamentum heîzet. Si
           stoûf chélih
ist der calix. Vuiêolicher? *Calix uini meri.* Chélih lûtteres uuî-

nes. *Plenus mixto.* Doh fóller miscelátun . fóller truôsenon. Also

in_móste . diû bediû zesámine gemíscelot sint. Vuanda dâr lág
     undir dîen truôsinon lîcham-háftro uuiêdon niûuue beneîmeda
10 in fece *corporalium sacramentorum* gebórgen nouum testamen-   S523
        umbesnîda fleîskis   umbe-snîda hèrzin
tum. Dâr *circumcisio carnis* . daz uns ist *circumcisio cordis.* Dâr
   hûs   hêilich chilcha   lant keheîzzis   himil-
templum . daz uns <ist> *sancta ecclesia.* Dâr *terra promissionis* . daz uns ist re-
  rîche   opher   opher
gnum celorum. Dâr mánegiu *sacrificia* . diu eîn *sacrificium* pezêi-
                                an christis cruce
chenent . daz in cruce christi brâht uuard. *Et inclinauit ex hoc*
                                            chéliche dero altun êo
15 *in hunc.* Vnde do scángta er ûzzer énemo calice ueteris testa-
                 chelih déro niûuuun êo   keîstlicha
menti in dîsen calicem noui testamenti. Lúteren uuîn . spirita-
   fernûmist
lem *intellectum. Verumtamen fex eius non est exinanita.* Aber

doh ne-uuard diu truôsana irscáffen . si uuard dâr ze_leîbo . *uuan-*   P303
     fleîsklih fernûmist
da *carnalis intellectus* ist mit iudeis. *Bibent omnes peccatores ter-*
                                                          fleisklich
20 *re.* Déro trínchent iudei sament allen súndigen. Vuanda *carna-*
      fernûmist
lis intellectus lîchet ín. *Ego autem in seculum gaudebo.* Aber ih   10 S524
            mit ecclesia
méndo in êuua . CHRISTVS cum corpore. Vuanda iz chit in titulo . IN

FINE NE CORRVMPAS. *Et omnia cornua peccatorum confringam.*   11
                                                          keba
Dignitates superborum intsezzo ih. *Et exaltabuntur cornua iusti.* Mune-
                       hôrin des rehtes
25 ra CHRISTI . daz sint *cornua iusti* . diu uuérdent in fine irhôhet.

PSALMVS ASAPH. CANTICVM AD ASSIRIOS . I . AD DIRIGENTES.   1

---

2 Got: G *aus* i *oder Ansatz von langem* s *verb.*   3 mánnisco   9
môfte   13/14 (r; *schräger Strich vor* 14 *noch sichtbar*) pezêichenent: n² *aus* u
rad. und verb.   15/16 (r) *nach* testamenti langes s *rad.*   18 ir-
scássen *(mit langen* ss)   18/19 uuan/da: uuan *auf Ras.*
23,25 *zu* FINE (fine) *statt* finem *vgl. den Notker latinus z.St.*   26 . I .
AD DIRIFENTES *rot*

7 stoûf chélih: *Doppelglosse oder Zusammensetzung?*   10 lîcham-
háftro: r *aus* o *verb.*   11 fleîskis: *vor* k *Ansatz eines* g
13 opher²: h *aus Ansatz von* f *verb.*

                ketânero   sculdo   dúlte
        tio preteritorum criminum . tuôt imo festa. Fone diû chad dauid.
        unde mîn missetât ist ieo fôre mir
        ET delicTVM MEVM CORAM ME EST SEMPER. *Vouete et red-*   12

        dite domino deo uestro. Intheîzzent Gote . unde uuêrent iûuuere inthêi-
                            niêht intheîzzin   intheîzzin unde niêht leîstin
        ze . Pézzera ist non uouere . danne uouere et non reddere. *Omnes*

5   *qui in circuitu eius sunt offerunt munera terribili.* Alle diê úmbe ín   P306 S529
                                                              gimêine
        sint . diê brîngent kêba demo egelîchen. CHRISTVS ist allen communis
                                           mitter
        unde bediû medius . die ín minnont . diê sint umbe ín. Alde dâ-

        ra ze démo altare . dâr sin corpus uuirt consecratum . ôpheront

        alle diê umbe stânt. *Et ei qui aufert spiritum principum.* Vnde dé-   13
                               hohmuôtigin sin   fúrston
10   mo ôpheront siê . der superbum spiritum déro principum dâna nímet
                       diêmuoten sin
        unde humilem spiritum gíbet. *Terribili apud reges terre.* Prûtelichemo
                                                  chêle dînen lîchamen unde bring in
        sâment diên rihtâren déro erdo. Castiga corpus tuum et in ser-
        in de scálchêit   chúninch   prûttelich
        uitutem redige . sô tuôndo bist dû rex . unde ist er dir terribilis.

        IN FINEM PRO IDITHVN . PSALMVS IPSI ASAPH. IDITHVN   1

15   TRANSILIENS . ASAPH CONGREGATIO. *U*uas ist daz?   S530
          diû über springinda gesâmenunga   an diz ende
        Ane congregatio transiliens sprichet hiêr . diû ad finem chómen
                                               ze uber springinne ist
        U uuîle . da furder niêht transiliendum ne-si.

             OCE MEA AD DOMINVM CLAMAVI . ET VOX MEA   2

             ad deum . s . *peruenit . et intendit mihi.* Mit mînero
20   stimmo hâreta ih ze trúhtene . unde ze Gó-
             te fólle-cham sî . unde uuâra téta er mîn.

        Vuanda sî ín selben ze mir lâdeta . nôh ze ánderiu ne-râmeta .

        bediû fernam er sîa. *In die tribulationis meę deum exquisiui.*   3

        An démo tâge mînero arbeîte . suôhta ih Got . nals umbe ánder .
             uber springente   sichúre
25   uuanda ih transiliens pin . âne umbe ín selben . daz ih securus   P307
                        zuô háften   tagh arbeîto
        muge imo adherere. Vuer ist der dies tribulationis? Ane ál-

        _____

        2(r) delicTV: *zwischen* c *und* T *Ras. von* t   3 iûuûere   12(r) Ca-
        stiga: a² *aus* o *oder* e *rad. und verb.*   14(r) *vor* PSALMVS *Ras.*
        14/15 IDITHVN² *bis* CONGREGATIO. *rot*   15 TRANSILIENS: *nach* A *Ras.*
              17 *dar   20 hárata   21 uuára: *über Bauch von* a¹ *Punkt auf*
        Zeilenhöhe   Punkt fehlt 22² 24³

        12 bringen: e *durch Strich darüber und darunter getilgt,* i *darüber*
        geschr.   13 *die   *vor* prûttelich *Ras.*

              ursuôh ist dis mênniscin
ler díser lîb . fone démo gescriben ist. TEMPTATIO EST VITA
  lîb obe erdo   ursuôch   árbêit
HOMINIS SVPER TERRAM. Ist er temptatio . so ist er tribulatio.
mit mînen handin.daz chit mit mînen uuérchin
Manibus meis . i . *operibus meis.* Mit mînen hándin . daz chit mir mí- S531
        daz chit hiêr in uuerlte. fore imo selben. nals fóre
nen uuérchin. *Nocte.* Nahtis. *In hoc seculo. Coram ipso* . non coram
   mênniscon
5 *hominibus. Et non sum deceptus.* Vnde dar ána ne-bín ih pe-

trogen. Vuanda min lon geuuísser ist . unde mir chúmet . daz

mir geheîzzen ist. *Negaui consolari animam meam.* Ih ne-uuól-

ta trôsten mîna sêla. So leîd ist mir díser lîb . so irdriûzzet mih
           mênniscin trôstis
sîn . sólih élelende ist er . daz ih dâr ínne humane consolatio-

10 nis ne-ruocho. *Memor fui dei et delectatus sum.* Gótes irhúgeta 4

ih . daz uuas mir lússam . daz téta mir fréuui. *Garriui.* Déro

fréuui . spîleuuórtota ih . fore mendi ne-mahta ih gedágen.
      ih uuart mite irmúndrit
Alde iz chît *exercitatus sum.* Déro lussami niêtota ih mih . ferro

dar ána dénchendo. *Et defecit spiritus meus.* Vnde an démo dén-

15 chenne irlág ih. Si ziêhet hôhor danne mîn sîn. Mân ne-mag S532

uuîzzen sîna lussami. *Anticipauerunt uigilias omnes inimici* 5
          lúftige máhtinga
mei. Vuáccherôren uuâren álle mîne fienda . aerie potestates
 ze bisuîchinne   mih ze behuôtenne
ad decipiendum . dann ih máhti sin ad custodiendum. *Turba-*
            spile-uuórto
tus sum. Truôbe muôt quán ih fône déro fáro mínero garruli-

20 *tatis. Et non sum locutus.* Vnde gesuîgeta. Alde iz chît. ANTICI-

PAVERVNT VIGILIAS OCVLI MEI . TVRBATVS SVM ET NON SVM LOCVTVS.

Nahtes eruuácheta ih frûo . unde uuas suîgendo leîdeg mínero P308
        nohturnâ
sundon. Diê uuáchun heîzzen uuir nu nocturnas . dâr umbe
    fore-tágige sámet-chúmfte
tuôen uuir ante-lucanos conuentus. *Cogitaui dies antiquos.* 6

25 An déro stílli dâhta ih an díe alten dága . die nu irgángen sint .
  ál man-chunne
an dien humanum genus únirdrózzeno súndota. Dannan uuard

---

3 operibus: *über* i *Ansatz einer Oberlänge* 4/5 *davor waagerechter
Strich* 6 mir: r *aus* t *verb.* 10(r) ruocho: o[1] *aus Ansatz von* g
verb. 13(r) lussami: 1 *aus langem* s *rad. und verb.* 15(r) Sie:
e *rad.* sîn] sîn 19 *kuán *oder* *keuuán *Punkt fehlt* 2[3]
Punkt steht nach 15 Mân

3 *Glosse und Text, Z. 3f., sind buchstäblich identisch; ist die Glosse
auch in den Text geraten?* 26 man: *danach* chúnne *durchgestr., da es
noch über* humanum *stand, nicht über* genus

träobmuôtig
ih turbatus. *Et annos ęternos in mente habui.* Vnde ze trôste
                unde
nam ih in muôt diû êuuigen iâr . fone diên gescriben ist. ET AN-
dÎniû iâr uuêrent iêo-mêr
NI TVI NON DEFICIENT. Diê gedáncha sazta ih uuíder énen

diê mih leîdegoton. *Et meditatus sum nocte cum corde meo.* Vnde

5 so dâhta ih nahtes in mînemo herzen. *Garriui.* Muôt-spîleta dâr

in demo herzen . déro uuorto gedágendo . uuanda mir diû gar-

rulitas unfrêisigora uuas. *Et scrutabar spiritum meum.* Vnde scrôdo-

ta ih mîn muôt . chôsota mit mir selbemo. *Et dixi.* Vnde dâhta ih
                       man-
sus. *Nunquid in ęternum proiciet deus?* Feruuîrfet Got ze getâte genus
 chûnne
10 humanum? *Et non apponet ut beneplacitum sit ei adhuc?* Vnde
             martro
ne-getuôt er noh mit sînero passione . daz iz îmo sî liêbsam? *Aut*

in finem misericordiam abscidet a sęculo . et generatione? Alde nîmet

er gáreuuo dana sîna gnâda fóne déro uuérlte . unde fóne mén-

niscon geburte? *Aut obliuiscetur misereri deus?* Alde irgízet er ze
                man-uuêrdini
15 sceînenne dîa gnâda sinero incarnationis . die er geheîzzen há-

bet? *Aut continebit in ira sua misericordiam suam?* Alde benîmet
                uberspràngondo
imo zorn sîna gnada? *Et dixi.* Vnde transiliendo dâhta ih sús.
      muot-sprangondo
Nunc cepi. Er ne-uuás iz . nû ist iz. Transiliendo begonda ih ferné-

men diû ding. *Hęc est inmutatio dexterę excelsi.* Ih fer-nîmo
                      zeseuua
20 uuola uues dîsiu uuehselunga ist . déro ih frô bin. CHRISTVS ist dexte-
 des hôhin   man-chûnne   fone finstri
ra excelsi . der hábet genus humanum geuuéhselot. *de tenebris*
ze liêhte fone scalcheit in diê frîhalsi Gôtes chindo
in lucem. de seruitute in libertatem filiorum dei . der hábet mih selben

uzzer mir selbemo brâht. Ih hábo mih nû fer-récchet an ín . frêi-

sa uuâre mir úbe ih fóllestuônde an mir. *Memor fui operum domini.*

25 *quia memor ero ab initio mirabilium tuorum .°et meditabor in om-*

nibus operibus tuis. Dâr ána scînet daz ih kehúhtig uuas Gôtes

---

5(r) herzen: r *aus z rad. und verb.* 6/7(r) gar/rulitas: r² *aus lan-
gem s rad. und verb.* 22(r) mih. h *aus t rad. und verb.* 24(r)
uuâre mir: *dazwischen und unter erstem Strich des m Ras. von*
n (?) 25 meditabor: b *aus t verb., über Rundung kleiner senkrechter
Strich (Ansatz eines ur-Hakens?)* 26 *oben nach* Gôtes *längliches Loch
im Pgm.* *Punkt fehlt* 24² *Punkt steht nach* 6 uuorto 26 uuas

uuercho . daz ih fone êrest dînero uuúndero gehúgo . unde in
                  ze
allen dînen uuerchen gedanchhafte bin. Dû tâte ménniscen ad
 dinemo bilde abêlis ópher
imaginem tuam . du inphiênge munera abel . du gehiêlte unsih
              in fóre-zêichin
in arca . dû eîscótost isaâgin ze óphere in typo CHRISTI . daz állez

5 tuôt mih hógezzin. *Et in affectionibus tuis garriam.* Vnde in dî-   S535

nen mínnesaminon mandelchôson ih. Sîd der gárrulus ist . der

gesuigen ne-mag . hínnan hábo ouh ih . daz ih ke-suigen ne-mag.
                 ih pin uuêg
Deus in sancto uia tua. Gót . in christo ist dîn uuêg. Er chad . EGO SVM VIA. *14*

Quis deus magnus sicut deus noster? Vuer ist sô mahtig Got . so unser Got?

10 *Tu es deus qui facis mirabilia solus.* Dû bist Got . dû êino uuúnder *15*

tuôst . unde mit diû scêinest . daz ánderer ne-îst. *Notam fecisti in*
                 diêtin
populis uirtutem tuam. Christum der dîn uirtus ist . hábest dû gentibus

chunt ketân. *Redemisti in brachio tuo populum tuum.* An îmo *16*
           chraft árim
habest dû irlôset dînen liût. Er ist dîn uirtus . er ist din brachi- P310
                israhelis chint
15 um. *Filios israhel et ioseph.* Hábest peîde irlôset . ioh filios isra-
     den liût dero diêto   zêsiuuun súne
helis . ioh populum gentium . der démo uuâren ioseph háftet . dén

éner bezeîchenda. *Viderunt te aquę deus . uiderunt te aquę.* Liûte gesâ- *17*
             uuanda chunt ketâte
hen dih . dih kesahen liûte. Daz uuas fóne diû . quia notam feci-
  undir liûtin dîna chráft
sti in populis uirtutem tuam. *Et timuerunt.* Vnde forhton dih .
   der uuehsil des hôen Gotes zêseuuun
20 daz uuas mutatio dexteræ excelsi. *Et turbatę sunt abyssi.* Vnde S536
             ménniscon in-uuîzzeda
uuazzer-diêfina uuúrden getruôbet . daz sint hominum consci-

entie. Vuaz mag tiêfera sin? *Multitudo sonitus aquarum.* Vuard *18*
         lóbin unde in sancleîchen unde in gebêtin
míchel doz déro uuázzero . in ymnis et canticis et orationibus.

Vuannan uuas daz? *Vocem dederunt nubes.* Diû uuolchen lûtton .

25 apostoli brédigoton. *Etenim sagittę tuę pertransierunt.* Dîniu uuort

turhkiêngen déro ménniscon herzen. *Vox tonitrui tui in* *19*

7(r) gesuigen: g² *auf Ras. (*gesuui ⟩ gesuig*)* ouh: o *aus erstem
Strich von* u *verb.* 22(r) *oben vor* 26 *längliches Loch im Pgm.* *Punkt
fehlt* 23²

23 in¹ *übergeschr.*

in uuerlt-rinch
rota. In orbe terrarum scúllen dîniu égelîchen uuerch. *Illuxe-*
uuúndir
runt coruscationes tuę orbi terrę. Dîniu miracula irschînen
al umbe diē uuerlt tônerondo unde
allero uuerlte. Vuanda siê fuôren in circuitu . tonando et co-
blęcchesindo
ruscando. *Commota est et contremuit terra.* Dannan uuard ir-
5 uuéget unde irbíbeta diū erda. Ménnischen irchâmen sih is.
undir diētin
In mari uię tuę. In gentibus uuurden dîne uuéga . ze in châme   20 S537
undir mânigen liūten
dū dô. *Et semitę tuę in aquis multis.* In multis populis uuâren dî-
ne ferte. *Et uestigia tua non cognoscentur.* Vnde fone iudeis   P311
noh ne-
ne-uuúrden bechennet dîne férte. Sie chédent iê noh . NONDVM
cham iêo christ niêht
10 VENIT CHRISTVS. *Deduxisti sicut oues populum tuum . in manu moysi et*   21
aaron. Den sélben dînen liūt leîtost dū doh also scâf ûzzer
egypto in moysenis unde in aaronis handen. Nu hâbent siê dir
úbelo gedanchot . daz sîe êine under allen . dih ne-uuellen be-
chénnen. INTELLECTVS ASAPH. *V*uaz chundet uns   1
15 asaph? Ane daz uuir eîn gehôren . unde ander fer-némen. Ge-
undanch-fellich Gótes liêbtâten
hôren . uuiêo der alto liūt in-gratus uuas beneficiis dei . unde fer-
némen . daz uuir sô sámo ne-suln sîn.
*A*TTENDITE POPVLVS MEVS LEGEM MEAM.
Mîne liute fer-némment mîna êa. *Inclinate aurem*
20   *uestram in uerba oris mei.* Héldent iûuuer ôra .
ze diēn uuorten mînes mundes. *Aperiam in*   2
parabolis os meum . loquar propositiones ab initio. Ih induôn mî-   S538
nen munt an uuídermezzungon . toûgeniu gechôse sprícho
ih . fone demo ánagenne iûuuerro ferte fone egypto. Vuir
uuíder-mezza
25 gehôren tágeliches parabolas in sancto euangelio. Also CHRISTVS sih
demo chernin des chôrin-uuuôcheres
selben uuídermezzot grano frumenti. Dar gehôren uuir oūh

1(r) égelîchen *auf Ras.*   5 is: *langes s aus Oberlänge verb.*
6(r) uuurden: u³ *aus a rad. und verb.*   châme: h *aus b rad. und verb.*
13(r) gedanchot: e *aus a rad. und verb.*   22(r) meū: u *aus is*
(mit langem s) rad. und verb.   24 ferte !

1 rinch: *davor ric durch Unterstreichung getilgt*

```
              irrâtini              uuaz túnchet iû umbe christ.    uues
propositiones. Also daz ist. QVID VOBIS VIDETVR DE CHRISTO? CV-
sun uuânint ir ist er              er ist dauidis sún
IVS FILIVS EST? Vuaz châden dô iudei? DAVID. Vnde uuaz
                                     dauidis sun
aber er? Vuieo mag CHRISTVS pêidiu sin . ioh filius dauid sô ir ché-
          dauidis herro
dent . ioh dominus dauid . so er imo selbo chad . do er sus fône
             sprah min herro    fater    mînemo hêrrin christo  sînemo sune zuo
5 imo sprah. DIXIT DOMINVS . S . PATER . DOMINO MEO . s . filio suo CHRISTO .
   sizze ze zêseuuun mîn                    râtisca
   SEDE A DEXTRIS MEIS? Tougeno lêrta diû propositio sîe fér-
               zîtlicho dauidis sun sîn êuueclicho Gotes sun sin
   nemen . Christum in tempore filium dauid . in ęternitate filium dei.
   uuîder-mezza    râtisca           uuah-pilde
   Parabolę unde propositiones sint diê figurę . fone diên Paulus chad.
   dîsiû álliû gescâhen iudon in uuáhpilden
   HĘC OMNIA IN FIGVRA CONTINGEBANT ILLIS. Quanta audi-

10 uimus et cognouimus ea . et patres nostri narrauerunt nobis. Diz ist
      menniscin stimma                     Gotes stimma
      uox hominis . uox asaph . dar fóre uuas iz uox dei. Vuiêo máh-
                                 in dero altun bineîmedo
   tigiû ding uuir fernómen háben . diû er téta in ueteri testamen-
                                an dero niûuuun
   to . unde nû háben uuir siu bechennet in nouo . unde únsere for-
                 unde uuîs-sagin
   deren . moyses et prophetę zalton siû uns. Non sunt occultata a filiis

15 eorum . in generatione altera. Siû sint únferborgen fóre iro chîn-
   den . in anderro gebúrte. Vuir bin diû ándera geburt . diû án-
         gebúrt                      uuîdirburt.i.toûfi
   dera generatio . déro nu chomen ist regeneratio. Narrantes lau-
   des domini . et uirtutes eius . et mirabilia eius quę fecit. Dâr stât fó-
   re . patres NOSTRI NARRAVERVNT NOBIS. Démo inchît . NARRAN-

20 TES LAVDES DOMINI. Vns ságente sîn lob . unde sîna chráft . unde
   sîniu uuúnder . diu er téta. Et suscitauit testimonium in iacob .
   et legem posuit in israhel. Vnde er chíhta urchúnde in iacob. Vuaz
   ist daz? Ane dáz dára nâh stât . unde êa sazta ér in israhel. Selbiu
   diû êa uuas daz úrchúnde . daz man gelouben solta . uuanda Got

25 fant sia . unde er iâh iro. Quanta mandauit patribus nostris. Vuieo
             gebot
   mánegiu pręcepta er beuálh únseren fórderen. Vuára zuo? Nota
```

2(r) Vnde: nde aus uaz rad. und verb.   3 pêidiu: i¹ anrad.   9 CONTINGEBANT: E auf Ras.   11(r) dar] daz; das ganze Wort auf Ras.   16(r) geburt: g links oben anrad., davor Ras.   23(r) dáz: z auf Ras.   Punkt fehlt 5⁷ 21³

6 zesêuuun   12 bineîmedo: o aus e oder a verb.

facere ea filiis suis. Chunt siu ze tuônne íro chínden. Ziu diên?

Vt cognoscat generatio altera. Daz diu ánderiu sláhta diû be-   6

chenne . diû sie nebechandon. Vuéliu ist diû slahta? *Filii qui na-*

scentur. Gentes die in nouo testamento gebóren uuérdent.

5 *Et exurgent.* Vnde mit CHRISTO irstânt. *Et narrabunt filiis suis.* Vn-

de diê zélent siû íro chinden. In uuélen uuorten? *Vt ponant*   7

in deo spem suam. Daz diû íro chint an Got sezzen íro gedin-

gi . nals an íro selbero rehte . so êne tâtin. *Et non obliuiscantur o-*

perum dei. Vnde sie Gotes uuércho ne-ergezzen . uuanda er der

          kuôtero uuercho

10 uuurcho ist bonorum operum . nals ménnisco. *Et mandata eius ex-*

quirant. Vnde siê fórdereien síniu gebót ze irfóllon<n>e . mit síne-

ro hélfo. *Ne fiant sicut patres eorum . generatio praua et amari-*   8

cans. Daz sîe ne-uuérden auuékkiû sláhta . unde bítteren ge-

                            in eínote

smágmen hábentiû . nâh íro fórderon . die in deserto irstúrben.

15 *Generatio que non direxit cor suum.* Slahta sôlechiû . diu daz

herza ne-gerîhta. *Et non est creditus com deo spiritus eius.* Vnde sá-   S541

ment Góte sih ne-geinmûota. *Filii effrem intendentes arcum*   9

et mittentes sagittas suas . conuersi sunt in die belli. Effremis súne

fluôhen so der uuîg uuard . doh sie bógen spiênin unde míte

20 scúzzin. Sie fiêngen ze uuîge . dara nâh irlúgen sîe in. So tem-

                         diz chalp

ptatio cham . so bétoton sie uitulum . dann sie fóre châden.

so uuaz unser Got uns kesâget hábet   daz tuôen uuir.unde lóseen

QVECVMQVE LOCVTVS EST NOBIS DEVS NOSTER . FACIEMVS ET AVDI-

   is

EMVS. *Non custodierunt testamentum dei . et in lege eius noluerunt am-*   10 P314

bulare. Dâr gehôre iz . unde an effraim fernîm sie alle. Sîe ne-

         pineímeda   sîn úrchunde

25 huôton Gotes êo. Testamentum ist lex . also ouh dâr fóre testimo-

nium. Dâr âna ne-uuolton siê gân. *Et obliti sunt benefactorum eius . et*   11

6(r) diê zélent *auf Ras.*   9(r) ergezzen: e¹ *aus* i *verb.,* e³ *aus* o
rad. und verb.   17(r) geinmûota: n *aus* m *rad. und verb.;* mu *auf*
Ras., a *aus* e *rad. und verb.*   19 *flûhen   25(r) huôtonGotes:
huôton *auf Ras., von* Gotes *oben durch akutartigen Strich, unten durch*
Art Komma getrennt; über u *früherer Zkfl. noch erkennbar*   26(r) ne
bis gân. *auf Ras.*

mirabilium eius quę ostendit eis. Vnde irgazzen sînero liêbtate

unde sînero uuúndero . diû er in oûgta. *Coram patribus eorum fecit*   *12*

mirabilia in terra egypti in campo taneos. Fóre moyse unde aa-   *S542*
                                   diû burg   sinic
ron téta er uuúnder in egypto . dâr tanîs ciuitas ist . déro geni-
uuehsil in grammatiche.in chriêchiscun chit
5 tiuus grece ist taneos. *Interrupit mare et perduxit eos . statuit*   *13*

aquas quasi in ûtre. Er under brâh den mére . unde leîta sie dû-
                                in ûdirbalge
re . unde stâtta diû uuázzer . sámo so in utre betâniû. *Et dedu-*   *14*

xit eos in nube diei . et tota nocte in inluminatione ignis. Vn-

de táges lêita er sie mit uuólchene . nahtes mit démo schîmen

10 des fiûres. *Disrupit petram in heremo . et adaquauit eos uelut in*   *15*

abysso multa. Den steîn zebráh er in démo êinote . unde tránch-

ta siê . samo in tiêffemo uuâge. *Et eduxit aquam de petra . et edu-*   *16*

xit tamquam flumina aquas. Vnde uuazzer liêz er ûzzer dé-

mo steîne . sô genûhtigiu sámo so âha. *Et apposuerunt adhuc*   *17*

15 *peccare ei .* i . non credere ei. Noh danne légeton siê zûo . imo

ze misseloûbenne. Noh dô ne-irdrôz sie déro ungeloûbon. *In*

ira concitauerunt excelsum in inaquoso . i . in siccitate. Got reîz-

ton sie ze zorne dâr in dúrri. Dúrre uuas daz lánt . dúrre

uuas îro mûot . daz reîzta Got ze zórne. *Et temptauerunt deum*   *18*

20 *in cordibus suis . ut peterent escas animabus suis.* Vnde dô be-   *S543*

suôhton siê Got in îro herzon . so daz siê îro sêlon fuôro bâ-   *P315*

tin . nals diê sêla ze nérenne . nûbe înne ze hábenne. *Et male lo-*   *19*

cuti sunt de deo. Vnde sus úbelo sprachen sie fóne Góte. *Nunquid*

poterit deus parare mensam in deserto? Mag Got hiêr in uuuô-

25 sti gében ézzen? *Quoniam percussit petram et fluxerunt aquę et torren-*   *20*

tes inundauerunt . nunquid et panem poterit dare . aut para-

---

1 mirabilium: u *aus Ansatz von* a *verb.*   3 teneos   4(r) tanîs:
über a *Akut noch erkennbar, der zunächst durch Punkt darüber und darunter getilgt wurde, wonach das Ganze rad.*   5(r)   6/7 *dúre
9 lêita: e *aus Ansatz von* a *verb.*   10(r) petrā *auf Ras.*   21(r)
fuôro: o[1] *auf Ras.,* r *aus* o *rad. und verb. Punkt fehlt* 5[2] 22[3]
Punkt steht nach 16 dô

4 *sinnis *(?); vgl. die Gl., 282,4*   5(r) chriêchiscun: c[2] *aus
Schaft eines* p *(?) verb.*

re mensam populo suo? Sîd er an den steîn sluôg unde sâr dán-
nan ûz flúzzen uuazzer genúhtigiû . mag er oûh prôt kében
unde rîhten dische sînemo liûte? *Ideo audiuit dominus . et distulit . s .*   21
uindictam. Fone diû gehôrta iz trúhten . unde frîsta sînen án-
den. *Et ignis accensus est in iacob . et ira ascendit in israhel.* Vn-
                in iacobis sûne   an israhelis
de nâh îro séti . inbrán fiûr in iacob . unde sîn zorn fuôr in isra-
chint
hel. Sîn zórn uuas fiûr. *Quia non crediderunt in deo . nec sperauerunt*   22
in salutare eius. Vuanda sie an Got ne-gloûbton . noh an sînen
haltare ne-gedington. Vues? Ane israhelis. *Et mandauit nubibvs*   23
desuper . et ianuas cęli aperuit. Vnde do gebôt er uuólchenen
obenan . unde hîmel-túre intéta er. *Et pluit illis manna ad*   24
                                                                        crúzze-
manducandum . et panem cęli dedit eis. Vnde régenota în man-
mêlo
na ze ezzenne . unde gáb în hîmel-brôt. *Panem angelorum manduca-*   25
uit homo. Engelo brôt âz ménnisco. Er âz manna daz christum be-   S544
zeîchenet . er ist panis angelorum . uuanda sin lébent siê. *Cibaria*
dedit eis in abundantia. Fuôra gáb er în in genúhte. Secundum isto-
riam fuôr iz sô . iz uuas áber állez pilde déro sîderon dingo .
     in dero niûuuun beneîmedo
diu in nouo testamento geschêhen sint. *Transtulit austrum de cę-*   26
lo . et induxit in uirtute sua affricum. Súntuuint fuôrta er   P316
fone hîmele . unde affricum . der ouh libs heîzet . práhta ér in
sînero chréfte. *Et pluit super eos sicut puluerem carnes.* Vn-   27
de mit diên uuarf er siê ána fleîsg . also dícchên sámo so stoûb.
Et sicut arenam maris uolatilia pennata. Vnde gefúgele sámo
sô méresânt. *Et ceciderunt in medio castrorum eorum . circa ta-*   28
bernacula eorum. Diû fiêlen in die hérebirga . unde umbe diê

3(r) dische: h *aus* k *rad. und verb.*   9(r) gedington: q¹ *aus Ansatz*
von d *rad. und verb.*   23(r) sicut *auf Ras., von* arenam *oben durch*
akutartigen Strich, unten durch Art Komma getrennt   Punkt fehlt
2 24¹   Punkt steht nach 11 túre

herebirga. *Et manducauerunt et saturati sunt nimis*. Vnde uuúrden   29

siê ze séti . unde uurden unmâzzo sát. *Et desiderium eorum attulit*

eis. Vnde so irfóllota er íro gelúste. *Non sunt fraudati a desiderio*   30

suo. Noh er ne-ferzêh ín des siê géreton. Vuiêo do? *Adhuc escę*

5 *eorum erant in ôre ipsorum . et ira dei ascendit super eos*. Vnz íro   31

ezzen noh in íro munde uuas . so cham úber sie Gotes abolgi .

die er umbe daz frista . daz er ín êr gesceîndi . uuaz er gemag.

Et occidit plurimos eorum. Vnde ferlôs er íro mánige. Alde iz
   íro mâsta daz nennit die-dir hôhfertich uuârin under ín
chit *pingues eorum . i . qui erant superbi inter eos. Et electos israhel*   S545

10 *impediuit*. Vnde diê Gótes iruuéleten . sô moyses uuas unde
       Gotes irbolgeni
aaron unde finees . írta diû ira dei . daz sie ín nehêin helfa ne-

mahton sîn. *In omnibus his peccauerunt adhuc . et non credi-*   32

derunt in mirabilibus eius. In diên dingen állên . súndoton siê iêo

zûo . unde an sînen uuúnderen . daz chit sîniu uuúnder ána

15 sêhendo . uuâren siê ungeloûbig. *Et defecerunt in uanitate dies*   33

eorum. Vnde in úppigheite nals in uuârheîte . ze-giêngen

íro tága. *Et anni eorum cum festinatione*. Vnde íro iâr spuôtigo.

Cum occideret eos tunc quęrebant eum . et reuertebantur. Sô er siê   34

sluôg . so suôhton sie ín . unde iruuúnden ze ímo . nals umbe   P317

20 mínna . nube ú<m>be forhtun. *Ante lucem ueniebant ad eum*. Dán-

ne châmen siê frûo ze ímo. *Et rememorati sunt . quia deus adiu-*   35

tor est eorum . et deus excelsus redemptor eorum est. Vnde fóne dé-

ro nôte behúgeton sie sih . daz der hôhest got íro hélfare .

unde íro lôsare ist. *ET DILEXERVNT EVM IN ORE SVO . COR*   36a 37a

25 *autem ipsorum non erat rectum cum eo. Et lingua sua mentiti sunt ei . nec*   36b 37b

---

3(r) irfóllota: f aus langem s verb., o¹ auf Ras. 4(r) er: e aus n
rad. und verb. 10(r) iruuéleten: e² aus i verb., e³ aus o rad.
und verb. 18(r) occideret eos: (t e) aus ret rad. und verb.
21 frûo / rememorati: e² aus o rad. und verb. 23(r) behúgeton:
h auf Ras. von g 24(r) lôsare: über a Zkfl. noch erkennbar, der
zunächst durch Punkt darüber und darunter getilgt wurde, wonach das
Ganze rad. Punkt fehlt 14² 18¹

fideles habiti sunt in testamento eius. Vnde mínnoton ín án íro
uuórten . áber iro herza ne-uuas rehtez uuíder ín . unde mit
iro zungon lúgen siê îmo . noh ketriûuue ne-uuâren siê an
sînero êo. *Ipse autem misericors . et propitius fiet peccatis eorum . et
non disperdet eos.* Er ist áber genâdig . unde er uuirt pesuônet
íro súndon . daz chit . er inphâhet suôna umbe iro sunda . sô siê
        Gotes sún   áléiba
ioh filium dei irslâhent . unde neferliûset siê sô . núbe diê reliquię
gehalten uuerden. *Et abundauit ut auerteret iram suam.* Vnde
fóllun lîcheta îmo . daz er dána uuanti sin zórn. *Et non accen-
dit omnem iram suam.* Noh er ne-zúnta al sîn zorn. Er ne-liêz ímo
sô zorn sîn . so siê gefrêhtot hábeton . noh dô . noh sîd . in sînero
   martero
passione. *Et recordatus est quia caro sunt . spiritus uadens et non redi-
ens.* Vnde daz téta ér irhúgendo iro brôdi . daz siê fleîsg sint.
Vnde uuaz oûh mêr? Hína fárenter geîst . unde ne-iruuînde‹n›ter.
                               an suôno tâge
Iruuîndet er in iudicio . daz ne-tuôt er áber hiêr ze uuónenne.
*Quotiens exacerbauerunt eum in deserto . in ira concitauerunt eum in
inaquoso.* Au . uuiêo díccho sie in grámdôn ín déro uuuôsti .
uuiêo diccho siê in ze zórne ge-gruôzton dar in dúrri. *Et con-
uersi sunt et temptauerunt deum.* Vnde uuúrden bechêret ze Góte . un-
de sâr dâr bî . chóreton siê áber sîn. *Et sanctum israhel exacerbauerunt.*
Vnde den israhelis heîligen grámdon siê. *Non sunt recordati ma-
nus eius . qua die liberauit eos de manu tribulantis.* Sîe ne-ir-
hiûgeton sînes keuualtes . dén er scêinda . do er siê lôsta fore
pharaonis keuualte[t] der siê arbêita. *Sicut posuit in egypto
signa sua . et prodigia sua in campo taneos.* Vuieo er zêichen

---

1(r) tastamento   20 bî: über Zkfl. Akut rad.   24(r) arbêita..:
a. auf Ras.   Punkt fehlt 17³ 22¹ 25¹

tíemuóte
téta in ęgypto . unde séltsâni in tâne-felden. Taneos chît humi-
  gebót   selb-namo
le mandatum . bedîu uuéllen genuóge . daz taneos sî . nomen
dero burch únchêrlich in gramatiche
ciuitatis in-declinabile . so uuiêo andere chéden also dâr fóre
             selb-nâmin sin   dannen-búrtigin sin
stât . tanis nominatiuum . taneos genitiuum. *Et conuertit in*   44

5 *sanguinem flumina eorum . et manationes aquarum . i . aquas*

ab imo ebullientes *ne biberent*. Aha unde brúnâdara mácho-

ta er zę bluote . daz sie netrúnchîn. Egyptii gruóben . unde suó-
     crúntlaccha   uuázzero   pluot fure uuazzir
hten scaturrigines aquarum . sie fúnden áber sanguinem pro a-

quis. *Misit in eos kenomiam . i . muscam caninam . et comedit eos .*   45

10 *et ranam . et disperdidit eos*. Húnt-fliêgun santa er sie ána . diû

âz siê . unde den frósg . unde der dósta siê. *Et dedit erugini . i . ru-*   46
                                                           .i.frásezze
bigini *fructus eorum . et labores eorum locustę*. Vnde fersêzze

gab er íro uuuóchera . unde iro arbêite hêstafele. *Et occidit*   S548

in grandine uineas eorum . et moros eorum in pruina. Vnde íro

15 uuînegarten ferlôs er mit hágele . iro múrbouma mit rîfen.

Et tradidit grandini iumenta eorum . et possessionem eorum igni .   48

Vnde iro fêho gab er hágale unde ander daz sie besâzzen dé-
          frásez   rîffo   fiûr
mo blích-fiûre. Erugo et pruina unde ignis ne-stânt nîeht
an ûzfart-puóche   hunt-fliêga rúda finstrina
in exodo . nube ánderiu driû . scinifes ulcera tenebrę. *Misit*   49

20 *in eos iram indignationis suę . indignationem et iram et tribulatio-*

nem . inmissiones per angelos malos. Er sánta sie ána dîa âbolgi

sînes zornes . zorn . unde bólgenscaft . unde arbêite . unde scá-
                                                  frúmara
den santa er ín . be diên tiêfelen. Sie uuâren ministri árges
     daz sie Gotes liût házzetin
uuillen ut odirent populum dei . unde súhte . daz sie schébe-
                                             êrist-porna
25 dîg uuurden . unde tôdes . daz sie íro primogenita ferlúren.   S549

---

1 tânę: über Akut Zkfl. durch Punkt darüber und darunter getilgt
6(r) Aha: h *auf Ras.* 17 *hágele 20(r) irā[1]: ra *auf Ras.*
20/21 & tribulatio/nē: & tribulatio *auf Ras.*   *Punkt fehlt* 9[5] 21[1] 25[1]
  Punkt steht nach 22/23 scáden

4 nâmin: n[2] *von Tintenfleck verdeckt*

Inmissiones día ánauuerfunga heîzzent . kescêhent peîdiu . ioh
     kuôten   úbelen
fóne bonis . ioh malis angelis. Boni angeli uuurfen uiur an sodo-
           fiûr fóne himele   IÔBIS habid
mam . mali uuurfen ignem de cęlo ze brênnenne substantiam iob

unde daz man hier líset . suht unde stérben an ęgyptios. Vuéder
          frôsca   húnt-fliêga   bluôt
5 siê doh máchotin ranas unde scinifes unde sanguinem daz ist in
in fôrsco
questione. *Viam fecit semitę irę suę* . *non pepercit a morte anima-*   50

bus eorum . *et iumenta eorum in morte conclusit*. Er rûmda démo

uuége sînero irbólgeni . uuanda er in schérm ne-uuás . îro lîbe

ne-lîbta er fóne démo tôde . iro stálfêho betéta er în demo tôde.

10 *Et percussit omnem primogenitum in egypto* . *primitias laboris eorum*   51 S550

in tabernaculis cham. Vnde sluôg în iêo daz áltesta in állen

stéten . diê fruôsten arbeîte sluôg er in châmis kesázzen. Diû

zuêi ságent eîn . uuanda châmis áfterchomen besázzen ęgy-

ptum. *Et abstulit sicut oues populum suum* . *et perduxit eos tamquam*   52 P320

15 *gregem in deserto*. Vnde démo getânemo . nam er dâna sînen liût

samo so scâf . unde uuîsta sie áfter démo eînote samo so sîne hér-
                                                          des
ta. *Et eduxit eos in spe*. Vnde leîta sie ûz in déro gedîngi ter-   53
keheîzlandis   fóne ungeloûbon fînstri
rę promissionis . also ouh er unsih . nu irlôste de tenebris infideli-
          after geîstlichero uuêido   hiêr in uuerlte   in eînote
tatis per pascua spiritalia leîtet in hoc sęculo . sámo so in deserto
                                        himil-rîches
20 mit déro gedîngi regni cęlestis. *Et non timuerunt*. Vnde sie ne-for-
                    ube Got únser halb ist uuer ist danne uuíder
hton în. Noh uuir ne-súln. SI DEVS PRO NOBIS QVIS CONTRA
uns
NOS? *Et inimicos eorum operuit mare*. Vnde îro fienda beuuarf
                                    diû toûfi
der mére. So hábet diê unsere getân baptismum. *Et induxit*   S551 54
                                                  hôun uuárta
eos in montem sanctificationis sug. Vnde úffen syon sînen heîligen
                                    in sîna brût-sámenunga
25 berg práhta er siê . aber unsih in sanctam ęcclesiam. *Montem quem ac-*

---

1 *diê   10 omnē: *omne (?)   16 *sîna

21 zwischen uuer und ist Art Punkt auf Zeilenhöhe (zu früher Ansatz
des i ?)

quisiuit dextera eius. Den berg sîn zéseuua geuuán . also CHRISTVS
                                                         diéte
ęcclesiam. *Et eiecit a facie eorum gentes.* Vnde stiéz er gentes ûz
                            diê leîden tîefela   diê déro heîdenon
fone îro gesîhte. So tuót er noh malignos spiritus . die gentilium
irridin máchâra sint   ûz stózzinde ûzzir diên herzon sînero hóldon
errorum auctores sint. Er ist sie eiciens a fiedelium cordibus.

5 *Et sorte diuisit eis terram in funiculo distributionis.* Vnde nâh

keuuórfenemo lôzze teîlta er daz lánt . mit mâz-sêile . also
                                   der ieo selb-selbo Geîst
man nû tuót mit ruóto. So ist nu . unus atque idem spiritus diui-
mannilichemo sîne genâda teîlende in-gágen des er uuile
dens singulis prout uult. *Et habitare fecit in tabernaculis eorum tri-*   55
                                           ûffen hîmelo gesâzze
bvs israhel. Vnde téta er israhel bûen an iro stéten. In cęlesti se-
                  ubele êngela
10 de dannan mali angeli fiêlen . dâr séldôt er sînen liût. Vuaz   P321 S552

taten aber dâra nâh iro chint . unde îro áfterchomen? *Et tem<p>-*   56

tauerunt et exacerbauerunt deum excelsum . et testimonia eius non cu-

stodierunt. Daz selba tâten sîe . unde besuóhton den hîmele-

schen GOt îteníuuues unde gramdon în . noh sîniu úrchúnde

15 nebehuóton siê. *Et auerterunt se et non seruauerunt pactum quem-*   57

admodum patres eorum. Vnde uuanton sih fone ímo . unde ne-

uuéreton iro gedíngun . die sie sáment Góte getân hábeton .

also siê oûh îro fórderen ne-uuéreton. Vbele tâten diê fórde-

ren . áfter uuége fárendo . baz ne-tâten diê áfterchomen . dâr

20 heîme sízzendo. *Conuersi sunt in arcum prauum.* Sie uuúrden

bechêret unde geuuéhselot in árgen bógen . uuanda siê ze ú-

bele râmeton náls ze guóte. *Et in ira concitauerunt eum in collibvs*   58

suis. Vnde ge<g>ruózton în ze zorne . ûfen iro buôlen . dâr siê
ábkot-diênist
idolatriam uóbton. *Et in sculptilibus suis ad emulationem eum*

25 *prouocauerunt.* Vnde in îro abGot-pilden reîzton siê în ze fîent-

---

6 sêile: i aus l rad. und verb.   8(r) facit   8/9 eorum *bis is-
rahel*¹ *auf Ras., nach neuem Punkt früherer Punkt noch sichtbar*
11(r) aber: a aus d rad. und verb.   14 îteníúuues: Akut² *sehr klein*
     17 *dîa   18(r) fórderen: e² *aus* o *rad. und verb.*   19 fá-
rendo   20(r) sízzendo: i *aus* e *rad. und verb.*   arcum: ar *auf Ras.*
     25(r) prouocaueř.: auer. *auf Ras.*   *Punkt steht nach* 14 úrchún-
de

4 irridin: *davor* irridon *durchgestrichen*   7/8 in/annilichemo

scéfte. *Audiuit deus . i . aduertit ! deus.* Do téta des Got alles uuára.   59

Vnde uuiêo do? *Spreuit ualde israhel . et ad nihilum redegit.* Do

ferchôs er sie harto . unde brâhta siê ze niehte. *Et repulit taber-*   60

naculum silo . tabernaculum suum . ubi habitauit in hominibvs.
                          kezêlt
5 Vnde stiêz fone îmo daz tabernaculum daz in silo uuas . dâr er

an ménniscon nals in gezelte gesâzze hábeta . noh îmo ne-uuas   S553

daz kádem mâre . do er dero ne-ruôhta . umbe die iz kemáchot
             pi dêmo êuuarten heli
uuas. Daz kescah sub heli sacerdote. *Et tradidit in captiuitate*   61

uirtutem eorum . et pulcritudinem eorum in manus inimici. Vnde fer-   P322

10 santa er in éllende unde in fiendo hant . iro chraft . unde iro scô-
     Gotes archa
ni. Daz uuas arca domini . dîa in allophili nâmen. *Et conclusit in*   62

gladio populum suum . et hereditatem suam spreuit. Vnde behálbota

mit suerte sînen liût . unde ferchôs sîn erbe. *Iuuenes eorum come-*   63

dit ignis . i . ira bellantium . et uirgines eorum non sunt lamentate. Iûn-

15 ge man fertîligota der uuîg . iúngiû uuîb kenómeniû ne-uuêi-

nota niêman nâh site . mánnelih uuas îmo selbo mêr. *Sacerdo-*   64

tes eorum in gladio ceciderunt . et uiduę eorum non plorabuntur. Ofni un-
                        des êuuarten súne
de finees filii heli lâgen in uuîge . noh sâr iro uuîteuua déro eî-   S554

niu án demo chint-pette irstarb . ne-uuúrden geuuêinot. Daz

20 ke-meîna leîd ne-liêz siê. *Et excitatus est tanquam dormiens dominus .*   65

tanquam potens crapulatus a uino. Do uuard truhten sámo

so slâfender eruuécchet . samo so mahtig man . uuînes trúnche-
                          sin Geîst
ner. Vuér getórsti fóne Góte so sprechen ane *spiritus eius?* Er geduô-
          slâffin
hta *allophilis dormire .* dô er în sólih gehángta . unda sie chaden .
   uuar ist nu îro Got
25 *VBI EST DEVS EORVM?* Er iruuácheta áber . unde sceînda în daz sâr.

•
1 (::) alles *auf Ras.*   9 (r) pulcritudinem: it *auf Ras.; über* r *zwei*
kleine rote Punkte   20 ē tanquā *auf Ras.*   *Punkt fehlt* 17[1] 24[3] 25[2]

8 dèmo: *unter* o *Art Punkt (zur Tilgung?)*

Et percussit inimicos suos in posteriora. Vnde stuônt ûf . unde 66
    ân den âfterin   diû âfterin
sluôg sie in posteriora. Ziu? Vuanda sie mînnoton posteriora .
       also des âfterin mist Gotes peneîmeda
diû în dunchen solton uelut stércora. So uuélee testamentum
           pôsheit   Gotes archa
dei inphâhent unde doh uôbent uanitatem . die sezzent arcam dei
  âbkotin   bôsheit
5 zuo diên idolis . déro uanitas uuîrt irféllet also dagôn téta . S555
    Gotes archa ih meîno diê toûgeni dero binêimedo daz daz hîmel-rîche ist
aber arca dei . secretum scilicet testamenti . quod est regnum cęlorum . P323
 diû uuêret iêmer
manet in ęternum. *Opprobrium sempiternum dedit illis.* Euuîgen

îteuuiz cáb er în . uuanda so scántlîcho ánderen ne-gescáh.

Et repulit tabernaculum ioseph . et tribum effrem non elegit . °sed 67 68
10 *elegit tribum iuda . montem syon quem dilexit.* Vnde Got ne-
         den alten liût erdîna
uuolta ioseph noh effrem . er ne-uuolta uetustum populum terre-
  lôna suôchintin   beiêhintin   niûuuen liût
na pręmia requirentem . nube iudam uuolta er . nouum populum uuol-
    himilisca lona fôrderontin uuart-perch ih meîno christenheit an diê
ta er . cęlestia desiderantem . unde montem syon . ęcclesiam futura pre-
chûnftigin lôna uuartenda mârero uuîrdo   fûre gezû- S556
mia speculantem. Ioseph uuas pręclari meriti . effrem uuard pręla-
chit
15 tus fóne iacob sînemo bruôder manasse . uuaz uuirt dánne
           iûdono liût
an în so náme-háften fer-nómen . ane áller iudaicus populus? Vuan-
  uuidir-mazzon
da uns Got in parabolis zuô sprichet . pediû sîn fernumstig sî-
nero uuôrto . diû eîn chédent . ánder bezeîchenent. *Et edifica-* 69
uit sicut unicornium sanctificium suum . i . sanctificationem suam . *in terra*
20 *quam fundauit in sęcula.* Vnde zîmberota sîna heîligunga . ge-
licha demo eînhúrnen in démo lande . daz er ze êuuon gefe-
     christenheit ûffin steîne ke-grûnt-sellot   uuiêch uuerch
stenota. Sancta ęcclesia ist supra petram fundata . in déro ist sîn sanctificium
 Gotes liût   kelîh eîn-hurnin fóne eîniclichero gedingi
populus dei . fóne unica spe similis unicornuo. *Et elegit dauid ser-* 70
uum suum. Vnde eruuéleta dauid sînen scálg . fûre ioseph un-
           scalch
25 de fûre effrem. Christum eruuéleta er . den er seruum heîzet . umbe S557

---

4 arcā: *zwischen c und m-Strich Ansatz einer Oberlänge*   8 uuanda:
links unter u² *kleiner Tintenfleck*

5 âbkotin: k *aus* h *verb.* 12 beiehintin: ei *auf Ras.* 13 himilis-
ca: li *aus* sc *verb.*

daz pilde des scalchis .i.pars.i.retro
forma serui. *Et sustulit eum de gregibus ouium . de post foetan-*
tes accepit eum .°pascere iacob seruum suum . et israhel heredita-
tem suam. Vnde nâm er în fóne diên scâfchutten . nâh dien oúuuen
gántin inphiêng er în. Vuara zuo inphiêng ier în? Pascere ia-
5 cob seruum suum . et israhel hereditatem suam. Den liût fúre diû scâf ze
uuêidonne. Vuanda oúh CHRISTVS nu fóne iudeis ke-námen ist . unde
     dero diêto herta
er gentium greges hâltet. *Et pauit eos in innocentia cordis sui.*

Vnde diê hâltet er in dero únsundigi sînes herzen. Vuer ist so in-
únsúndich
nocens so CHRISTVS? *Et in intellectibus manuum suarum deduxit eos.*
10 Vnde lêita sie in diên fernúmesten sînero hando . daz chit sînero
   fernúmeste
tâto. Iro intellectus sint sine tâte . fóne diû chédent siê îmo zuô .
gib mir fernûmist sô scrôdon ih din êa.
DA MIHI INTELLECTVM ET SCRVTABOR LEGEM TVAM.
     Gotes sámenunga
PSALMVS ASAPH. Congregatio dei chlágot hiêr die deso-
stôrida dero burch ioh des Gotes hûsis
lationem ciuitatis ierusalem et templi dei . diû be antiocho gescáh .
   an demo sibinzegosten drittin salmin
15 also dar fore in septuagesimo tertio psalmo diû bechlâgot
      daz êrra buôch
uuirt . diû be tito uuard . unde be uespasiano. Die librum primum
machabeorum gelésen hâbent . dien ist sî chúnt.
DEVS VENERVNT GENTES IN HEREDITATEM
tuam. Got réchare sih iz . gentes sint chámen in
     in irgánginimo zîte
20   dîn erbe. Daz ist kesprôchen in tempore preterito
in dero stal . diê iz noh do lîden solton . also ouh anderes-uuâr
chúnftigen dingin sie gâbin mir gallun ze ézzenne
fone futuris kescrîben ist . DEDERVNT IN ESCAM MEAM FEL.

Polluerunt templum sanctum tuum. Siê hâbent peuuóllen dîn heîlig
     diê leîtsami âbkoto
hus. Sie hâbent dâr în brâht *abominationem idolorum* . unde nô-
   opheron suînin fleîsc
25 tent unsih *immolare carnes suillas*. Ouh mag iz fer-námen uuér-

                    in christis samenungo an dêmo zîte dero āhtungo
den fóne diên . die in sancta ęcclesia tempore persecutionis mit chélî
                                                       mit riúuuo
genôtet uuúrden Gótes fer-loúgenen . diê sîd sume in pęniten-
tia mit Góte sih besuôndon. *Posuerunt ierusalem ut pomorum cu-*
stodiam. Siê máchoton ierusalem also uuôsta . also dîe húttun
5 déro óbazo diê man in demo boûmgarten tuôt . diû danne
ôde stat . so daz óbaz in gelésen uuirt. *Posuerunt morticina seruorum*
tuorum escas uolatilibus cęli . carnes sanctorum tuorum bestiis terrę. Siê gâ-
ben dînero scálcho bótecha . unde dînero heiligon flêisg ze za-
nonne fógalen unde diêren. *Effuderunt sanguinem ipsorum tamquam*
10 *aquam . in circuitu ierusalem et non erat qui sepeliret.* Sîe liêzzen
uz iro bluôt . samo undûrlîcho so uuázzer . umbe ierusalem .
unde der ne-uuas . der sie begruôbe. Inne unde ûzze sluôg man
sie in dero búrg . unde umbe dîe búrg . unde dar lâgen siê umbe-
grábene. *Facti sumus obprobrium uicinis nostris . subsannatio et irri-*
15 *sio his qui in circuitu nostro sunt.* Vuir bin uuorden îteuuiz un-
seren gebûren . násesnûda unde huôh diên . diê umbe ûnsih sint.
Vsquequo domine irąsceris in finem? . i . noli domine irasci in finem. Vuieo lan-
go trúhten irbílgest dû dîh sô in énde? *Accendetur uelut ignis*
zelus tuus? Vuieo lango uuirt in-zúndet dîn ándo? niêo trúhten
              zorn
20 nesceînest du dîna ábolgi . unde dînen anden an énde. Ira siêhet
   ze gericche   ando   ze dero êisco.reîn-lîchamin ioh sêl-reîni
ad uindictam . zelus siêhet ad exactionem castitatis. Vuéliû ist diû
             niê diû sêla iro hérren êa ferchiêse. noh sie fóne iro Góte huðruuerch tuondo sih
castitas? *Ne anima legem domini sui contemnat . et a deo suo fornicando*
selbun ferliêse
dispereat. *Effunde iram tuam in gentes quę te non nouerunt . et in regna*
quę nomen tuum non inuocauerunt. Kiûz ûz din zórn an diê diê-
25 te . die dih ne-bechénnent . unde an diû rîche diû dinen námen á-

3(r) besuôndon: o² *auf Ras.*   4,5 *dîa   5 dêmo: *Akut durch Punkt darüber und*
darunter getilgt   6 gêlesen   12 sluôg man: g *und* m *oben durch*
Strich verbunden   13 *dia   *Punkt fehlt* 10¹ 11²

na ne-hárent. Die ne-hêina bechénneda Gótes ne-uuéllen háben .

ze dien laz dir zorn sîn. *Quoniam comederunt iacob et locum eius deso-*

lauerunt. Vuanda siê frâzzen iacob . nah in súmeliche chêren-
   mit trôon ioh mit prúttinon
do minis et terroribus . unde légeton uuuôste sîna stat . also ez
                                             samo óbez-hútta
5 fóre chit . VT POMORVM CVSTODIAM. *Ne memineris iniqui-*

tatum nostrarum antiquarum. Vnserro alton unrehto . diû uns fóne

parentibus chomen siNT ne-irhugest dû . uuanda uns ioh déro niú-

uuon ze filo ist. *Cito anticipent nos misericordię tuę.* Sliêmo fúre fán-
                                             ze über-teîledo
goen únsih dîna gnâda mit ablâze . êr uuir ad iudicium brâht

10 uuerden. *Quia pauperes facti sumus nimis . s . iusticię.* Vuanda uuir

harto guôtelôse bîn. *Adiuua nos deus salutaris noster.* Hilf uns
                                         arme   ioh unchreftig
Got únser haltare . uuanda uuir pauperes unde infirmi bîrin.
                 selb-uualt
Doh uuir eigin liberum arbitrium . uuir ne-múgen doh nieht

inbéren dînero helfo. *Propter gloriam nominis tui domine libera*
                                                     daz der der sih ruôme
15 *nos.* Lôse únsih umbe dîa guôllichi dînes námen . *vt qui gloria-*
        an Gote nals an imo selbemo sih ruôme
tur non in se ipso . sed in domino glorietur. Et propitius esto pecca-

tis nostris propter nomen tuum. Vuis knâdig únseren súndon . um-
                            in-gáltnisse
be dînen námen . nals umbe únsih . uuánda uuir ne-háben gefrê-

htot ánder an supplicia. *Nequando dicant in gentibus ubi est*

20 *deus eorum?* Niêo diête ne-chéden . uuâr ist íro Got? unde sie uuâ-

nen daz Got ne-sî . alde úbe er sî . daz er diên sînen ne-hélfe. *Et*

innotescat . s . uindicta in nationibus coram oculis nostris. Vnde in

diêtin uuerde geêiscot der gerîh . so . daz uuir in gesêhen eîn-
          in gericche   in riûuuo   fluoch
uuéder in ultione alde in pęnitentia. Noh daz ne-ist maledicti-
                 fore-sâga
25 o nube prophetatio. *Intret in conspectu tuo gemitus compedito-*

---

7 parentibus *bis* uns *auf Ras.*   uns: *langes s aus d rad. und verb.,
danach e rad.*   9 *dîne   17/18 umbe: *unter b schadhafte Stelle im Pgm.*
19 *âne   *Punkt fehlt* 1² 18¹

24 fluoch: *über c Ansatz einer Oberlänge*

rum. Fúre dih chôme der sûftód dero gedrúhoton. Dih irbármee

uuiêo nôt în sî in uinculis. Sélbiu diû corruptibilitas corporis

ist suâre druôh . in déro álle guôte sûftont. Den sûftod pechén-

ne dû. *Secundum magnitudinem brachii tui . posside filios mortifica-*

5 *torum.* Nah déro micheli dînes keuuáltes pesîzze déro irslá-

genon chint. Iro áfterchômen uuerden ge-mánigfaltot nah dî- S563
        diû ahtunga   uuáhsin   zeirgán
nero chrefte . daz persecutio ge-tuôe Christianos pullulare nals perire.

Redde uicinis nostris septuplum in sinum eorum. Kíb síbenfalt in íro   *12*

buôsem unseren gebûron. Kib in toûgeno in íro herzon . fóllechlí-
                                 in âuuerfigen sín
10 chen lôn . uuirf sie in reprobum sensum. *Improperium ipsorum quod ex-*

probrauerunt tibi domine. Kilt ín dén íteuuiz den siê dir táten. Náh diên

uuorten állen gescah antiocho. *Nos autem populus tuus . et oues gre-*   *13*

gis tui confitebimur tibi in seculum. Aber uuir dîn liût den   P328

sie tîlegon uuolton . unde scâf dînero herto iâhen dir iêmer .

15 unz in énde déro uuerlte. *In generatione et generatione adnun-*

tiabimus laudem tuam. Vuir chúnden dîn lob in gebúrte un-

de in gebúrte . uuanda in énero uuerlte dâr man Got siâhet si-

cuti est . dar ne-chúndet niêman Got ándermo.

IN FINEM PRO HIS QVI INMVTABVNTVR TESTIMO-   *1*
20 *NIVM IPSI ASAPH PRO ASSIRIIS.* An christum râmet di-

ser psalmus . umbe die gesúngener . díe ín daz pezzera geuuéh-   S564

selot uuerdent . úrchunde dero uuarheite selbero synagoge
                                         uuîn-garto.daz ist christenheit
des dinges . daz CHRISTVS chômen sol . unde sin uinea ecclesia sancta sol
        keflánzot   diê sih kerihtente
uuerden plantata. Ouh kesúngener umbe dirigentes . daz uuir
                          daz chúnne daz sîn herza ne-rihta
25 ne-sîn . uuir sin *generatio que non direxit cor suum.*

3(r) guôte: e *aus* o *rad. und verb.*   5(r) micheliu: u *rad.*   13(r)
seculum: u² *aus* a *rad. und verb.*   14(r) dir: di *aus* ie *rad. und verb.*
    18 *oben nach* ándermo. *roter Ansatz einer Oberlänge oder Majuskel (des
I von* IN, *Z. 19 ?)*   25 sîn: *Zkfl. auf schadhafter Stelle im Pgm. oder
auf Tintenfleck*

24 keflánzot: *davor* g *durch Strich darüber getilgt*

QVI REGIS ISRAHEL INTENDE. Du israhel   *2*
rihtest . sih únsih ána . sceîna uns dîna gnada . irrîn
uns niûuuiû sunna. So chît der sîn bîtet . den sîn
             sih rihtinde ist
lánget . der dirigens ist. *Qui deducis uelut*
5   *ouem ioseph . qui sedes super cherubim appare.*

Dû ioseph leitost also scâf . unde an cherubim sízzest . oûge dih
                     den geloûbigen liût   folli
incarnatum. Du-der leitest fidelem populum . unde an plenitudine
       geuuizzedo
scientię sízzest . du chum hara ze úns. *Coram effraim beniamin*   *3*

et manasse. Ouge dih fóre iudeis . fore israhel . dâr effraim benia-
10 min . unde manasses sint. *Excita potentiam tuam et ueni . ut sal-*   P329 S565

uos facias nos. Vuécche dîna maht . scêina sîa . unde chum . daz

du unsih háltest. *Deus uirtutum conuerte nos.* Got déro túgedo   *4*

bechêre únsih zuo dir . uuanda uuir dána bechêret uuâren

fone dir. *Et ostende faciem tuam et salui erimus.* Vnde ouge dîn
                          ánasiûne ménniscin
15 ánasiune . unde so gnésen uuir. Ze êrist faciem hominis . dára nah
            an-siûne Gótehefte
sô is zît uuerde . faciem deitatis. So uuérden uuir gehalten. *Domine*   *5*

deus uirtutum . quousque irasceris super orationem serui tui? Trúh-
ten Got déro túgedo . so dû dánne chúmest . uuieo férro bil-
                        úbirtaîlare
gest du dih dánne . sámo so fáter nals iudex . ze dînes scálches
             dina figinda
20 kebéte? Vuir uuâren inimici . so uuir áber besuônet uuerden

uuieo inchîst du uns dánne déro uuorto . diû du unsih lêrest .
 nie ne-lêitest du unsih in ursuóch
NE INDVCAS NOS IN TEMPTATIONEM? *Cibabis nos*   *6*

pane lacrimarum . et potum dabis nobis in lacrimis in mensura.

So inchîst dû uns daz du unsih âzzest unde trénchest mit trâ-
25 nen be mézze. So lâzzest du únsih uueînonte uuerden tem-

6(r) dih: d *aus zweitem Strich eines sonst rad.* n *verb.*   8(r) scien-
tię / sízzest: *Ligatur* st *aus* t *rad. und verb.*   du *aus* diû *rad.
und verb.*   24 daz: *über a Art Punkt*   *Punkt fehlt* 17

pesuôhte daz du unsih fruôtest nals pit[t]eppest
ptatos . ut erudias non opprimas . nah diên uuorten Pauli . FI-   S566
ketriûuue Got der iûch ne-lâzzet ferror pesuôchet uuerdin
DELIS DEVS . QVI NON VOS PERMITTIT TEMPTARI . SV-
   danne ir iz irlîden mûgint
PRA QVAM POTESTIS FERRE. *Posuisti nos in contradicti-*

onem uicinis nostris. Hábest unsih kesézzet . chît asâph . únseren ge-
             diêtin   also
5 bûren in uuîder-sprâcha. Ze gentibus santost dû únsih . quasi
 lamp under uuolfa
 agnos inter lupos. Diên sâgeton uuir Christum . sie châden áber.
uuer ist dirro niûuuero tiêfelo chúndire
QVIS EST ISTE NOVORVM DEMONVM NVNTIATOR?

Et inimici nostri subsannauerunt nos. Vnde únsere fîenda huôton   P330
        ûnsirin Got tôtin irstândin sîn
unser . daz uuir châden mortuum resurrexisse. Vnde daz uuard
    uuîdir-sprâcho   geâzzit mit prôte
10 ze sólchero contradictione . daz uuir cibati uuúrden pane
 dero trâheno ketrênchet mit trâhenin pi mêzze
 lacrimarum . unde potati in lacrimis . aber doh in mensura.

Domine deus uirtutum conuerte nos . et ostende faciem tuam et salui erimus. 8

Daz stat fóre. *Vineam ex egypto transtulisti . eiecisti gentes et plan-* 9

tasti eam. Vuînegarten ûzzer egypto ferfuôrtost dû . umbe

15 den stîezze dû ûz tiête . unde flánzotost ín. Etheos gergeseos   S567
eueos amorreos iebuseos stiêzze du ûz . unde rûmdost îmo. *Vi-* 10

am fecisti in conspectu eius . et plantasti radices eius et imple-

uit terram. Vueg in sînero gesîhte tâte dû . unde flánzotost sî-

ne uuúrzella . unde irfúltost sin dîe érda. Gens iudea . saz fóne
     michelin sê.ih meîno den mitte-mêre
20 iordane unz an mare magnum . so uuiêo ételiche énont iorda-

ne sâzzin . aber der sîdero uuînegarto . der fone énemo iruuuôhs .
     ánigênne des uuîn-garten ze sêuue.anderhalp ze dero âho
irfúlta diê erda. Initium uineȩ giêng ad mare et ad flûmen.

Anagenne des uuînegarten . ze sêuue . ánderhalp ze déro âho.
daz ende des iúngeren.fone mêre ze mere unde fone indiȩ âho unz an uuerlt-rîchis
Finis kieng a mari usque ad mare . et a flumine usque ad terminos
  ende.
25 orbis terrarum . unde fone diû uuard diu erda sin irfúllet. *Operu-* 11

19,22 *dia *Punkt fehlt* 4^2 4^3 21^1 21^3

20 sêh 22/23 *Glosse und Text, Z. 23, sind fast buchstäblich identisch (vgl. S. 272, den 2. Apparat, zu 3); daß die Gl. hier auch in den Text geraten ist, wird durch das Fehlen von* giêng, *Z. 22, im Haupttext bewiesen*

                                                   ih meîno
  it montes umbra eius . et arbusta eius cędros dei. Sîn scáto idest pri-   R293
  des altrin uuîngartin   hôhfatera unde diê fôre-ságin
  oris uinee bedáhta diê berga . ich meîno patriarchas et prophetas   S568
                             ih meîno mázziche gelouûbige
  und sîniu smáleholz . mediocriter fideles . diê Got máchota sîne
  hôhpoûma daz chit hôero uuirdo ménniscin
  cędros . altissimi meriti homines. *Extendisti palmites eius usque ad*   12

5 *mare . et usque ad flumen propagines eius.* Des uuîngarten zougen   P331
                       michel mêre
  ráhtost dû unz án mare magnum . daz dâr bî ist . unde sîne flán-
                  iordanis âha
  za an flumen iordanem. So man álte réba iûnget . unde man
                                                    férrebiêga
  sie biêgendo in dîa érda begrébet . so heîzzent siê propagines a
       .uel.pagando
  porro pangendo . daz chît fone hina récchenne. Sîd dû în flán-

10 zotost . uuiêo fuôr iz do so? *Vt quid destruxisti maceriam eius . et uin-*   13
  demiant eam omnes transeuntes uiam? Zîu zâre dû dô dána sîna fé-
  sti . mit déro er begángen uuas? unde ziu uuîndemont în nû be
                                    ih meîno zîtlicho
  diên sculden . álle hîna îro uuég fárente? idest temporaliter do-
  hêrisonte
  minantes. *Deuastauit eam aper de silua . et singularis ferus depa-*   14

15 *stus est eam?* Zîu hábet în nú iruuuôstet der éber ûzzer uualde .
                   diêtin
  titus ûzzer gentibus? Vnde der eînluzzo uuîlde bêr . der mit dé-   S569
                                              Rômo súnder-fúrsto
  mo suáneringe ne-gât . hábet în sús frézzen? *Romanus princeps*
          iêgelih úbermuôto
  unde omnis superbus . der ándermo sînero genôzscefte ne-iiêhet .
         sûndir-èbir
  der ist singularis. *Deus uirtutum conuertere.* Got dero túgedo uuirt   15

20 pechêret ze genâdon doh iz so gefâren sî. *Respice de cęlo et ui-*
                                     o
  de et uisita uineam istam . et perfice eam quam plantauit dextera tua.   16
  Vuarte fone hímele . unde sih an dîsin uuîngarten fóne énemo
  chómenen . unde uuîso sîn . unde fólletûo în . den dîn zeseuua
                                            diê heiligun sámenunga
                genôtzogitûn
  CHRISTVS flánzota. Sîd dû synagogam ferzórn eîgist . stâte sanctam ęcclesiam.

25 *Et super filium hominis quem confirmasti tibi.* Vnde gefóllechli-

---

11 uiam?: *Schleife des* ? *schwarz vorgezeichnet, dann rot nachgezogen*
    13 diên: *zwischen den Strichen des* n *Ras.*   15(r) iruuuôstet: ir
  auf Ras.   18(r) iiêhet: ii *auf Ras., davor Ras.*   *Punkt fehlt* 18²
    24³

cho în ûffen des ménnischen súne . den du dir habest keféste-

not . unde ze fundamento geléget . fone demo gescríben ist . FVN-
   ander fúndement ne-mach niêman lêkkin âne
DAMENTVM ALIVD NEMO POTEST PONERE . PRETER
daz-dir noh iêo geléget uuas daz ist der háltendo christ.
ID QVOD POSITVM EST . QVOD EST CHRISTVS IESVS. *Incensa igni*   *17*

5 *et suffossa . ab increpatione uultus tui peribunt.* Fóne déro irráf-

sungo dines ánaliûtes . uuérdent ferlóren diû zuei . fone diên
                kelûst unde forhta
alle sunda chóment . cupiditas unde timor. In-zúntiû ding   S570
          kelûste   forhtun minna lûst
fone fiûre sint cupiditates . úndergrábeniû sint timores. Amor
       kuôte   úbele   minnehaft
zundot ich bonos ich malos. Dû bíst amans . umbe daz . daz dir
                   ubil minna   kuôt minna
10 uuola si . daz ne-gíbet dir niêht amor malus . nube amor bo-
             fórhtig
nus. So bist du oûh timens umbe daz . daz dir uuê ne-sî . daz ki-
    kuot forhta   ubeliû
bet bonus timor . nals malus. Fliêh diê zuêne die úbel sîn. Ke-

halt zuêne diê guot sîn . unde habe GOT hólden. *Fiat manus*   *18*

tua super uirum dextere tuę . et super filium hominis quem confirma-

15 *sti tibi.* Vber dên man dînero zéseuuun uuérde irbóten dîn
    ze folle-uuôrchti des uuîn
hant . ad perfectionam uineę . unde uber MARIVN sún . dên dû dir
                        eînichlicho liêbin
geféstenotost uuésen   únice dilectum. Vnde dáre nâh ne-sceîden

uuir fóne dir. *Viuificabis nos et nomen tuum inuocabimus.* An   *19*

ímo irchícchest dû únsih . unde bediû ána háreen uuir dînen
                             erda   Got
20 námen. Vuir uuáren do tôt . dô uuir terram minnoton . nals deum.   S571
                                     den líb des ínnirin
An îmo irniûuuost dû únsih . unde gíbest uns *uitam interioris*
menniscen
hominis. Domine deus uirtutum conuerte nos . et ostende faciem tuam et sal-   *20*

ui erimus. IN FINEM PRO TORCVLARIBVS QVINTA

SABBATI . PSALMVS ASAPH. **B**abtismum . daz chît quin-

25 ta sabbati ist sang . daz chit psalmus kesúngener selbemo asaph .

---

4 EST[1]: T *aus Ansatz von* E *rad. und verb.*   15(r) zéseuuun: e[2] *aus* u
rad. und verb.   16(r) MARÎVN *auf Ras.*   17 *vor* Vnde *fehlt: Et non*
discedimus a te. (Vgl. Vulg., A, C, usw.)   19 hareen: a *aus* e *rad.*
und verb.   24 Babtismum: b *aus* p *rad. und verb. (!)*   *Punkt fehlt*
5[1] 24[3]

16 *uuîngárten   22 menniscen: e[1] *aus* i *verb.*

                     frôno   sámenungo
selbero dominicę congregationi an christum séhender. Vuâr úm-
                                tórzilhus
be gesúngener? Vmbe die torcularia . mit dien daz oleum gesê-
                              in óle-chéllire   óle-truósin
uuenot uuirt tougeno in gemellarium . unde a-murca ge-
                ze strázzo
chêret uuirt in plateam. Vuéliu sint diu torcularia? Daz sint
frèssa
5 pressurę sanctę ęcclesię . mit diên alle die . diê-dir getoûfet sint . boni et
                                                                 daz
mali . besuôchet uuerdent . unde gesceîden uuerdent . ut re-
die guótin gehalten uuerden also diz óle.unde úbile feruuórfin also óle-truósin
seruentur boni uelut oleum . et proiciantur mali uelut amurca. Quin-
tôniristac   getóufte
ta sabbati zeîgot uns fóne diû baptizatos . daz des tages a-
           lîbhâftiû ûzzer uuázzere gescáffen
           nimalia ex aquis creata uuúrden.

10   E XVLTATE DEO ADIVTORI NOSTRO. Fréuuent
           iûh Gote ze êron iûuuérmo helfâre . alle die sîn a-
           saph kehêizzene . uuanda iû díser psalmus kesúng-
           gen uuîrt. Iubilate deo iacob. Niûmont îmo . dâr iû
dero uuorto ne-gerînne . daz ir doh so scêinent iûuuera men-
                       búche   bôsheîte
15 di. Vbe andere diênoien uentri . ándere uanitati . sint áber
                                                      Gote hélfâre
ir gedâhtig unde frómuótig deo adiutori. Accipite psalmum
                        keîstlich dinch   uuerltlich dinc
et date tympanum. Inphâhent spiritale . gébent carnale. Psalmvs
                                   hiûte
ist spiritalis . tympanum daz uzzer corio uuirt . daz ist carna-
              uuérltlichon   keîstlichiû
le. Vuésent milte dero carnalium . daz iû Got kebe spiritalia.
                             ube uuir an iû kêistlichiû dinch
20 Vuanda ouh paulus chit. SI NOS VOBIS SPIRITALIA SE-
      sâhen   dunchit iû danne michil daz uuir uuerlt-
MINAVIMVS . MAGNVM EST SI NOS CARNALIA VESTRA
kuót árneiên
METAMVS? Psalterium iocundum cum cythara. Daz eîna

ist uuúnnelîh sáment demo andermo . psalterium sáment cy-
                sáltâre
thara. Psalterium hábet óbenan bûh . dánnan gânt níder diê
                samo   himilsce brédiga
25 seîten . quasi cęlestis pręedicatio . áber cythara hábet nídenan

_____

2 *diu   6 besuōchet: t aus n rad. und verb., danach t rad.   8 vor zeîgot
Oberlänge rad.

7 über uuerden nochmals gehalten   17 uuerltchl: c zu l verb. oder
ein i übergeschr.

                des líchamen uuerch   dero Gotis kebotis predio
bûh . uuanda corporalia opera inchéden suln prędicationi uer-
                                                  saltir-sanch unde timpa-
bi dei. Diz unde daz êrera sint eín . dar ist psalmus unde tym-
        na   salter-sanch
panum . hiêr ist psalterium unde cythara. Daz sáltirsanch hêi-
zet nû in_d<i>ûtiscun rótta . a sono uocis . quod grammatici facti-
5 cium uocant . ut titinnabulum . et clócca. *Canite initio men-*
sis tuba. Plâsent mit hórne so niúuuer mâno si . daz chit no-
den niúuuun líb den brediont paldôr.unde zorftôr.
uam uitam fidentius et clarius prędicate . also ander propheta
          irscrí unde irhôe dína stimma also hórin
chit. EXCLAMA ET EXALTA QVASI TVBA VOCEM
TVAM. *In insigni die sollemnitatis uestrę.* An iúuuermo mâren
                                uuerlt-lícho
10 dúldetâge plâsent. Daz uôbent noh carnaliter iudei. Si fâ-
       an dero êristun luna herbist-mânodis zeichen-haft túltitago
hent ána an primo die septembris mensis . der insignis dies sol-
lemnitatis ist . sáment ín . unde blâsent síben tága . daz ne-uuiz-
                                    daz diû síbin-fáltiga
zende . daz iz in fóne diu uuard kebóten . quoniam septiformis   toufin solta
genâda des hêiligin geístis after állero uuerlte solta gebrediot uuerden dien die man
gratia spiritus sancti baptizandis erat toto orbe prędicanda. *Quia*
15 *pręceptum in israhel est . et iudicium deo iacob.* Fone diû síngent
an ánafange mânodis mit horne
in initio mensis tuba . uuanda lex ist fone moyse gegében
          urteilde   des niúuuen
in israhel . unde iudicium ist ke-gében deo christianorum . noui
liútis   der fâter ne-uber
populi . der mit iacob ke-zeíchenet ist. Er chad. PATER NON
   teílit niêmannin   er gab daz úrteíl al dêmo
IVDICAT QVEMQVAM . SED IVDICIVM OMNE DEDIT
súne   ih cham umbe urteil hêra
20 FILIO. Vnde áber. EGO IN IVDICIVM VENI IN HVNC
in uuerlt daz die-dir niêht ne-sêhint.kesêhent.unde diê-
MVNDVM . VT QVI NON VIDENT VIDEANT . ET QVI
dir gesêhent plint uuérden plinde   kesehente
VIDENT CĘCI FIANT. So tuôt cęcos . ioh uidentes . daz
toúgina dinch des tórclis
mysterium torcularis. *Testimonium in ioseph posuit illud .*
                                    tiête
cum exiret de terra egypti. An ioseph der oûh gentes bezei-
25 chenda ke-úrchundota er daz . dô er fóne egypto fuôr un-

1(r) corporalia: r² aus 1 *rad. und verb.*   6(r) tuba: a *aus* ę *rad. und*
verb.   11(r) septembris: br *auf Ras.*   *Punkt fehlt* 23²

11 berbist   14 toufin solta *steht auch unmittelbar über dem Haupttext*
von Z. 14   22 kesehente: *davor* keh. *durch Unterstreichung getilgt*

Ps 80,6-8

in demo rôten mère
de er in toûfta in mari rubro . in sô lôsende ab ęgyptiis . also
          fone âchustin in dero toûfi
der sîdero liût nu irlôset uuirt a uiciis in baptismo. Dâr ne-
uuard nehein dero ęgyptiorum ze leîbo . noh in únserro toû-
       missetâto   mêrunga
fi dero delictorum. Ioseph chit augmentatio . diû ist Christianorum
uuanda dero ferlazzinun chindo ist michil mêr . danne déro diu den man hâbet
5 quia multi filii desertę magis quam eius quę habet uirum.

Linguam quam non nouerat audiuit. Er gehôrta diê sprâcha . sô
                                              âchustin   diê
er ûzzer egypto chám . diê er ne-chonda. Vuaz ist daz? So der
man án dero toûfi ûzzer dien uiciis chúmet . so gehôret er my-
tougenin dinch
steria . diû ér êr ne-uuissa . so gehôret er . uuâr er sîn herza hâ-
10 ben súle. *Auertit ab oneribus dorsum eius.* Got chêrta dána   S577 ?
sînen rukke fóne déro burdi. Er intluôd ín. *Manus eius in*
cophino seruierunt. Is uuas îmo durft . uuanda sîne hende diê-
noton an chóphenno. C[h]ophinus ist ein chorb . den man brû-
     ze scalch-uuerchen   fúrbin   miston   erda
chet ad seruilia opera . so man sól mundare . stercorare . terram   P336
ûz trâgen
15 portare. So diênont sie alle fore déro toûfi . samo so mit c[h]o-
         uuanda der diê sunda tuôt . der ist sundono scálch
phino . quia qui facit peccatum seruus est peccati . dâr uuer-
dent sie frî. Sâligo der die frîhêit áfter dés pehaltet. *In tri-*   8
bulatione inuocasti me et erui te. In nôte háretost dû mih a-
                                 chorp
na . dô dû lateres máchotost . unde cophinum truôge . dô ge-
                                                      in-uuizze
20 hôrta ih dih. Fóre dînero toûfi . unz dih dîn conscientia dru-
hta . nam ih din uuára. *Et exaudiui te in abscondito tempe-*
statis. Vnde gehôrta dih in tougeni déro dúniste. Vuelero?
   mèris   herzin
Nals maris . nube cordis. Dâr dû angestost . dâr gehôrta ih dih.
Probaui te ad aquas contradictionis. Ih chóreta dîn ze diên
25 uuazzeren déro uuîderchédungo. Vuazzer sint liûtę . also   S578

5(r) uirum: *über* u² m-*Strich rad.*   6,7 *dîa   15(r) tuôfi   so:
o *aus* ie *rad. und verb.*   17 *dîa   20 tuôfi   23 Dâr: Zkfl. *sehr dünn*

8 *diû

übermuôte   rîche
superbos unde diuites uuordene umbe sih selben . ne-uuânent

uuesen rehte . nube christum uuórdenen umbe iûh níderren un-
de écchero-den áhtont réhten. *Eripite pauperem.* Nément in
armen dána. *Et egenum de manu peccatoris liberate.* Vnde

5 lôsent în uuênegen . fone des súndigen hánden . nieô oûh ir
súndig ne-sînt héngendo . unde ne-fólgent in niêht des . daz
ir êiscoent barabbam ze lîbe . christum ze tôde. *Nescierunt neque
intellexerunt in tenebris ambulant.* Síe ne-uuísson déro dingo
                      ube sie áber uuíssîn sô ne-chiûzego-
niêht . noh ne-fernâmen. Si enim cognouissent numquam ma-
tin siê niêht den mahthêite hérrin
10 iestatis dominum crucifixissent. Sie gânt in finstri uuanda síe ir-
blêndet sint . niêht eîn síe . nube ouh ir sament ín. *Mouebun-
tur omnia fundamenta terre.* Dannan uuerdent iruuéget
álliû phúndement déro érdo. Vuanda do uuúrden erdpî-
                                                                     diê
ba . do díse blínde christum chriûzegoton. Alde iz chît . fun-
irgrúntin in uuerlt-sâlidon   ze demo uuundire
15 dati in terrena felicitate uuúrden iruuéget ad ammiratione<m>
dero zêicheno unde ze ríuuuo iro sundon   irblêndit
signorum . et penitentiam peccatorum . do dise uuúrden cecati. Al-
         plindi bescah uber sûm   undir
so pavlvs chad. cecitas ex parte contigit in is-
iûdon   unz-in diû folli   diêto inchâme
rahel . donec plenitvdo gentivm intraret.

Ego dixi dii estis . et filii excelsi omnes. Vos autem sicut homines
20 *moriemini . et sicut unus de principibus cadetis.* Vuieo so iudei?
              Gota bind ir des hóhesten súne bint ír álle
Ih chad . dii estis . filii altissimi omnes estis. Solche uuolta ih iûh .
                                         úzzer ménniscen Gote
solche diê ne-irsterbent . aber ir irstérbent . also ex diis homi-
                                              des
nes uuórdene tuôn súln . unde neuuerdent irhohet ir . so fi-
        hóisten sune solton   irhabini muôtis sámo eîner
lii altissimi . nube ir fallent fone elatione animi . sicut unus
     dero fúrston   daz ist der tiêfel   irráfsunga   íteuuîz
25 ex principibus . i . diabolus. Daz ist increpatio unde exprobrati-
o. *Surge deus iudica terram.* Stant ûf Got fone tôde . unde din-

---

7 (r; *kleiner Strich auf dem Rand*) êiscoent: ent *auf Ras.*   12 terra
          13,14 phúnde ment
                dise b blinde : *dazwischen Loch im Pgm.;* b[1] rad.   21
dii: d *aus* i (?) *verb., darunter Häkchen, schräger Strich auf dem Rand*
     26 terram: *unter* er *kleines Loch im Pgm.*   Punkt fehlt 21[1] 21[4]

16 *zwischen* iro *und* sundon *Art Punkt auf Zeilenhöhe (zu früher Ansatz
des* s ?)   21 Gota: ta *aus* ii *verb.*   22 *úzzer Góte(h) ménniscen

Ps 81,8-82,6
R303

     êrd-púuuen
go uber díe terrenos . die uber dih dingoton . dingo úber siê
  an dêmo iúngesten tâge
in nouissimo die. *Quoniam tu hereditabis in omnibus gentibus.* Vuan-
    alle liûte durh iro gelouba unde minna
da du besizzest omnes gentes per fidem et dilectionem.   domini.

CANTICVM PSALMI ASAPH. **D**az lútrêista sang ist asaph.   *1*
        Gotis liûtis samenungo diê ándrun Gotes chúnft
5   iz ságet congregationi populi dei . secundum aduentum
  D*EVS QVIS SIMILIS ERIT TIBI?* So dû chúmest   *2* S589
    ze úberteilenne   an dero
  CHRISTE *ad iudicandum .* uuer ist dir danne gelîh? In pri-
   êrun chúnfte   scâchârin
  mo aduentu uuâre du ménniscon gelîh . ioh latro-
           in scálchis pilde
   nibus uuare du gelîh . uuanda du in forma serui sci-
        mit kuôllichi
10 ne . so du áber chúmest in gloria . uuer mag danne funden uuer-

  den dir gelih? *Ne taceas neque conpescaris deus.* Sîd dû suigetost
    tougener   òffen-bârer
  do dû *occultus* châme . so du *manifestus* chômêst . so ne-suîge
         urtêilis
  noh ne-uuis stílle dines iudicii. *Quoniam ecce inimici tui sonauerunt.* P343 *3*

  Et qui oderunt te extulerunt caput. Vuanda dîne fîenda fore
                den truhten
15 lútreîste uuâren . unde îro hoûbet anti-christum irhuôben . *quem dominus*
  der haltendo irslâhit mit sînes mundes âtime
  iesus interficiet spiritu oris sui. Super populum tuum malignaue-   *4*

  runt consilium . et cogitauerunt aduersus sanctos tuos. Sie fúnden ár- S590

  gen rât . uber dînen liût . unde dâhton uuîder dînen hêiligon.

  Dixerunt. Sus châden sîe. *Venite et disperdamus eos de gentibus.*   *5*

20 Chóment . sámenôen unsih . fertîlegoen sie fône diêten . daz siê

  furder ne-sîn . under diêten. *Et non memoretur nomen israhel ultra.*

  Vnde furder ne-si geuuáht isrehelis námen. *Quoniam cogitauerunt una-*   *6*

  nimiter simul. Vuanda sie sáment êinmuôtigo dâhton. *Aduer-*

  sum te testamentum disposuerunt. Vuider dir êinunga tâten.
   peneimeda   daz-dir ne-toûg âne
25 Testamentum heîzzet peîdiu . ioh daz . *quod non ualet .* nisi te-
   tôten peneîmedarin iêgelih ke-zumft ioh eînunga
  statoribus mortuis . ioh omne *pactum et placitum* heizzet te-

---

11(r) dir.gelih: über ir.ge *Ras. (der Schleife eines Fragezeichens?)*
   conpescaris: n *und Schaft des* p *aus* m *rad. und verb.* 12 so¹]
So *Punkt fehlt* 4² 20²

12 toûgener: e² *aus* o *verb.*   25/26 tôten / tôten

des eînunga
stamentum. Also iacob unde laban testamentum tâten . daz siê
  lêbinde
ioh uiui uuêren solton. *Tabernacula idumeorum et ismaheli-*   7
te. Moab et agareni . °gebal et ammon et amalech . alienigenę cum   8
habitantibus tyrum. Dîse tâten diê êinunga. Déro námen oû-
                                           daz chit erdîne alde bluôttine
5 gent daz sie Gotes fîenda sint. Idumei terreni uel sanguinei. His-   S591
          in selben lôsinte so êq̱_ih kuôt.ni Gote.nube in sélben uzzer fáti-
mahelitę oboedientes sibi . utique non deo . sed sibi. Moab . ex pa-
re
tre . uuanda sîn muôter geuuán in be iro fáter unmûozhafto.
                  frâm-rêcchen ih mêino   nals mit heimlichemo muôte sunder mit frêmidemo.diê sih oûgent
Agareni . proseliti . i . aduenę . non ciuili animo sed alieno . qui nocen-   P344
          scadônnis falgo fundenero   ûppig tâl   daz chit lugeli-
di occasione inuenta . se ostendunt. Gebal uallis uana . i . fallaci-
cho tiêmuotigh   zôrn-lîch liût   alde trurecheite liût
10 ter humilis. Amon . populus turbidus . uel populus meroris. Amalech
  lecchonde liût   sîne fîenda lêcchont fore îmo die erda.
populus lingens . also iz chît . INIMICI EIVS TERRAM LINGENT.
           andir-uuânnen bûrtige unde bediû sîne figinda   daz chit ángist
Alienigenę . aliunde geniti . et propter hoc inimici. Tyrus . angusti-
       alde arbêit   der tiêfal
a ! siue tribulatio. *Etenim assur uenit cum illis.* Selber diabo-   9
                                                   daz chit
lus cham sâment in. *Facti sunt in adiutorium filiis loth . i . de-*
des âba chêrenten der tiêfal ist aba chêrinde fône Gote sîn êngela sint des aba chêrin-
15 clinantis. Diabolus ist declinans a deo . angeli eius sint filii de-   S592
tin chint.
clinantis . diên chámen siê ze hélfo. Souuáz sie tuôn uuellen .
         der tiêfal   diu chint dero firchûnste
unde iro fater diabolus . des helfent in filii diffidentię. *Fac illis*   10
sicut madian ! et sisarę . et sicut iabin in torrente cison. Fár in al-
                                                         dinch-
so mîte . also dû mîte fuôre madian . der latine heîzzet decli-
reht fermîdente   ûz-trîbo mendi
20 nans iudicium . unde sisarę der exclusio gaudii heîzzet . un-
            der uuîso
de iabin . der sapiens heîzzet nals ze_guote . nube ze ubele .
                    an demo chlingen   iro
diê sîgelôs uuúrden in torrente cison . daz latinę chit duri-   S593
     hêrti   an
cia eorum. *Disperierunt in endor.* Sie uuúrden ferlóren in   11
demo brunnen dero gebúrte   den brunnen ábirburte.i.tou-
fonte generationis . uuanda sie ne-fôrderoton fontem regenerati-
fi
25 onis . in démo sie mahtin gehâltin uuerden. *Facti sunt ut stercus*
terrę. Sie uuúrden gelih démo érdemiste die niêht ne-chondon

---

4 *dia   24/25 regenati/onis   26(r) èrdemiste *auf Ras.*   *Punkt fehlt* 3³ 21³   *Punkt steht nach* 26 chondon

6 *êige ih   9 *nach* falgo *ein Wort rad.*   fundenero: n² *aus* r *verb.*
   12 *nach* bûrtige *Ras.*   20 *vor* fermîdente *Art Punkt auf Zeilenhöhe (zu früher Ansatz des f ?)*

flanzon âne îrdesca geburt. *Pone principes eorum sicut oreb et zeb*   *12*

et zebee et salmana. Sezze iro fursten. Vuieo? Also du iû oreb   P345
             dúrri   uuolf
saztost . der siccitas heîzzet . et zeb . der lupus heîzzet . et zebee
    frûscinch   des uuólfes   scáto dero
der uictima heîzzet. Vues? ane lupi . et salmona . der umbra com-
uuégi
5 motionis heîzzet. *Omnes principes eorum .°qui dixerunt hereditate*   *13*

possideamus sanctuarium dei. Ze sô getanero uuîs uuerdent ferti-

ligot alle îro fúrsten . die zeîn-anderen châden . pesizzen daz
                                           Gótes liut
Gotes uuiêhûs. Vuelee sint daz uuiêhus âne *populus dei*? Den

uuellen sîe iêo gerno beuuénden nâh iro uuillen. Daz ist in-
  îtal lûta   dine fienda lûton
10 anis sonus . dannan iz fóre chit . INIMICI TVI SONAVERVNT.

Deus meus pone illos ut rotam. Got mîner macho siê unstâte îro   *14* S594

râtes . also rád. Alde sus. Rád púret sih after . fornân fallet iz.
                        kuôten   Gótes fienda
Hiêr an diên áfterôsten bonis . stîgen inimici domini . hina fúre an

dien bézzesten fállen siê . dâr gebreste în. *Et sicut stipulam an-*
                                                     liêhtiû
15 *te faciem uenti*. Vnde also den halm fóre demo uuînde. Leuia
  herza   bi-chorungo
corda gib în . daz sie fore temptatione ge-stân ne-múgîn. *Sicut*   *15*

ignis qui conburit siluam . et sicut flamma conburens montes .°i-   *16*

ta persequeris illos in tempestate tua . et in ira tua turbabis eos.
              an ûrtêile   an demo iúngestin dâge
Noh uuânne in judicio . in nouissimo die âhtest dû îro an dîne-

20 mo úngeuuîtere . unde an dinero ábolgi truôbest dû siê . also

égebaro fárendo . so daz fiûr . daz den uuald prénnit . unde

der loûg . der die berga brénnit. An disemo uersu ist eîn per-
   âhtest unde truóbest   in úngeuuîttere unde in ábolgi
sequêris et turbabis . unde ouh eîn in_tempestate et in ira . unde   S595
  in fiûre unde in_loûge   den uualt   úmbirige diê úbermuôtin
in igne et in_flamma . áber siluam fernémên steriles . montes   P346
  perga
25 *superbos. Imple facies eorum ignominia . et querent nomen tu-*   *17*

um domine. Fulle îro ánasiûne mit hônedon . unde so suóchent

---

4 *salmana   12(r) rád: *über Akut Zkfl. durch Punkt darüber und dar-
unter getilgt   Rád: R kursiv geschr. (warum?)   púret: e aus i
verb.   25 querent: über r kleines schwarzes Dreieck   Punkt fehlt* 19

sie dînen namen tróhten. Irfíht sie mit aduersis . dannan ge-
stânt sie fliêhen[t] ze dir. Die daz ne-tuôen . uuaz kescêhe diên?

Erubescant et conturbentur in sęculum sęculi . et confundantur et pereant. 18

Diê sîn scámeg unde truôbe . unde gehônet . unde ferlóren . in

5 uuerlte uuerlte. *Et cognoscant quia nomen tibi dominus.* Vnde 19
                                         der trohten
so bechénnen éne ioh díse . daz dû heîzzest dominus . unde andere
  hêrrin   scálclicho hêrrin   sar hêrrin
domini sint seruiliter domini . unde bediu noh domini ze dir

gebótene. Daz keeîscoien sîe. Vnde uuaz mer? *Tu solus altissi-*
                                                       hôisto
mus super omnem terram. Daz du eîno heîzzest altissimus uber

10 alle erda. Zíu héuent sih danne uuider dir . diê in erdo sint .

unde ioh selben sint erda?   PSALMVS.

IN FINEM PRO TORCVLARIBVS FILIIS CHORĘ   1 S596

An christum siêhet diser psalmus . kesúngener umbe diê tor-
torcul des chálauuin sûnin
cularia filiis calui. Ecclesię dei sint torcularia. Sie sint tor-
                                                         diên fresson
15 cul-hûser. Dar sint ínne Christiani . díe in pressuris mánigero per-
      ähtungon
secutionum getrótot uuerdent . unde dannan uuerdent li-
kelãzzin in Gotes chêllir-faz   des cháliuuin sûne chrucis chint des
quati in apothecas dei. Die sint filii calui . filii crucis . filii   P347
ke-chriuzegotin chint.der an demo cháffe dero cháliuui irhángen uuart
crucifixi . qui in loco caluicii SVSPENSVS EST.

Q*VAM AMABILIA SVNT TABERNACVLA TV-*   2
20 *a domine virtutum.* Vuiêo uuúnnesam dîne here-
birga sint truhten déro chrefte. Vuieo arbêit-
sam hiêr ze lébenne ist . in torculhûsen . uuieo guot   S597
sament dir ze uuésenne ist . dâr ne-hêin
frêssa
pressura ne-ist. *Concupiscit et deficit anima mea.*   3
                                                  in Gotes frîthóua
25 Hína gérot . hína muôhet sih mîn sêla. Vuara? *In atria domini.*
                                          in den uuîn unde in den gesik
Kebréssotez pére . síget fone torculari in uinum et in lacum

---

2 diên.   4 unde[3]: u *auf Ras.*   in *auf Ras.*   5 uuerlte[2]: *über* uu
Akut rad.   7 domini[2]: o *aus Ansatz von* n *verb.*   9(r) altissimus:
t *aus* l *oder langem* s *rad. und verb.*   10 *álla   11 erda.   13
*diû   22(r) torculhûsen: r *aus* l *rad. und verb.*

18 *zwischen* cháffe *und* dero *kleiner Punkt*

unde in Gotes chêller-faz
et in apothecas domini. *Cor meum et caro mea exultauerunt in deum*

uiuum. Sêla unde lîchamo mîn frôuton sih hinnan hina an
     kedingi   frôuuida
den lébenden Got. Spes hábet mir irrécchet die exultationem.

Etenim passer inuenit sibi domum. Vuanda der sparo findet   4

5 imo hûs. Mîn sêla findet noh in himele daz hus . dar sî fúrder

inne sî . also iêo spáro heîme ist. *Et turtur nidum sibi . ubi ponat*

pullos suos. Vnde der túrtut findet imo nest . dâr er lége sîne

iúngen. Mîn lîchamo findet dîa stat . dara er sîniu uuerch zûo

fuôre. Vuéliu stat ist daz? *Altaria tua domine uirtutum . rex mevs*

10 *et deus meus.* Daz sint dîniu altaria hêrro déro chrefte . chúning   S598
              fásta miss-opher
min unde Got mîn. Dára sehent mîniu uuérch . ieiunia sacrifi-
sel-lôsunga unde ál-samelichiû
cia elemosine et cętera. *Beati qui habitant in domo tua.* Sâli-   5
              sâlida
ge . diê in dînemo hus pûent. Beatitudinem habent sie . uuaz

tuônt sie aber? *In sęcula sęculorum laudabunt te.* Iêmer lôbont sie

15 dih. Sie sêhent dih . sie lôbont dih. Des ne-mag sie irdriêzzen

uuanda an diû iro sâligheit ist . daz sie daz tuôn muôzzen.   P348

Beatus uir cuius est auxilium abs te. Sâligo der dina helfa hábet   6

dára ze chámenne. *Ascensus in corde eius disposuit.* Diû helfa

machot imo stégâ . in sinemo herzen. In uuélero regione? *In*   7

20 *conualle lacrimarum.* Hiêr in charetale . in torcularia. Vuara

lêitent siê? *In locum quem disposuit.* In dîa stat . die er gágen in
          in himil-rîche
hábet keréchenot in regnum cęlorum. *Etenim benedictionem*   8

dabit . qui legem dedit. Daz ist fone diû . uuanda der selbo gíbet   S599

noh sâlda . der êr gab keduuînch. Vuaz keschéhet dannan? *I-*

25 *bunt a uirtute in uirtutem.* Sie fárent fone éllenen . ze mêren
        ellin ze dero doûbungo des lîchamin
éllenen. Sie hábeton hiêr uirtutes ad refrenationem carnis . té-

---

3 *dia 13(r) Beatitudinem: B aus E *rad. und verb.* 20 (r) chare-
tale] choretale: o *aus* a *rad. und verb. (!)* 21 *dîa Punkt fehlt 20²

```
                        niûuuer éllin
        ret chúmet noua uirtus. Vuéliu ist daz? Videbitur deus deorum
                                       daz ist.chraft an-scóuuungo
        in syon. Daz ist chraft ánscouuúngo. Virtus contemplatio-
                                     also ir getân ist           in dero
        nis. Deus Christianorum ouget sih in . sicuti ist. Vuar? In syon . in
        himiliscun ána-sihte frídis
        celesti ierusalem. Domine deus uirtutum exaudi orationem meam . auribvs         9
    5   percipe deus iacob. Truhten Got állero chrefto . gehôre min gebét .
                                         hindirscránchâre Got-anauuártâre
        fernîm iz Got iacobis . unde tûo mih ûzzer iacob israhelen.
                  so ûffen uuarto Got állero Goto irscîne
        Vuanne? Cum apparuerit deus deorum in syon. Protector noster a[s]-              10
        spice deus. Vnser scérmare Got sih ze úns. Vuâr ist der scérm?
        undir demo scátuuue dinero féttacho
        Sub umbra alarum tuarum. Et respice in faciem christi tui. Vnde               S600
    10  sih an dînen keuuiêhten ánasiûne. Daz chît. Duô unsih kesê-
                    líchamhaftin daz uuir múgin fone einero guôttâte ze ándirro fârin
        hen christum incarnatum . ut possimus ire a uirtutibus in uirtutem.           P349
        Quia melior est dies una in atriis tuis super milia. Vuanda eîn                11
        dag pezzer ist in dînem hóuen danne dûsent hiêr. Hiêr hértoNT
        tag unde naht . an diên áltent die ménniscen . sament dir ist
    15  ein tag . an démo niêman ne-altet. Ne-ist dánne dâr der dîno
        bezzero . danne hier manege? Elegi abiectus esse in domo dei me-
        i . magis quam habitare in tabernaculis peccatorum. Ih uuîle ger-
        nor uuésen feruuórfener ín demo Gótes hûs . in dero ecclesia . in
        torculari . so daz ih dâr iêo doh ínne sî . danne guôllih uuésen
    20  ûzzenan . in déro sundigon hérebergon. Ziu? Quia misericordiam et              12
        ueritatem diligit deus. Vuanda Got mínnot knâda unde uuârheit .
                   kerim-uuílligin ablar    demo riûuuontin
        ze êrist kébendo uoluntariam indulgentiam penitenti . dara nâh
        fore geheîzzena corona démo sigenemin
        promissam coronam uincenti . also er paulo téta. Gratiam et gloriam          S601
        dabit dominus. Knâda unde guôllichi gîbet Got. Knâda also pau-
                    Gotis kenâdon pin ih daz ih pin
    25  lus chad. GRATIA DEI SVM ID QVOD SVM. Kuôllichi al-
                       mir ist chúnftig           rehtis
        so er aber chad. SVPEREST MIHI CORONA IVSTITIE.
```

Punkt fehlt 5³

2 ist die Glosse in den Text geraten? Vgl. S. 292, den 2. Apparat, zu
22/23   3 *er   9 scátuuue: u² aus e verb.   11 *fârin   22
*kèrn   25 nach Gotis Oberlänge (zu früher Ansatz des k ?)

Non priuabit bonis ambulantes in innocentia. Cuôtes ne-beteîlet 13
           râuua êuuichêit úntôdigi
er únsundige. Vuaz ist daz er în gíbet? Requies . ęternitas . inmor-
    únlîdigi
talitas . inpassibilitas. *Domine deus uirtutum . beatus homo qui sperat in*

te. Sâligo der sih ze dír fersiêhet . Got déro túgedo. *IN FINEM* 1
5 *IPSI CHORE.* **A**n dáz ende lêitet únsih díser psalmus . P350
            uuârheit
dár uuír nieht fer-írron ne-múgen . uuanda an îmo ueritas S602
        des châliuuin chíndin
ist . kesúngener *filiis chore . filiis calui .* des uuír huôn ne-súln .
           irgangenlicho
fóre demo uuír áber uueînon suln. Er sínget uns in preterito
  chum-ftic chúmftigiû dinc
daz noh dô futurum uuas . uuanda álliû futura Gote sint prę-
         ferfâriniû
10 **B**ENEDIXISTI DOMINE TERRAM TV- terita. 2
am. Ze guôte gechâttost du dîna erda christe . dîa dû
nascendo an dih nâme. Also dâr ána schînet. *Auerti-*
tisti captiuitatem iacob. Hábest dána geuuéndet dî-
          ih ke-
nes liutes éllendunga. Fóne dero paulus chît. *Vide-*
sieho minis lîchamin ęa uuíder brechinta mînis muôtis.
15 *O LEGEM CARNIS* MEĘ *REPVGNANTEM LEGI MEN-* S603
 êo unde sieho sia mih fuôrin ellenden an dero êo
TIS MEĘ *. ET CAPTIVVM ME DVCENTEM IN LEGE*
dero súndo diû an mînen liden ist
PECCATI QVĘ EST IN MEMBRIS MEIS. Vuannan
          adâmis
cham diû lex peccati in membra? Fóne déro êrestun trans-
úberstephido   úzzero ménnisco
gressione. Der exterior homo ne-uuurde niêmer uuíder-hô-
    demo innirin menniscin
20 rig sînemo hêrren interiori homini . úbe er ne-uuâre uuor-
den êreron uuíderhôrig sînemo hêrren unde sînemo ske-
  dero lido ea
pfen. So lex membrorum gerîchet . unde si ménniscen gezîe-
 ze sundon   ellende   ellendi
het in peccatum . so ist er captiuus . fóne dero captiuitate
       ántlâzido
lôset în CHRISTVS . mit sînero remissione. Also iz sâr nâh chît. *Re-* 3
25 *misisti iniquitatem plebis* tuę. Hábest fergében daz únreht

dînes fólches. *Operuisti omnia peccata eorum.* Pedáhtost álle

---

11 X͞P͞e: e aus C (=S) verb. 22 So: o durch Tintenfleck fast ganz verdeckt

16 sia: a verb.

íro sunda . ne-uuoltost . sie fóre ougon háben. *Mitigasti omnem iram tuam.* Hábest dîn zorn al ze mámmendi beuuéndet.

Auertisti ab ira indignationis tuę̨ . hoc est . auersus es ab ira indignationis tuę̨. Hábest dih kelôubet déro âbolgi dînes zor-

5 nes. *Conuerte nos deus salutaris noster.* So tûo dû Got unser háltare . bechêre unsih. *Et auerte iram tuam a nobis.* Vnde uuénde dîna abolgi fone uns. *Non in ęternum irasceris nobis . neque extendes iram tuam . a generatione in generatione<m>.* Dû ne-bîlgest dih nîeht in êuua ze uns . noh dû ne-récchest dîn zórn . fó-
                                           chun-hafti
10 ne gebúrte ze gebúrte. *Diû êrera generatio uuart ferlorn* .
diû fóre CHRISTO uuas . diû dára nâh chúmet . diû uuirt kehál-
               mit dero toûfi
ten per baptismum. *Deus tu conuertens uiuificabis nos.* Dû trúhten únsih pechêrende mit dînero ládungo . irchícchest unsih. Fóne dir fliêhente uuendest dû unsih ze dir . unde

15 gehaltest únsih. *Et plebs tua lętabitur in te.* Vnde an dir fréuuet sih dîn fólg . nals an imo selbemo. *Ostende nobis domine misericordiam tuam . et salutare tuum da nobis.* Oûge uns trúhten dîna gnâda . unde gîb uns Christum dînen háltâre. Niêht eîn in
                                     an déro Gótehêite
carne ze gesêhenne . nube in diuinitate . nâh diên geheîz-
                          daz uuir in gesêhen sulin also er getân ist
20 zen . quoniam uidebimus eum sicuti est. *Audiam quid loquatur in me dominus deus.* Ih ke-hóre mir . uuaz în mir spréche truhten
               chláffot dirro uuerlte
Got. *Strepitus mundi* ne-tuô mir únstilli . nube ih muozze
                      der heiligo gêist
fernemen . uuaz *spiritus sanctus* mir ságe. *Quoniam loquetur pacem in plebem suam . et super sanctos suos . et in eos qui conuertuntur ad ipsum.* Vuan-

25 da er gehêizzet frído an sînemo liûte . unde an sînen hêiligon . unde an diên die sih chêrent ze imo. Vuanne chú-

---

5(r) dû *aus* Go *rad. und verb., danach* t *rad.*   10(r) gebúrte²: g *aus* b *oder* k *rad. und verb.*

                danne diz lîchamhaftiga an sih lêgit unlichamhafti unde diz
met der? Quando corporale hoc induet in-corruptionem . et mor-
tôdiga an sih lêgit úntôdigi
tale hoc in-mortalitatem. Ne-laz dih ís pelángen Christiane . hiêr

hábest du uuîg . hiêr sólst dû fehten . dóret sólt du râuuen.

Verumtamen prope timentes eum salutare ipsius . ut inhabitet gloria   10
                                            in flêisce
5 *in terra nostra.* Aber doh schînet sîn háltare in carne . sáment diên
                under iúdon
in fúrhtenten . apud iudeos uuírdet er gebórn . daz in únser-

mo lande diû guóllichi bûe . sáment uns . uuir iêo sîne uuâren.

Misericordia et ueritas occurrerunt sibi. Vuâr unde gnâda bechâmen   11
              tiête
eîn-ánderen. Gentes unde[i] iudei châmen ze eînero ge-loubo.
  tiêtin   kenada   iúdon   uuâr   daz uuar dero altun   S606
10 Gentibus ist iz misericordia . iudeis ist iz ueritas. Alde ueritas ueteris
     êo   dero genado der niúuuin êo
testamenti . gehîllet misericordię noui testamenti. *Iustitia et pax oscu-*

latę sunt. Reht unde frîdo chúston sih. Sîe uuâren iêo friûnden.
       reht   frîdo   daz du andirmo ne-tuôiest
Dâr iustitia ist . dar ist pax. Daz ziêhet ze frîde . ut non facias a-
        daz du dir selbemo neuuéllest   den frîdo
lii quod tibi non uis. Intuuêrest dû daz . so hábest du pacem ge-

15 sciêhet. *Veritas de terra orta est . et iustitia de cęlo prospexit.*   12

CHRISTVS uuárd keborn fone MARIA . unde bediû irsáh únsih reht
              himilisciro genâdo   gerêhtháftigot
fóne hímele. Fone cęlesti gratia uuúrden uuir iustificati . do CHRISTVS
                                                                       uuâr[r]a
hára cham. Oûh chúmet uuâr fóne erdo . so ménnisco ueram con-
   pigiht
fessionem tuôt . unde dêmo fólget daz hímelsca reht . uuanda   S607
                         reht-haft   dêmo offen súndâre
20 dannan uuirt er iustificatus. So gescah dêmo publicano . der
             sunt-haftin
sih namda peccatorem. *Etenim dominus dabit suauitatem . et terra nostra*   13 P353

dabit fructum suum. Ze uuare Got kîbet suozzi des rehtes . er

getuot unsih kelústige des pézzeren. *Et terra nostra dabit fru-*

ctum suum. Vnde dannan bérent íro uuuôchar únseriû ge-

25 lênde. Er geuuîsot únserro herzon . dannan begínnen uuir

uuóla tuôn. *Iustitia ante eum ambulabit . et ponet in uia gres-*   14

3(r) sólft   sólt: t *auf Ras.*   12 *friûndin   21(r) suauitatem
bis nîa *auf Ras.*   25 dannan: d *aus* h *rad. und verb.*

2 tôdiga: a *aus* i *oder* ii *verb.*   21 sunt: n *aus* u *verb.*

riuuua bígiht
sus suos. Réht kât fóre. Vuélez? poenitentia unde confessio .

dannan chêret er sîne génge án den uueg . der ze únseren
gáriuuin wék Góte
herzon lêitet. Sô sól man parare uiam domino. *ORATIO DA-* 1
hoûbit christenheîte
VID. CHRISTVS ist DAVID . er ist caput ęcclesię . pedîu ist diz ke-

5 bét îro . sáment îmo. *egenus et inops sum ego.*
INCLINA DOMINE AVREM TVAM ET EXAVDI ME . QVONIAM S608

Helde truhten ze mír dîn ôra . uuanda ih túrftig unde

arm bín. Ih pechénno uuiêo dúrftig ih dîn bín . fóne diû

uuîle ih trúuuen daz dû mih kehôrest. Der sih ze imo sélbe-

10 mo fersiêhet . den ne-gehôrest dû. *Custodi animam meam . quoniam sanctus* 2
uuérron bichórungon
sum. Pehûote mîna sêla fóre scandalis . fóre temptationibus uuan-

da ih heîligh pin. Vuer mag daz chéden âne CHRISTVS? Sîne líde

chédent iz oûh . uuanda siê gehêiligot sint fóne îmo. *Saluum*

fac seruum tuum deus meus sperantem in te. Kehált dînen scálgh Got

15 an dih kedíngenten. Heîligen fóne diû . uuanda er diemûo- P354 S609
te ist . unde an dih kedínget. *Miserere mihi domine quoniam ad te cla-* 3
maui tota die. Cnâda mir hêrro . uuanda ih ze dir hareta . den

tág állen. In allen zîten háreta ih ze dir . uuanda in allen zî-
fréssa
ten ligent mir pressurę ána . noh íro ne-gebristet mir . unz in en-
eîn mennisco allis einer.eîn lîcchamo christis unz
20 de dirro uuerlte. Vnus homo . unum corpus CHRISTI uuéret usque
an ende uuerlte
in finem sęculi. Des líde sint súmeliche úzer déro nôte . diê êr háre-

ton . súmeliche sint nu dâr ínne . diê nu hárent. So chóment noh
diz háren allin dag daz chit alle
dâr ín díe dánne hárent . so uuéret clamor tota die . idest toto
zîte an ende dis zîtes daz háren diê fréssa
tempore. In fine temporis ze-gânt clamor . unde pressurę. *Iocun-* 4

25 *da animam serui tui . quoniam ad te domine animam meam leuaui.* Keuuún-

nesamo dînes scalches sêla . uuanda ih huôb sîa ûf ze dir. Hiêr

---

15(r) Heîligen: i¹ *aus* l *rad. und verb.*   16/17(r) cla/maui: m *aus* ui
rad. und verb.   17 *Cnâde   *Punkt fehlt* 11² 20²   *Punkt steht nach*
16 dih

20 lîchamo: *ursprüngl.* lî *zu* iĉ *verb., Zkfl. nicht geändert*   24 *des

```
                un-suozzi              uuúnnesam
nídere ist amaritudo . dâr in hôhi ist iocunditas . fóne diû huôb

ih sîa dára. Du bist der hôhesto . der dih mínnot . der hôhet re-

hto sîn sêla . unde fíndet uuúnna. *Quoniam tu domine suauis ac mitis.*
                                    hína ze némenne pítteri
     Vuanda du truhten bêidiu bist . ioh suôzze ad tollendam amari-
                             ze bît[t]inne dero sundigon
 5   tudinem . ioh mámmende ad sustinendos peccatores. Suôzze dé-
                        fone herzen
     mo . der an_dîh pétot ex corde . mammende démo . der béton be-

     ginnet . unde în sîne gedancha des îrrent . unde dû doh pîtest

     uuánne er sîn herza gestâte . lûtter gebét ze tuônne. Vuélih

     mennisco nâme des uuára . der mit îmo begondi chôson . úbe

10   der dîa uuîla sih furder chêrti . unde er mit ándermo chôso-

     ti? Vuieo unsémfte doh daz sî . daz iêmánnes kedanch in_ge-
                                            uuanda ih fant mîn
     béte stâte sî . daz ougta Dauid do er chad. QVONIAM INVENI
     herza       daz ih péton muôsi ze dir
     COR MEVM . VT ORAREM AD TE. Er chád sih finden sîn her-

     za . sámo so iz sitîg uuâre fliêhen fone îmo. *Et multę misericordię.*

15   Vnde fílo genâdig. Niêht ein genâdig . nube fílo genâdig.

     Vuémo? *Omnibus inuocantibus te.* Allen dih ze în_ládonten. Vuan-

     da diê dih umbe iêht anderes ána hárent . die ne-hárent dir .

     noh diê ne-eîscont dih . nube daz siê mínnont. Der ioh pitet
     lîbis hiêr sînemo súne
     *uitam filio suo.* unde in Got ne-gehôret . unde er danne chit .

20   iâ bát ih Got cuôtero dingo . ziu ne-gehôrta er mih? uuaz

     uuêiz er? Vuaz ube îmo ne-tohta ze lébenne . niê er árgero ne-
                                Gotes rât             mánnis
     uuúrde? Ne-uuas danne consilium dei bezzera . danne hominis?

     Pediû bite des . des er dir únne . bite sîn selbes . daz kehôret er

     gérnost. *Auribus infige domine orationem meam . et intende uoci depre-*
25   *cationis meę.* Lâ sîn fásto truhten mîn gebét in dînen ôron .

     unde hôre ze dero stimmo mînero flêho. Déro ze-uuéio uuê-


11(r) unsémfte: emfte *auf Ras.*    16(r) ládonten *auf Ras.*    17 há-
   rent¹: *über Bauch des a Ansatz von o oder e*    hárent²: *Akut sehr dünn*
   *Punkt fehlt* 17²
```

ret den Got kerno . der sîna legem fasto háltet in sînemo her-
zen. *In die tribulationis meę clamaui ad te . quia exaudisti me.* 7
An démo tâge mînero nôte háreta ih ze dir . uuanda dû gehôr-
tost mih. Daz chit . dû gehôrtost mih . uuanda ih hareta ze dîr.
    tâga   taga arbêite uuanda al diê uuîla so uuir
5 Alle únsere dies . sint uns dies tribulationis . quia quamdiu su-
in demo lîchamin pin.so uuellen uuir geellindot fone Gote êuuígiû
mus in corpore peregrinamur a domino. Vbe oûh hiêr iêman ęter-
  guôt   Gotis ánasiune
na bona hében mahti . unde er faciem domini gesêhen ne-solti . uuaz
uuâre danne daz er geuuúnnen hábeti . uuider démo daz er
ferlórn habeti? Vuer máhti sih des fertrôsten? Vbe oûh sól-
       Gotes minnâre
10 cher iêman ist . der ne-ist niêht amator dei . der ne-uueiz niêht P356
  êllendi   mennisco
sînero peregrinationis. Húge dára homo . húge dára . unde niêht
ne-sî dir liêpsam âne sîna ánasiht. *Non est similis tui in diis domine.* 8 S613
     dero dieto
Dir ne-ist kelîcher trúhten under ánderen Góten . die gentium Gó-
     ougen unde ne-sêhent ôren unde ne-
ta heîzent diê-dir hábent *oculos et non uident . aures . et non*
 hôrent
15 *audiunt. Et non est secundum opera tua.* Vnde nâh dinen uuerchen
ne-ist íro ne-heîn. Dir gelîcho ne-uuérchot íro ne-heîn. Dû
tâte hímel unde erda . uuaz taten sie? *Omnes gentes quascumque* 9
fecisti uenient . et adorabunt coram te domine. Alle diête so uuiêo
mánige dû tâte . diê chóment unde bétont fóre dír. Daz sê-
20 hen uuir nû irgángen. *Et glorificabunt nomen tuum .°quoniam ma-* 10
gnus es tu . et faciens mirabilia tu es deus solus. Vnde guôllichoNT
sîe dih . uuanda dû Got êino míchel bist . unde êino uuúnder
tuôst. Also du eîno Got pist . so bist dû oûh eîno míchel . un-
    dero goûclero zeîchin
de uuúnder tuônde. Magorum *signa sint lúkkiû unde ún-*
   uuarheit   nuzzeheit   Gotes eînis
25 nuz<z>iû . dâr ueritas ána ist unde utilitas . diû sint solius dei.
Deduc me domine in uia tua . et ambulabo in ueritate tua. Leîte 11

8(r) daz²: z *auf Ras.* 10 (r) niêht¹: eht *auf Ras.* 16 Dû: *zweiter Strich des* u *auf Ras.*

5 tâga¹: *davor* d *durch Unterstreichung getilgt* al: l *aus* n *verb., zweiter Strich des* n *durch kleinen Strich darüber und darunter getilgt*
  6 uuellen: llen *durch Unterstreichung getilgt, aber Verbesserung zu* *uuerden *oder* *uuállôn *unterblieb*

                  uuêg
mih an CHRISTO der uia ist . so gân ih an dînero uuarhêite diû   S614
                    reht-folgic   in uuege
aber CHRISTVS ist. Dîe aber catholici sint . diê gânt in uia. Vbe dîe
                                                            in uuârheite
Got lêitet . unde sîe gelêret keuuáro gân . so gânt sie in ueri-

tate . unde gant an îmo ze imo. *Iocundetur cor meum ut time-*

5 *at nomen tuum.* Mîn herza uuérde so geuuúnnesamot fo-
      gedingi
ne spe . daz iz iêo doh furhte dînen namen . unde ih under   P357

dî[n]en ze-uuísken ke-halten uuerde. *Confitebor tibi domine deus*

meus in toto corde meo . et glorificabo nomen tuum in ęter-

num .°quoniam misericordia tua magna est super me . et eruisti animam meam   13

10 *ex inferno inferiori.* Ih iiêho dir truhten Got mîner in al-

lemo mînemo herzen . unde guóllichon dînen námen in ê-

uua . uuanda dîn gnada míchel ist an mir . an diû . daz dû

mîn sêla irlôstost . fóne dero níderun hello. Vbe diû obera
     hella   dero rehton sela   christis chúnfte
infernus ist . dâr animę iustorum râuueton fóre aduentu CHRISTI .   S615
         diu nídira   diu uuízze dero uuírsiston
15 so ist inferior . dâr tormenta impiorum uuâren . unde noh sint .
            christis líchamo
fone démo . chit corpus CHRISTI . hâbest du mih irlôset. Des ne-mag

imo niêman fóllun gedánchon. *Deus iniqui insurrexerunt super*   14

me. Vnrehte iudei nanton mih ana Got. *Et sinagoga poten-*

tium . i . superborum . *quęsierunt animam meam.* Vnde úbermuôte-

20 ro mánigi suôhton mina sêla . ze ubele nals ze guôte. *Et non*

proposuerunt te in conspectu suo. Vnde dîn ne-tâten siê uuára an
                                              si ne-bichnaton Gotes niêht
mir dînemo súne. *Non proposuerunt.* Daz chit . *non intellexerunt deum .*
daz sie menniscin líbin
ut homini parcerent. Et tu domine deus miserator et misericors . pa-   15

ciens et multum misericors et uerax .°respice in me . et miserere   16

25 *mei.* Vnde du herro Got fater scêinare gnâdon unde arme-

herzer . gedúltiger unde ioh fílo ármeherzer . unde dinero

---

12 ist *!*   18(r) Vnrehte: r *auf Ras.*   nanton: *davor Ras. (n aus m*
rad. und verb.)   25/26 armeherzen   *Punkt fehlt* 14² 15³ 16¹ 23² 26¹

15 nídira] óbira   22 *líben *oder besser* *líbtin

geheîzzo geuuârer . tuô min uuára . unde genâda mir. *Da
imperium puero tuo*. Vuére dînen gehêiz unde gib mir dîne-
               daz zit úrteildo
no chinde geuualt so tempus iudicii chôme. Dû gehiêzze
                der fater ne-uber teîlit niêmannin
mit mînemo munde . PATER NON IVDICAT QVEMQVAM .
    er gab daz urtêil al demo súne
5 SED IVDICIVM OMNE DEDIT FILIO. *Et saluum fac filium

ancillę tuę*. Vnde gehalt dinero diúuue sún . diû ze dînemo
            sih-noh ih pin Gotes diû nah dînemo ârinde
bôten chad. ECCE ANCILLA DOMINI . FIAT MIHI SECVN-
   so bescehe mir
DVM VERBVM TVVM. Kehalt dînen sún . unde îro sún.
       in Gotes pilde
   Dînen in forma dei . unde îro in forma serui. Chid oûh dû christi-
          kib dinemo chinde geuualt   scalchin
10 ane . DA IMPERIVM PVERO TVO . uuanda seruis sús ke-
             ir sizzent oûh úffen zeuuelf stuôlin
heîzzen ist . SEDEBITIS ET VOS SVPER SEDES DVODE-
        zeuuelf chúmberrun israhelis ze irtêilenne
CIM . IVDICANTES DVODECIM TRIBVS ISRAHEL.
             kehalt dinero diúuue sun
   Chid oûh noh . SALVVM FAC FILIVM ANCILLE TVĘ. Vuan-
                           christinheite sun
da dû bist filius ęcclesię. *Fac mecum signum in bono*. Dûo an mir
              min úrstende   uuort-zeichen minero Goteheite
15 zêichen ze guôte. Resurrectio sî signum deitatis meę . daz
                                  an demo guote iro ge-
siê dannan geloûbig uuerden . unde oûh siê in bono fidei
loubo
suę irstánden. *Vt uideant qui me oderunt . et confundantur . quoniam

tu domine adiuuasti me et consolatus es me*. Daz diê gesêhen diê

mih hazzent daz du mir húlfe . unde dû mih trôstost . un-

20 de sie sih scámeem . nals in iudicio. *IN FINEM FILIIS CHORE

INTELLECTVS DAVID*. Christianis ist dîser psalmus ke-
                                              kezeltin
sungener . daz sie in dîsen tabernaculis die óberun

burg pechennen unde mínnoien . unde sie dára

lángee . dára sie geladot sint.

25 *FVNDAMENTA EIVS IN MONTIBVS SANCTIS*.
   Iro fundamenta sint kelêget an heîligen ber-

10/11(r) ke/heîzzen: ke *auf Ras.*; i *auf Ras. von* z   19(r) hazzent:
az *auf Ras.*   22 *dia   *Punkt fehlt* 4^2 20^1

                                          uuértigun burg
   gen . prophetis et apostolis. CHRISTVS ist selbo fundamentum supernę ciui-
                         ander fundiment ne-mag niêman lekkin âna
   tatis. Also iz chît. FVNDAMENTVM ALIVD NEMO POTEST PONERE PRĘTER
   daz ieo gelêgit uuas   daz ist christ der hâltinto
   ID QVOD POSITVM EST . QVOD EST CHRISTVS IESVS. Er ist fundamentum . sie sint fundamen-
                    fundiment allero fúndemendo   heiligo
   ta. Pediu ist er fundamentum fundamentorum . also er ist sanctvs
   allero hêiligon
5 sanctorum. Diligit dominus portas syon . super omnia tabernacu-

   la iacob. Déro ciuitatis portas minnot CHRISTVS mer . danne alle
                                                  pildârra
   hereberga dero irdiscun ierusalem . diû imaginâria uuas

   dero hîmelescun. Vuéle sint die portę . âne diê ouh fundamenta

   sint? apostoli sînt iz unde prophetę. Iro auctoritas tréget únsera
   uueîchi   durh siê
10 infirmitatem . pedîu sint sie fundamenta . per eos chômen uuir
   ze Gôte
   ad deum . bedîu sint siê portę. Gloriosa dicta sunt de te ciuitas dei.

   Kuôllichiû ding sint kesâget fóne dir Gótes purg. Vuêliu

   sint daz? Memor ero raab et babilonis scientibus te. Daz sint

   diû . daz ih Got irhúgo raab . unde babilonis . în mîh pechén-
15 nentên. Ih tuôn daz sie mih pechénnent. Raab unde babi-
                      hêidene
   lon unde alle gentiles kesámenon ih dâr în . des uuirt siû

   guôllih. Ecce alienigenę et tyrus et populus ęthiopum hi fuerunt illic.

   Sih îro guôllichi. Frémede . sô tyrus ist dâr bî iudeis . unde ęthi-

   opes ferro fóne iudeis . diê uuâren dâr. Vuâren . uuanda iz
           irgangen   chunftig
20 Gote pręteritum ist . noh chôment . uuanda iz uns futurum ist.
                   diû gezôgena
   Mater syon dicet homo. Sîn muôter synagoga chit îmo

   ménnisco . si ne-bechénnet în Gót. Et homo natus est in ea.

   Vnde des ne-ist loûgen . er uuard dâr inne ménnisco gebórn.

   Ipse fundauit eam altissimus. Er selbo der hóhesto stifta sîa.
                                   fore uuerlt-stiftido
25 Er stifta sina muôter synagogam ante mundi constitutionem.

   Vuer uueiz daz? Dominus narrauit in scripturis populorum . et principum

---

2-5 Also bis tabernacu auf Ras. (Strich über P von XPC, Z. 6, mitrad.)
    3 fundamentum: a aus u verb.   10 *chômen   12(r) kesâget: k
auf Ras., davor g rad.   13 te: *me (?)   17(r) alienigenę: n¹ auf
Ras.   Punkt fehlt 5²

1 *dero ûfuuértigen   3 dær (a zu e verb.)

horum qui fuerunt in ea. CHRISTVS selbo sageta iz so uuésen gescriben . an dîen scriften déro iudêiscon liûto . unde in dîen scriften déro hêreston . die in déro synagoga uuâren . so moyses uuas unde prophet%. Also iz chit. ET INCIPIENS A MOunde ir ána fáhende ze moise unde ze allen uuîsságon rahta er
5 YSE ET OMNIBVS PROPHETIS INTERPRETABAscrifte fone allen diu fone
TVR ILLIS SCRIPTVRAS DE OMNIBVS QVĘ DE Iimo uuâren
PSO ERANT. *Sicut l%tantium omnium habitatio in te.* Also
himilscun
dero dîe frô sint . sô ist iro allero uuésen dâr . în dero cęlesti ierusalem. Dar ist diû fréuui . déro niêmer ne-geuolget

S620

?

10 únfreuui. CANTICVM PSALMI FILIIS CHORE . IN FINEM PRO AMALEG . I . PRO CHORO AD RESPONDENDVM . INTELLECTVS EMAN . I . FRATRIS EIVS ISRAHELITĘ.

1

Fchrucis chindin
iliis crucis uuirt nu gesúngen umbe diê chôrmanigi . daz si sî gágenuuerte ze ántuuúrtenne. Daz ist diû fernúmest
Gotes martra
15 sînes israheliteskèn bruôder. Passio domini uuirt hiêr gesúngen .
ze antuuurtenne
mit démo sange uuirt ke-mánot chorus martyrum ad re[s]also   umbe unsih
spondendum. Vuieo? Also iohannes chit. SICVT CHRISTVS PRO
din lîb liêz   also   sulin
NOBIS ANIMAM SVAM POSVIT . ITA ET NOS DEBEuuir den lîb lazzin umbe unsere bruôdera   ántuuurten
MVS ANIMAS PRO FRATRIBVS PONERE. Daz heîzzet responsine bruodera
20 dere. Sie sint emân . sie geuuérdeta er heîzzen fratres eivs. Sie
Gotes ánascouuin an dien lastir ne-ist
sint israhelitę in quibus dolus non est.   *et nocte coram te.*

S621

P361

DOMINE DEVS SALVTIS MEĘ . IN DIE CLAMAVI
in uuôlon   unde in uuêuuon
Truhten Got mînero hêili . *in prosperis et in aduer*uuort   nah
sis hâreta ih ze dir. Daz sint uerba CHRISTI secundum
scalchis pilde
25 formam serui. *Intret in conspectu tui oratio me-*

2

3

a. Mîn gebét chome fúre dih. *Inclina aurem tuam*

3(r) in: n *auf Ras.*   11,12 . I . PRO CHORO *und* . I . FRATRIS EIVS *rot*
    13 *dia   25/26 me/a: *vor a rotes a rad. (wegen Initiale)*
Punkt fehlt 15² 22 23

4 *er   5 *nach* allen *Art Punkt (zu früher Ansatz des* u *?)*   18 *den

ad precem meam. Helde dîn ôra ze minero dígi. Diû ze-uuêi sint
eîn. *Quia est repleta malis anima mea.* Vuanda min sêla irful-
    mit leidin   mit sundon   mit sêre   mit únfro-
let ist malis. Vuelen? nals peccatis . nube dolore . unde tristi-
uui
tia. *Et uita mea inferno appropinquauit.* Vnde mîn lîb ist ke-
                                            min   sela ist
5 nâhet déro hello. Daz ist also er chad. TRISTIS EST ANI-
  únfro unzin an den tôd
  MA MEA VSQVE AD MORTEM. *Estimatus sum cum descen-*

dentibus in lacum. Fone iudeis pin ih pe-zélet sáment ánde-

ren súndigen in dîa hellegruôba fárenten. *Factus sum . i . esti-*

matus sum . sicut homo sine adiutorio. Ih uuard keáhtot also

10 hélfelos ménnisco. So uuiêo min fáter sáment mir uuâre .
              zuelf   scára
der mir duodecim legiones angelorum gâbe ze hélfo . úbe ih

uuolti. *Inter mortuos liber.* Sélbuuáltiger êino under tô-
                                       keuuált habinde sînin
ten. Vuanda nehein ánderer ne-uuas potestatem habens po-
              lîb ze lazzenne   unde aber uuider ze némenne
nendi animam suam . et iterum sumendi eam. *Tamquam uulnerati*

15 *dormientes in sepulchro.* Vnde uuard ih keáhtot also án-

dere irslagene diê în demo grábe slâfent. *Quorum non me-*

ministi adhuc. Déro dû noh ne-irhúgest . uuanda noh iro
                                           an demo dritten táge
zit ne-ist ze irstânne. Min zît ist aber sâr tertia die. Pediu

ne-bin ih ánderen gelîh irslágenen unde begrábenen. Ziu
          tote   slâffinde
20 heîzzent áber *mortui dormientes?* Ane daz sie iruuáchen
   an urstende
suln . *in resurrectione. Et ipsi de manu tua expulsi sunt.* Vnde

sie sint daz . des sie mih zîgen. Sie sint tána gestôzzen fone
    helfo dinero hende   uuanda siê
demo adiutorio manus tuę. Sie sint helfelôse . nals ih . quia fo-
gruôbin gruoba unde fiêlin dar in
derunt foueam et inciderunt in eam. *Posuerunt me in lacu infimo.* Sie
                                                            uuênicheit
25 sazton mih in dero níderostun gruôbo. Daz ist miseria. Sie

uuandon mih uuésen eînen dero uuênegóston. *In tenebrosis*

4(r) apppinquauit: pppin *auf Ras.* *Punkt steht nach* 3 *ist*

6 den] dîn   20 totei e *aus* o *verb.*

et in umbra mortis. Vnder fînstrên . unde diên . diê in tôdes
daz árgesta ûbil
scátue sint . also diê sint . an diên impietas ríchesot. Diên ge-
lîchen áhtoton sie mih. *In me confirmata est ira tua. Dîn â-*
bolgi uuas ke-féstenot an mir. Du hábetost dih keêinot dî-
5 nes zornes uuîder mir . uuândon siê . unde ih fone diû solti
  tod   chrucis scânt-tôd
lîden mortem . unde ioh mortem crucis. *Et omnes suspensiones . i .*
comminationes *tuas induxisti super me.* Vnde alle diê dró-
       martro
uuun déro passionis . nah diên uuorten dero prophetarum . lé-
getost du ûfen mih. Pedîu uuândon siê dih mir irbólgenen.
              iungerin
10 *Longe fecisti notos meos a me.* Ioh mîne chunden . mîne disci-
            martro
pulos tâte dû fliêhen in mînero passione. *Posuerunt me abo-*
minationem sibi. Sie leîdsamoton mih . nals sîe . nube iudei . in-
  huondo chniûuuendo   uuar
sultando unde genu flectendo . unde chédendo. VVAH .
irhanget der daz Gotes hus stôrit unde iz in drîn tâgin also
QVI DESTRVIT TEMPLVM DEI . ET IN TRIDVO IL-
  gezimberot
15 LVD REEDIFICAT. *Traditus sum et non egrediebar.* Ih
uuard fone iuda hîna gegében . umbe daz ne-ougta ih iêo-
         Goteheit
doh uuer ih uuâre. Mîna diuinitatem ne-irbáreta ih. *Oculi*
mei infirmati sunt prę inopia. Fóne démo zádele uuurden siêh
            zorfterin lide unde
mîniu ougen . mîne discipuli . miniu clariora membra . et e-
búrlicherin   Goteheit
20 minentiora. Sie uuâren des unbald . daz ih mina diuinitatem
ne-sceînda. *Clamaui ad te domine.* In cruce hangendo háreta
 ne-uuiz   in diz ze sundon
ih ze dir sus. NE STATVAS ILLIS HOC PECCATVM.

Tota die expandi ad te manus meas. Alle zîte ferráhta ih mi-
ne hende ze dir in guôten uuerchen. Diû uuerch sâhen iu-
             tod
25 dei . diu solton siê bezzeron. Daz tatin siû ube sie mortui
ne-uuârin. Fone diu chît iz hara nâh. *Numquid mortuis*

---

2 ríchesot: *sehr hoch über o akutartiger Strich* 3(r) *nach In Ras.*
(n *aus* m *rad. und verb.*) 5 uuândon: o *auf Ras.* *Punkt fehlt* 5[1]
10[2] 13[3]

20 Goteheit: *über* e[1] *Art Punkt (Ansatz einer Oberlänge)*

MISERICORDIAS TVAS DOMINE IN E-
ternum cantabo. *In generationem et generatio-*
nem adnuntiabo ueritatem tuam in ore meo.

Dîne genâda singo ih truhten iêmer . dâr

5 mîte ságo ih dîna uuârhêit . uuérenta in mînemo munde . die

dû skeînest in bêiden geburten . iudeorum et gentium. *Quoniam di-*
xisti in eternum misericordia edificabitur. Vuanda du châde . mîn ge-
                              genado
nâda uuirt ke-zimberot in êuua. Sólchero misericordie bin ih

frô . fone déro singo ih . diû êuuig ist. *In celis preparabitur ueri-*
        heiligen brediârin
10 *tas tua.* In sanctis predicatoribus uuirt ke-gáreuuet dîn uuarhêit.

Daz tuot mih ouh singenten. *Disposui testamentum electis meis.*

Du chade oûh. Ih penêimda minen iruuéliten érbescrift. Vué-
          ⌃ diu niuuua beneîmeda
liu ist daz? Ane nouum testamentum . mit demo uuir uuer-
irniûuuot fone Gote ze dêmo erbe daz in himele ist
den renouati a domino in hereditatem que est in celo. *Iuraui da-*

15 *uid seruo meo.* Du châde oûh. Ih suuôr mînemo scálche da-

uid. Vuiêo ist der eîd ketan? sus suuôr ih îmo. *Vsque in eternum*

preparabo semen tuum. Vnz in êuua gáreuuo ih dînen sâmen .
          unde diê an in geloûbint
daz ist CHRISTVS et credentes in eo. *Et edificabo in generatione et*

generationem sedem tuam. Vnde ih zimberon dîn gesâzze

20 in alle geburte. Hiêr ist îrdisciû geburt . an dero sîzzet Got.

Vuanda er rihtet sîa. Hára nah chumet himilskiû . an déro siz-
                                                himila
zet er áber uuanda er an iro rîchesot. So uuérdent siê ce-
  Got ûffin trágendo
li deum portando. Fone diû folget sâr. *Confitebuntur celi mira-*

bilia tua domine. Dîniu uuunder truhten ságent diê himela.

25 Iro selbero frehte ne-sagent sie . dih lobont siê. *Et ueritatem tu-*

am in ecclesia sanctorum. Vnde dîna uuârhêit ságent siê . in dero hêili-

---

13 demo: o *auf schadhafter Stelle im Pgm.*   Punkt fehlt 17^2 24^2

gon gesémine. So tóuuont hímela . so nezzent siê diû lant .

diû guôten uuuôcher bérent. *Quoniam quis in nubibus equabitur*   7
                                     dero samenungo dero heiligon
domino? Vuanda diê uuarhêit sagent siê ęcclesię sanctorum . daz siê ché-
dent. Vuer uuirt Gote geében-mâzzot in uuólchenen? Siê
         hímela durh diê scînbari uuârhêite   uuólchen durh toûgeni
5 sint cęli propter fulgorem ueritatis . sie sint nubes propter occulta
   dis lîchamin   diu uuólchen   in lîchamin
carnis. Vuer durh siêhet nubes? Vuer uueiz ouh uuaz in car-
                                       in lichamin bidêcchit
ne loskee? Ne-uuas ouh CHRISTVS nubes? Ne-uuas er carne tectus?
           uuolcheno
Vuélih dero nubium uuas imo gelîh? *Et quis similis erit deo in*

filiis dei? Vnde uuer ist in gotes súnen Góte gelîh? Daz sie sint
   durch kenâda   durh ánauuist
10 per gratiam . daz ist er per naturam. *Deus qui glorificatur in consilio sanctorum.* S633 *8*

Er ist der Got . der geguôllichot uuirt în dero heîligon râte.
            an den geloûben   demo sie gelîh ne-mugen sîn
Iro rât ist credere in eum . cui non possunt similes esse. Mit

diû guollichont sie în. *Magnus et terribilis in omnes qui in cir-*
                                         Gotes chint
cuitu eius sunt. Mícheler unde égelicher uber alle filios dei . diê
15 umbe în sint . uuanda siê îmo nâhe sint. Alde fone diû umbe
                 kebórin   írstorbin   begrâben
în . daz er ze ierusalem ist natus unde mortuus unde sepultus
   irstanden   diête
unde resurgens . unde gentes umbe gesezzen sint. Vnde er
        uzzer sin selbis uuólchene toneronde   ándriû uuolchen
dâr uuas de nube propria intonans . unde er áber alias nubes
           ze genêzzenne die diete al umbe diê uuerlt
uz santa ad irrigandas in circuitu gentes. Also er gehiêz in   P368 S634
an dero mártro. hínnan fûre sô sêhent ir ménniscin sun cho-
20 passione. AMODO VIDEBITIS FILIVM HOMINIS VE-
menten in hímil-uuólchenen
NIENTEM IN NVBIBVS CĘLI. *Domine deus uirtutum quis similis tibi?*   9

Truhten Got dero tugedo . uuer ist dir gelih? Doh andere tu-

gedîg sîn . nals fone în selben ne-sint sie daz. *Potens es domine . et*

ueritas tua in circuitu tuo. Dû truhten bist máhtig unde
25 din uuârhêit ist umbe dih. An dir selbemo bist dû máhtîg .

fone dir ist dîn uuarhêit an diên anderen. *Tu dominaris*   10

---

3 *dia   10 *nach* consilio *roter Strich rad.*   *Punkt fehlt* 23[1] 25[2]

6 *des

potestatis maris. So máhtig pist du . daz du ioh uualtest déro
                                                                  mère
mahte des méres. Vbe mare uuíder iro uuârheite sih púreta .

daz ne-dorfta ín uuégen. Fone uuiu? *Motum autem fluctu\<u\>m eius*
                                                                                           ahtunga dero
tu mitigas. Vuanda áber du sîne uuella stíllest. Persecutiones
árgiston
5 *impiorum mezzost dû. Tu humiliasti sicut uulneratum superbum.*   *11*
                                        fone uuundun nider stráhtin
Selben diabolum genídertost dû . sámoso uulnere prostratum.   S635

Dero er sih guôllichota . die nâme dû imo. *Et in brachio uir-*

tutis tuę dispersisti inimicos tuos. Vnde an dinero chrefte
                                              áhtera
ze-tríbe dû dîne fíenda . iudeos unde persecutores. *Tui sunt cęli*   *12*

10 *et tua est terra.* Dîn sint die hímela . fône diên diu uuârhêit

régenot . din ist diû erda diu dannan genézzet uuirdet. Al-
         din sint himela   erda
de sus . Tui sunt cęli in dien diabolus rîcheson uuolta . din ist ter-
                                                                 sarf uuêsen
ra an dero iudei seuire uuolton uuíder dir. *Orbem terrę et ple-*

nitudinem eius tu fundasti. Den erdering . unde al daz dâr ín-

15 ne ist ! kefundamentotost dû . fone diû uualtest dû iro . un-

de niêht ne-gemugen sie uuider dir. *Aquilonem et mare tu*   *13*

creasti. Daz nord . unde den mére gescûofe dû. So uuiêo dia-   P369
            nort-halb   ih sezzo mînin stuol
bolus sî in aquilone also er chad. PONAM SEDEM MEAM IN A-
nort-halb   tûnist
QVILONE . unde so uuieo tempestas sî in mari . siû ne-ge-
                                                               daz chit liêht
20 mugen doh niêht úber dînen uuillen. *Thabor . i . ueniens*   S636
chómende   daz chit sîn fer-uuâzzini daz mêinit
lumen . *et hermon . i . anathema eius . subauditur diaboli . in no-*
                                         sîr-lándes pérga
mine tuo exultabunt. Montes syrię sint thabor et hermon.
   perga   liêht daz chit kloûba
Montes sint ouh diê . dero lumen . i . fides fone CHRISTO chómende
                fer-sáchin
sie getuot renuntiare diabolo. Die freuuent sih Got mit

25 rehte in dînen námen. *Tuum brachium cum potentia.* Din arm   *14*
                     ze féhtenne   ze scírmenne
ist mahtig . ioh ad pugnandum ioh ad defendendum. *Firme-*

6(r) genídertost *auf Ras.*   9 trîbe   10 uuârhêit: *darunter* S P K e
(?) S T *in Spiegelschrift rad.*   16(r) niêht: i *aus* e *rad. und verb.*

19 nort: *davor* i *durch Unterstreichung getilgt*

tur manus tua . et exaltetur dextera tua. Dîn hant fermúge sih
   ze ferdrucchenne die ubermuôtin
ad deprimendum superbos . unde dîn zeseuua uuerde irhôhet
   ze ir-mârinne die diêmuotin
ad clarificandum humiles. *Iustitia et iudicium preparatio sedis*   15
                                              an dêmo
tue. Reht unde gerîhte sint câreuui dines stuôles . in nouis-
suôno tâge   ze zesuuuun   ze
5 simo die. Fone diû sezzest du eîne ad dexteram . andere ad   S637
   uuînstrun
sinistram. Vuieo âber nu? *Misericordia et ueritas precedent faciem tuam.*

Nu în-in des fúre farent dîna ánasiht knada unde uuarhêit.
         kenâda uuanda du diê sunda tîligost . uuarheit . uuanda du so gihiêzze
Misericordia . quia deles peccata . ueritas . quia sic promisisti. Beatus   16

populus qui scit iubilationem. Sâlig ist der liût der dia uuúnna

10 uueîz . der daz irchénnen chan . uuiêo ir sih dero zueio

fréuuen sol. *Domine in lumine uultus tui ambulabunt.* Diê daz

uuizzen . diê gant truhten in dînemo liêhte. Du óffenost   P370

in îz. *Et in nomine tuo exultabunt tota die.* Vnde in dînen   17

namen fréuuent sie sih in alle zîte. Dîe sih so ne-fréuuent

15 diê ne-fólle-stânt in iro fréuui. *Et in iustitia tua exaltabuntur.*

Vnde in dînemo rehte uuerdent sie irhôhet . nals in íro rehte.
         iro selbero reht pistâten
Iudei uuolton suam iustitiam constituere . bediû ne-uuaren siê   S638
   Gotes rehte úndirtân
iustitie dei subiecti . daz iruálta siê. *Quia gloria uirtutis eorum tu es .*   18

et in beneplacito tuo exaltabitur cornu nostrum. Vuanda du bist

20 kuôllichi iro túgede . unde an dînemo fîle liêben CHRISTO uuirt
                                    geuualt Gotis súne
irhohet unser horn. Fone imo haben uuir potestatem filii dei
   uuerdin
fieri. *Quia domini est assumptio nostra . et sancti israhel regis nostri.* Vuan-   19

da truhtenes ist unser ánanemunga . unde unseres chúninges
                                 ánaburt   gelîchamot
israhelis hêiligen. Er nám an sih unsera naturam . do er incar-

25 natus uuard. *TVNC LOCVTVS ES IN ASPECTV FILIIS*   20

tuis. Do sprache du in ánasihte ze dînen súnen. Du tâte dîne

---

10 *er   13 exultabunt /   26 zsúnen: z *rad.*

4 dêmo: *davor di durch Unterstreichung getilgt*   24 gelîchamot: *über*
ch *Ras., Zkfl. teilweise mitrad.;* c *aus* h *rad. und verb.*

in dero altun beneîmedo
prophetas ána sêhen in ueteri testamento . daz sie fone CHRISTO
                                   gesêhente
fóreságeton. Fóne diû heîzzen sîe uidentes. *Et dixisti.* Vnde

sus chade du fóne ímo. *Posui adiutorium super potentem.* An dén

máhtigen sazta ih mîna helfa. Ih ketéta in mahtigen mit
                      nah demo scalchis pilde
5 mînero helfo. Secundum formam serui bedorfta er helfo. *Et exal-*

taui electum de plebe mea. Vnde hôhen getéta ih . den iruué-

leten uzzer allemo minemo liûte. *Inueni dauid seruum me-*   *21*

um. Ih fant an ímo dauid minen scálch. *Oleo sancto meo unxi*
                                                              mit
eum. In sálbota ih mit minemo heîligen salbe. Ih salbota in   P371 S639
  olee fróuuelungo   ferror danne andre sine geteîlen
10 oleo exultationis . prę participibus suis. *Manus enim mea au-*   *22*

xiliabitur ei . et brachium meum confortabit eum. Mîn hant hil-

fet imo . min arm sterchet ín. *Nihil proficiet inimicus in eo.*   *23*

Niêht ne-gemag ímo der fîent . noh iudeus noh diabolus. Lîdet
           áhtunga
er persecutionem . daz tuot er gerno. *Et filius iniquitatis non*
                           sîn fersêlâre   lûkker úrchun-
15 *nocebit eum.* Noh iudas traditor ne-tárot ímo . noh falsus te-
    do
stis ne-findet sculde an ímo. *Et concidam a facie eius inimi-*   *24*

cos eius. Vnde sîne fienda gesnêiten ih fóne sînero anasihte.

Ih ketuôn sie eînzen geloûbige. *Et odientes eum in fugam con-*

uertam. Vnde in flúht pechero ih . diê ín házzent. Ih ketuôn

20 siê fliêhen . unz sîe ze imo ge-fliêhent. *Et ueritas mea et mi-*   *25*

sericordia mea cum ipso. Vnde mîn genâda unde mîn uuârheit
                                daz uuir irbarmida eîgin déro
ist in ímo. Skeinen ouh uuir genada . ut misereamur mise-
uuênegon   daz uuir uuârheit irtêilen
rorum . mínnoen uuarheit . ut non inique iudicemus. So tuôn-   S640

                                                         geuualt
do bíldoen uuir ín. *Et in nomine meo exaltabitur cornu eius.*
25 Vnde in mînen namen uuirt irhôhet sîn potentia. Also er
          mir ist ke-gêben al   mahtigi
selbo chît. DATA EST MIHI OMNIS POTESTAS IN

---

2 fóreságeton: *über* g *Ras.*   3 dén: *Akut sehr dünn*   9 Iń: *über Akut*
Ras.   heîligen: *über* i¹ *Ansatz einer Oberlänge (des* l *?)*   *Punkt*
fehlt 17²

in himile unde in erdo
CELO ET IN TERRA. *Et ponam in mari manum eius.* Vnde
daz chit ir hēresot in diētin
tuôn in geuualtig în demo mere . hoc est dominábitur gentibvs.

Et in fluminibus dexteram eius. Vnde tuôn geuuáltig sîna zése-
kirige liûte
uuun in diên âhon. Aha rinnent în den mére . cupidi homines

5 îlent ze déro bítteri dirro uuerlte. Alle uuerdent sie iêodoh

imo úndertân. *Ipse inuocabit me . pater meus es tu . deus meus . et* 27 P372

susceptor salutis meę . et ego primogenitum ponam illum. Er chît 28

mir . fater mîn . Got mîn . uuáranémâre mînero hêili . unde uuán-

da ih so bin . bediû êren ih în . unde sezzo in ze êrestpornen.

10 *Excelsum prę regibus terrę.* Púrlichen fore allen chúningen uuan-
alle chuninga dero erdo
da in bétont omnes reges terrę. *In ęternum seruabo illi misericordiam* 29

meam . et testamentum meum fidele ipsi. Ih tuôn îmo iêmer genâ-

da . unde mîn benêimeda ist imo getriúuuelih . uuanda er S641

ist der reht-scúldigosto erbo mînes rîches . îmo habo ih iz

15 mit triûuuon gehálten. *Et ponam in sęculum sęculi semen eius.* 30
sin samo êben-er-
Vnde stâto ih sînen sámen in euua. Semen eius sint sîne cohe-
ben
redes. *Et tronum eius sicut dies cęli.* Vnde sînen stuôl stâto ih . al-
dero erde tâga
so diê tâga des himeles. Dies terrę sint unstate . uuanda êine
himilis taga
fárent hína . ándere chóment . aber dies cęli stant ze stéte.

20 *Si autem dereliquerint filii eius legem meam . et in iudiciis meis non* 31

ambulauerint. Si iustitias meas profanauerint . et mandata me- 32
priûte chint
a non custodierint. Vbe aber sîniu chint diû filii sponsi heiz-

zent . mîna êa ferlâzent . unde in mînen gerîhten ne-gant .

unde mîniu reht intuuérent . unde mîniu gebót ne-behuô-

25 tent. *Visitabo in uirga iniquitates eorum . et in uerberibus pecca-* 33

ta eorum. So andon ih íro unreht mit kérto . unde íro súnda

2,3 *ih tuôn   5(r) Alle: le aus so (mit langem s) rad. und verb.
9(r) so: langes s unten anrad.   zeêrestpornen: oben nach ze akutarti-
ger Trennungsstrich   10 Púrlichen: über n kleines Loch im Pgm.
12(r) meā: a aus u rad. und verb.   20(r) dereliquerint: nt auf Ras.
Punkt fehlt 25²   Punkt steht nach 24 gebót 26 unreht

2 *er

mit fîllon. *Misericordiam autem meam non dispergam ab eo . neque no-* 34
cebo in ueritate mea. Aber mîna genâda ne-irfirro ih fone
îmo . noh ne-taron îmo in mînero uuarheîte. Diû uuarheit S642
mines keheîzzes ne-tárot imo . uuanda ih îmo an sinen chin- P373
5 den genâda geheîzzen. *Neque profanabo testamentum meum . et quę* 35
procedunt de labiis meis non faciam irrita. Noh mîna benêimeda
ne-fermêino ih . unde diû ih kespricho . diû ne-intuuéren ih.
Semel iuraui in sancto meo. Eînest suuôr ih . daz ih keuuéreta in 36
                                ze tôde   umbe allero
mînemo hêiligen sûne . do ih în hina gab *ad mortem pro peccatis*
  manno sunda
10 *omnium. Si dauid mentiar .°semen eius in ęternum manebit.* Lû- 37
genâre ne-uuîrdo ih dauidi . sîn sâmo uuéret iêmer. Sîn sa-
                      arnot
mo sint die guôten . fone diên der messis iruuahset . des ange-
           árnêra
li messores sint. *Et tronus eius sicut sol in conspectu meo.* Vnde 38
                              diê rehtin
sin stuôl uuirdet in mînero gesihte also sunna. Iusti sint sîn
                      in demo chúmftigen rîche also sunna
15 stuôl . an în sîzzet er . die skînent *in futuro regno sicut sol. Et*
sicut luna perfecta in ęternum. Vnde also iêmer foller mâno.
 in muôte   folle also sunna   in lîchamin also mâno
In animo uuerdent sie *perfecti sicut sol . in carne sicut luna.* Nals
        mânin
so dísiû suînenta luna . nube so diû iêmer fólla. *Et testis in* S643
cęlo fidelis. Vnde sólih luna . diû des iêmer getriûuue úr-
                     urstende des lîchamen
20 chunda sî . uuíder állen diên . diê *resurrectionem carnis* loû-
genent. *Tu uero repulisti et spreuisti . et distulisti christum tuum.* 39
Vuára ist nû daz allez chómen . daz dû îmo gehiêzze? Vuî-
der dînen gehêizzen habest dû dána gestôzzen . unde ge-
únuuirdet . unde gefrîstet dînen geuuiêhten. Vbe dû iz da-
25 uidi gehiêzze fóne démo unser CHRISTVS cham . den hábest dû
is intuuéret. Er ist fone sînemo súne ába démo rîche gestôz-

5(r) geheîzzen: e³ *aus* o *rad. und verb.,* n *angefügt; Punkt fehlt;* *ge-
heîzzo

13 *árnâra

zen . unde in fluht prâht . unde in déro flúhte geúnuuírdet .
sune   du
fóne filio geminî. Aber únseren christum hábest dû gefrístet. Di-   P374
gefrístost in   ne-benâmin uns niêht
stulisti eum . non abstulisti. Vuiêo umbe énen? *Euertisti testa-*   *40*

mentum serui tui. Hábest ál intsézzet . unde ferzórn dînes scál-   S644
      peneîmeda   diû alta bineîmeda
5 ches testamentum. Vuar ist uetus testamentum iudeorum . an
                              lant keheîzzis
démo Dauid lébeta? Vuar hábent siê nû terram promissionis?
            rîche   ophir   êuuárttuôm
Vuar ist îro regnum? uuâr sacrificium . uuâr sacerdotium?

Profanasti in terra sanctuarium eius. Hábest in erdo sín uuiêhus

inthêiligot . unde geúnmuôzháftot . uuanda nû ánauuert
                   in sámiztag fírron unde fiêo opheron
10 niêman ne-sol sabbatizare et inmolare peccora. *Destruxi-*   *41*

sti omnes macerias eius. Zâre dána álliu sîniu umbe-uuurche

an diên er solta fésti hában. *Posuisti munitiones eius in for-*

midinem. Selben diê féstina dán-nân geturste chómen sol-

ton . getâte dû in uuerden ze úngetursten. *Diripuerunt eum*   *42*

15 *omnes transeuntes uiam.* Hábent in ze-zócchot álle áfter uué-
                                             der êrro
ge fárente. Fone romanis ist primus dauid zefuôret in ál-
diête
le gentes. *Factus est obprobrium uicinis suis.* Er ist uuórden i-

teuuiz sînen gebûren . diê umbe in sâzzen. *Exaltasti dexte-*   *43*

*ram inimicorum eius . l*ę*tificasti omnes inimicos eius.* Sînero fiendo   S645

20 zéseuuun . huobe dû hôho . sîne fienda fréutost dû an îmo.

Auertisti adiutorium gladii eius . et non es auxiliatus ei in bello.   *44*

Du chêrtost dána die helfa sines suertes . unde ne-hulfe îmo ín
                        do ún-manege féhtente uuániton manigo níder
uuîge . so dû êr tâte . quando pauci dimicantes solebant mul-
slâhin
tos prosternere. *Dissoluisti eum ab emundatione.* Skiêde in fóne   *45* P375

25 dero reînedo . daz îmo allero uuîrsesta ist. An uuîu ist diu?
       an dero geloubo   mit keloûbo rêinende iro herzen
In fide. Fone iro ist ke-scríben. FIDE MVNDANS CORDA

13(r) geturste: u *auf Ras.*   22 *dia   *Punkt fehlt* 3[1]

23 *uuôniton

	R331

                zurtriûuue
EORVM. Diê ne-habet er . perfidus ist er. Vuaz folget demo? Sîd
  gereinet uuerdin ne-sal   hina ze uuerfinne
er emundandus ne-ist . daz er ist proiciendus. *Et sedem eius in ter-*

ra collisisti. Vnde sînen stuôl in erdo zebrâche dû . Dû tâte

slîz des rîches . ioh des stuôles. *Minorasti dies temporum eius.*   *46*

5 Mînnorotost diê tága sînero zîto. Er uuéreta únlangor ! dan-

ne er uuândi. *Perfudisti eum confusione.* Hábest in irfúllet scán-

don . uuanda er allen liûten ze hûhe_ist. *Quo usque domine auertis?*   S646 *47*

in finem? exardescet sicut ignis ira tua? Sîd daz allez sô ist . uuiêo

lango truhten uuîrdest du dana bechêret fóne în. Ioh ún-

10 zin an énde? unde uuiêo lango zúndêt din zorn also fiûr?
            an ende uuerlte
Ne-suln sie doh in fine sęculi becheret uuerden? Danne mag ke-

scêhen bechêrest dû siê . în-in diû brinnet din zorn. *Memo-*   *48*

rare quę mea substantia. Irhúge uuélih min uuist sî . diu noh
                                ge-heîzza
in christo chómen sol . daz imo dîne promissa geleîstet uuerden .

15 sîd ih an iudeis dâna gestôzzen sî. *Non enim uane constituisti*

omnes filios hominum. Du ne-habest niêo in_gemeîtun gesez-

zet alle menniscon súne . doh sie alle fuôrin in úppechêit

die du nieht ne-scuôffe in uppun . noh danne uuoltost dû
                            uppeheit
éteuuen dannan chómen . an démo uanitas ne-uuâre . unde
                      uppeheite
20 er ándere lôsti a uanitate. Des irhúge. *Quis est homo qui uiuit*   *49* S647

et non uidebit mortem? eruet animam suam de manu inferi? Vué-

lih ander mennisco ist an în . der so lébe . unde er fúrder ne-   P376

irstérbe . daz er selbo lôse sina sêla fóne hello? Anderen gab

er ouh . daz sie lebent . unde furder ne-irsterbent . dero ne-

25 heîn ne-lôsta selbo sina sela fone hello. Der eîno daz kema-
                    gehêizza
hta . des sint die promissa . den uuére. *Vbi sunt misericordię tuę antiquę*   *50*

---

1 demo.   12(r) zorn: r aus n rad.   17 menniscon !

2 sal: davor ist durch Unterstreichung getilgt   ze; danach 1 durch Strich darüber und darunter getilgt

domine . sicut iurasti dauid in ueritate tua? Aber nu sprechent
martires. Vuâr sint dine altun genâda ! truhten? Vuâr sint
siê . nah diû so du suuôre dauid in dînero uuârheîte . daz
du îmo an diên sînen liêb tâtist? Ne-hâben uuir leîd fúre

5 liêb? *Memor esto domine obprobrii seruorum tuorum . quod continui in*   *51*
sinu meo multarum gentium. Irhúge truhten des îteuuîzzes
dînero scálcho. Vns ist îteuuiz . daz zzir christiani heîzzen. Ir-
húge mánigero diêto îteuuîzzes. So uuiêo mánigen ih prędi-
        prediga   *S648*
cationes têta . diê feruuîzzen mir dînen námen. Den îteuuiz

10 kehiêlt ih in minemo buôseme . daz chit in mînemo herzen.
          christâne namo
Dang Góte . daz christianum namen nû îteuuiz ne-ist. *Quod expro-*   *52*
brauerunt inimici tui domine. Den îteuuiz truôg ih . den dîne
                             heidene
fienda mir tâten iudei unde pagani. Vuaz ist der îteuuiz?
Quod exprobrauerunt conmutationem CHRISTI tui. Daz siê úns feruuîzzen

15 den uuéhsêl dînes keuuiêhten . den siê nebechandon uuê-
    fône erdo ze himele fone zit-lîbe ze euuigemo lîbe fone iúdon
sen a terra ad cęlum . a temporali uita ad ęternam . a iudeis
ze diêtin   irslagini
ad gentes . nube sie uuândon în uuesen peremptionem . daz irta
                 irstande fone tôde ne-irstirbit furdir niêmer der tod
siê. Aber CHRISTVS resurgens a mortuis iam non moritur . mors illi
ne-hêrisot mer uber in   uuandalunga
non dominabitur. Dia mutationem gâbe er ouh în . ube siê   *P377*
                                     in ne-ist sar ne-heîn
20 uuoltin. Fône în ist kescrîben. NEQVE ENIM EST ILLIS CON-   *S649*
uuándil   unde sie ne-forhton Got niêht
MVTATIO . ET NON TIMVERVNT DEVM. *Benedictus dominus*   *53*
in ęternum. Truhten sî iêmer gelôbot. *Fiat fiat.* Daz fare sô.

EXPLICIT SERMO SECVNDVS HABITVS PER VIGILIAS SANCTI
CYPRIANI. Hiêr ist ende disses psalmi . der ze zeuuêin mát-

25 tinon sancti cypriani gebrédigot uuard. *ORATIO MOYSI*   *1*
SERVI DEI. **S**o uuiêo moyses disen psalmum ne-scrîbe . doh

---

11 îteuuiz /   12(r)   21 TIMVERVNT /   23(r) SECVNDVS: E (e als
Kapitälchen) aus C verb.; C auf Ras.   23/24 EXPLICIT bis CYPRIANI.
rot   Punkt fehlt 1

diu óbescrift
Dist der titulus dar umbe sîn . daz er úns tésto nâ-
OMINE REFVGIVM FACTVS ES NO-   mero sî.
bis a generatione et generatione. Truhten dû bist
uns zuofluht uuorden . in geburte unde in gebur-
5 te . în dero altun . unde in dero niûuuun. *Priusquam montes*   *2*
fierent aut formaretur terra et orbis . a seculo et in seculum . i .   S650
ab aeterno et in eternum . *tu es deus.* Er die berga uuúrdin . daz
                                                    menniscin
sint angeli . unde êr erda uuurde . daz sint homines . unde sel-
biu diû uuerlt . dar siê beîde înne sint . êr bist dû. Fóne êuuon
10 ze êuuon bist dû. *Ne auertas hominem in humilitatem.* Dána in   *3*
dîa nideri ne-chêrest dû den ménniscen . ne-lâz in dés nideren
gér sîn . fure daz óbera. *Et dixisti conuertimini filii hominum.*
Vnde so gebute dû . du châde . bechêrent iûh ménniscon súne.
Hilf uns dara zuô . daz dû gebute. *Quoniam mille anni ante oculos*   *4*
15 *tuos . tanquam dies hesterna que preteriit.* Déro bechéredo fóne   P378
                                              zênstunt zênzech iaro
diû durft ist . uuanda fóre dînen ougon decies centum anni
                              sin-fluôte
dîu alte liûte ante diluuium nâh kelébeton . samo chúrz
sint . samo so der gésterîgo dag . der feruáren ist. *Et sicut ui-*
gilia in nocte. Vnde also churz so eîn uuáhta . déro niêht
               nah rôm-liûten   drîe stunda . daz ist daz fierda teîl dero
20 mêr ne-ist *secundum romanos* âne tres hore . i . *quarta pars no-*   S651
                  naht
ctis. Vuéllêst dû mille diûten áfter sîte dûsent . so bechenne
                             feruuèrit
daz daz selba uuort ánderest *corruptum* ist. Romani ché-
       in uuálescun   zênstunt zênzech .i.dûsint
dent *uulgariter* fure *decies centum . dêscent .* dâr fúre ché-
den uuir dûsent. So chédent sie ouh . eînhunt ûnzént . dû-
                                                 .s.ita cor-
25 cént . têrcent. Dâr fúre chéden uuir . eînhunt . zuêihunt . triû-
rupte
hunt. *Que pro nihilo habentur . eorum anni erunt.* Diû dû fúre niêht   *5*

---

1 nach tésto Ras.   10 êuuon /   13 gebûte:Zkfl. durch Punkt dar-
über und darunter getilgt   25(r) tefcent: er aus re rad. und verb.,
Zkfl. blieb stehen   Punkt fehlt 6¹

áhtost . diû sint íro iâr . danne siû mánigôsten sint. *Mane . i .* 6
prius . *sicut herba transeat . mane floreat.* Iro lîb feruáre ze
êrist also chrût . iro lîb pluôe ioh ze êrist. *Et pereat uespere.* Vn-
de dára nâh uuerde er ferlorn. *Decidat.* Sturze in den dôt.

5 *Induret.* Irhárteie án demo bóteche. *Et arescat.* Vnde irdôrre
án dero áscun. *Quia defecimus in ira tua . et in furore tuo tur-* 7
bati sumus. Vuánda uuir irlégen bin in dînemo zorne . fóre
siêhheîte . unde in dînero hêizmûoti lêidege bin . fone tôdes
    daz chit uuir ligen in unchrefte unde fúrhtent doh daz iro
forhtun. Idest iacemus in infirmitate . et tamen trepidamvs S652
ende uuerde   <e>in ander man bindet
10 eam finire. Also Petro zûo gespróchen uuard. ALIVS TE CIN-
 dih unde dinsit dih dara du ne-uuîle
GET . ET DVCET QVO TV NON VIS. Vnde selber CHRISTVS chad
in den stal mir ist der lib unfro únzin
in persona martyrum. TRISTIS EST ANIMA MEA VSQVE P379
an den dôt
AD MORTEM. *Posuisti iniquitates nostras in conspectu tuo . secu-* 8
lum nostrum in inluminatione uultus tui. Vnseriû únreht saztost

15 du in dinero anasihte . unde unsera uuerlt . diû nû irgángen
ist . in dînes analiutes liêhte. Du tate uuára in allen zîten .
uuiêo uuir tâten. *Quoniam omnes dies nostri defecerunt.* Also dâr á-
na skînet . uuanda alle unsere tága . diê uuir lében máhtin
nah únserro fórderon áltere . sint fersuinen . unde sint chó- 9

20 men ze únmánigen. *Et in ira tua defecimus.* Vnde in dîne-
ro âbolgi zegiêngen uuir únserro lánglîbi. Diê fóre uns
  mit dero zuo-firsihte lêngerin libis
úbelo tâten presumptione longioris uite . die fersculton sîa.
Anni nostri sicut aranea meditabuntur. Vnseriû iâr húgent ad cor-
ze iruuárdichen uuerchen
ruptibilia opera . also diû spinna húget ze íro ún-núzzen

25 uuuppen. Iro ist únmánig . diû selben uuerdent ferbôsot.
Dies annorum nostrorum in ipsis septuaginta annis. Diê únsere iâr- 10

4(r) Decidat: *auf Ras.* 5(r) Irhárteie: arteie *auf Ras.* 11(r) TV
auf Ras. von niedriger geschr. TV 19 fersuînen: *Zkfl. durch Punkt*
darüber und darunter getilgt

9 daz²: *davor* iro *durch Unterstreichung getilgt* 24 *iruuártlichen
(?)

```
                                         spinnun
tága . diê aranee gelîh sint . diê sint in sîbinzig iâren . uuanda
             ze dero altun êo                zit-lichiu guôt
sîê sehent ad uetus testamentum . dâr ecchert temporalia bona

geheîzzen sint. *Si autem in potentatibus . octoginta anni.* Vbe
                                                               ze
sie áber in mahten sint . so sint íro áhzeg . uuanda siê sêhent ad
dero niûuuun êo          êuuîgiu guôt
5 nouum testamentum . an démo ęterna bona geheîzzen uuér-

dent . an diên ne-heînero mahte ne-brîstet. *Et amplius eorum la-*

*bor et dolor.* Vnde diê fúrder fâhent . unde ander geloûbent .
     diê írren iro geloubo
so heretici tâten . déro ist arbeit unde sêr. Alde iz chît. Iro ist
                                          in dien máhticheitin dero niûuun
arbeit unde sêr . ioh sô fîlo mêr . daz siê in potestatibus noui
êo         gesézzit sint                   súftonde
10 testamenti sint constituti . uuanda sie dánnan sint ingemi-
hina dára sie uuunscint ze chomenne iro lichamin irlosungo beitonte
scentes adoptionem expectantes redemptionem corporis sui.

*Quoniam superuenit mansuetudo et corripiemur.* Also ouh dâr ana
                        máhtigchêitin
skînet . uuanda zuo diên potestatibus chumet trúhtenes
                                                     irrafsunga
mammendi . unde fône iro uuérden uuir irréfset. Sîn corre-
            ze mammendi       uuanda den Got minnot den irrefsit ir.
15 ptio siêhet ad mansuetudinem . *quia quem diligit deus corripit .*
er fillit aber iêglich sin chint des er uuára nimit sumen míchel-mahtigen
*flagellat autem omnem filium quem recipit.* Ioh magnis quibvsdam
     den gart des lichamin mit démo sie also s<c>alcha gehalslagot
                                     uuerden    daz siê sih ne-úber héuen
gibet er stimulum carnis . *a quo colaphizentur . ne extollantur in*
aba dero mícheli dero genádon die er in iróffenot hábit
*magnitudine reuelationum suarum. Quis nouit potestatem irę*

tuę? Vuer mag uuízzen dîa maht dînero abolgi? Vuiêo
20 ferro dû sîa skeînen múgîst . uuer uueîz daz? *Et prę timore*

*tuo iram tuam °dinumerare?* Vnde uuer mag sîa gezálôn uuíder

dînero fórhtun? Vuíder déro dinero forhtlîchi diu dâr ána
                                       der lingiso dero tumbon
ist . ne-mág sîa niêman geságen. Fone diu ist *prosperitas stulto-*
      íro selbero ferlôrni
*rum . perditio illorum.* Diê niêman ne-bechénnet . ane dér-dir sliûfet
in diê heiligun scrift             iúngesten dingin
25 in sanctuarium . unde er dâr chúnnet an íro nouissimis . uuiêo
            ze ferlornisse Gotes êa      Gotes hêiligtuôm
ferro sî triffet *ad perditionem. Lex dei* daz ist *sanctuarium dei . diu ge-*
```

4(r) áhzeg: *vor z Ras.*   9(r) siê in *auf Ras.*   12(r) dâr ana *auf*
Ras.   19 tuę.   24 *dîa   *Punkt fehlt* 7³

11 dára: r *aus* n *verb.*   15 *ei   16 eîglich   17 *gehalsslagot
   héuen: u *aus* b *verb.*

lêret în îz. *Dexteram tuam notam fac nobis . et eruditos corde in sapi-*
entia. Ketûo dina zéseuuun chúnda . unde înniglîcho gelêrte
          zêsiuua   iruuel-
in uuîstuôme. Oûge uns christum der dîn dextra ist . unde sîne ele-
ton   in dero altun êo
ctos . diê des sîn uuîse . uuieo ûnhéuig kuôt in ueteri testamen-
       scáto dero chúnftigon
5 to geheîzzen sî . dar umbra futurorum ist . unde sîe bediû sih sô-
            irdisciû
lees liêhto fertrôsten. Vnde ûbe in moyses terrena námdi .
      himilskiu
daz sie fône christo gelîrneen cœlestia fernémen. Sól îz oûh ché-
den. Dextram tuam sic notam fac . et compeditos corde in sapientia .
so hábet iz diê selbun fernúmest. So bîtet áber moyses . daz
           lêrara
10 uns christum sô chunt uuerde . unde sîne doctores . die in îro her-
         ze geîstlichero
zon beduuûngen sînt . daz sie unsih ziêhen ad spiritalem in-
fernúmiste
tellectum. *Conuertere domine aliquantulum . et deprecabilis esto su-*
per seruos tuos. Vuird éteuuaz trúhten hára ze uns pechê-
       dána bechêrit
ret . énnan fone dînemo ánden . an démo du auersus pist . un-
              kebét
15 de uuird kenâdon irbéten umbe dîne scálcha. Ne-ist diz ora-
 an ûz-fart-puôche uuis húldi garo úber diê úbeli
tio moysi in exodo? ESTO PLACABILIS SVPER NEQVI-
   dinis liûtis
CIAM POPVLI TVI. Vnde ube iz chit. *Conuertere domine quo-*
usque . alde usquequo . daz tiûtet áber éteuuiêo fílo . alde éteuuaz .
ungemarchot fragelicho
infinite nals interrogatiue. Sús ketân ist daz kebét. Lîbe
 .i.aliquantulum   manige arbeîte
20 truhten éteuuaz martyribus . die fone diû sint multa mala
lîdin súlinde an dero niûuuun êo
tolleraturi in nouo testamento uuanda sie neruôchent dé-
    an dero altun êo
ro geheîzzenon in ueteri testamento. Lîbe în éteuuaz niê
siê úberuúndene dih fliêhen ne-begînnen. Ane alla nôt
ne-sîn siê doh . daz in iro corona ne-ingánge. *Repleti sumus*
.i.aperte
25 *mane misericordia tua . et exultauimus et delectati sumus . in omni-*
bus diebus nostris. Offeno bin uuir irfúllet mit dînero genâ-

---

9 *dîa 16 ESTO: *vor S langes s rad.*

3/4 iruuelton: *davor in durch Unterstreichung getilgt*

do . unde des pîn uuir gefrêute . unde in allen unseren tágen
gelustsamote. Daz uuir Christum offeno in carne gesêhen suln . an demo líchamin

daz ist unser mendi . alle tága. L̨etati sumus pro diebus quibus nos

humiliasti . annis quibus uidimus mala. Pin uuir ouh frô uuórde-

5 ne umbe die tága . an diên du unsih diêmuôte gemáchotost

unde umbe diû iâr . an dien uuir leidiu ding sâhen. Do lêidiû .

nu liêbiû . uuanda uuir dannan gebézzerote bín. Respice in

seruos tuos . i . iudeos . et in opera tua. Sih an dîne scálcha . unde

an dîniu uuerch. Die dîne scálcha sint . diê sint oûh dîniu uuerch.

10 Et dirige filios eorum. Vnde gerihte íro súne . ube die fórderen
ze-fuôrit   an ende dero uuerlte uuerden bichêrit
uuerden dispersi . daz sie doh in fine mundi conuersi. Et sit

splendor domini dei nostri super nos. Vnde únseres Gótes skîmo sî úber

unsih. Sîn ánaliûte uuerde uns keouget. Et opera manuum nostra-

rum dirige super nos. Vnde únseriû hantuuerch kerîhte úber

15 únsih daz uuir siu ne-tuôen umbe uuerltlichen dáng . uuan-

da so sint siû chrumb. Et opus manuum nostrarum dirige. Vnde uuan-
         uuerch   ze eînimo uuerche minnon   eîna uuerch
da álliû opera sêhent ad unum opus caritatis . daz unum opus

kerîhte. Des iúngesten uersus . ne-hábent súmelíchiû buôch
                                    der námo
niêht. Vues kemánot unsih hiêr namen moysi? Ane daz
      êa   altiû beneîmeda   undir bedéccheda
20 sîn lex unde al uetus testamentum gescriben ist sub uelamen-
                                                die bedéccheto
to . unde uuir fone diu bîtên Christum daz er dána neme uela‹men›-
da
tum. Dîz kebet lêret únsih sus Dauid. REVELA OCVLOS

MEOS. Indûo chád er míniu ougen. ET CONSIDERABO

MIRABILIA DE LEGE TVA. Vnde so gechiûso ih uuún-
                                         bizeîchenida
25 der fone dînero êo. Vuéliu uuunder? Toûgeniu mysteria

déro spiritus sanctus zeîgare ist. LAVS CANTICI DAVID.

---

14 hantuuerch *auf Ras., danach* h *noch erkennbar*   15 uuerltlichen: l¹
aus t *rad. und verb.*

Hiêr fernémên selben dauid prophetam . sîngen Gote laudem can- lob sanc-
lêichis
QVI HABITAT IN ADIVTORIO AL- tici.
tissimi . in protectione dei cęli commorabitur. Der
fasto sizzet in des hôhesten helfo . der sih fásto
5 ze íro fersiêhet . der uuónet oûh ín des hímel-
Gótes scérme. Der Gote getrúuuet . den

scírmet oûh Got. Der aber ubermuôte ist . unde

sih ze ímo selbemo fersiêhet . der fállet. Also diê . diê in diên
also Gota untôdigi
uuorten âzzen . daz sie uuúrdin quasi dii . unde siê in-mor- S660
10 talitatem ferlúren . unde sie daz fúnden . dára zuô în Got tréu-
ta . nals daz in diabolus ke-hiêz. *Dicet domino susceptor meus es tu .* 2
et refugium meum deus meus. Ze Góte chît er . min inphángare bist
dû . mîn zuôfluht pist dû. Vuer chît daz? *Qui habitat in ad-*
iutorio altissimi. Sperabo in eum .°quoniam ipse liberabit me de la- 3
15 *queo uenantium . et a uerbo aspero.* Chît er oûh. An în gedíngo
ih . nals an mih selben. Vuanda er lôset mih fone démo stric-
uueídenâra stríccha
che déro uuêidâro . unde fone sárfemo uuorte. *Diabolus et*
angeli eius sint uenatores . diê rihtent laqueos an mánigen
illecebris . daz chit an mánigen lúcchedon. Aber sárf uuort
20 chúmet fone ménniscon . danne eîner uuóla lébeen uuíle P384
under anderen ubelo lébenden . unde sie în des ílent írren
du bist der michelo.du bist der rehto.du bist fone
mit súslîchemo huôhe. *Tu magnus . tu iustus . tu es helias .* de
himile châme du
cęlo tu uenisti. Dannan lôset Got den . demo daz ne-uuíget
noh sih is ne-scámet. *Scapulis suis obumbrabit tibi . et sub pen-* 4
25 *nis eius sperabis.* Mit sînen skerten scáteuuet er dir . unde
under sînen féttachen gedîngest du skérmes. Sô fógeles S661

Punkt fehlt 11³ 14²   *Punkt steht nach* 16/17 stricche 26 gedingest

9 untôdigi: d *aus* g *verb., Schleife des* g *durch Unterstreichung getilgt*

iúngiû under dien fêttachen sint . so sînt sîû ouh under diên

skérten . uuanda fone diên skérten gant diê fêttacha. Ze déro
gelichenisso
similitudine ist diz kespróchen. *Scuto circumdabit te ueritas*   5

eius. Sîn uuarheit úmbehébet dih mit skilte. Sî skirmet dih
                                                                      kedingenten fone
5 in állen sint. Sîn uuarheit ist . daz er dih skeîdet sperantem a
  ferchunninten
non sperantibus. *Non timebis a timore nocturno* .°*a sagitta uo-*   6

lante per diem. Fóne diû ne-furhtest dû fore náht-forhton . daz siNT

úngeuuîzzene sunda. Noh fore skiêzzentero strâlo in táge .

daz sint keuuîzzene sunda. *A negotio perambulante in tenebris.*

10 Fone unmúozzigi uuállontero in uînstri. Also daz ist . ube dih

iêman toûgeno ferleîten uuíle. *A ruina et demonio meridia-*

no. Fore ualle unde fore demo míttetágigen diêuale. Daz ist
diû hándegosta ahtunga   der sih
acerrima persecutio. So d<i>u uuas diû sus kebôt. QVI SE CON-   S662
  iêhe   der uuerde mit uuiizze ána braht.daz er sîn ferloûgenne
FITETVR CHRISTIANVM . PVNIATVR . DONEC SE NEGET ESSE
                         mitte-tágigin tiêfele
15 CHRISTIANVM. Vuanda ouh démo demonio meridiano genuô-

ge indrinnen ne-mahton . bediû folget sâr. *Cadent a latere tu-*   7
                                                      mánige
o mille. Fone diû sturzent dero fone dînero sît[t]un mille . diê
                              túrftigon
iro guot allez kâben pauperibus . unde bediû uuândon ioh   P385
uber-teîlare
iudices uuésen sáment apostolis. *Et decem milia a dextris tuis.* Vn-

20 de aber déro zênualt . die sih dinero zéseuuun beuuândon
                                chomint ir geuuiêhten
unde daz sie dâr gehôren soltin. VENITE BENEDICTI
mines fáter
PATRIS MEI. Vuannan gesciêhet daz? Ane fone toûge-
  ubermuôti   fóne
nero superbia diê Gót eino uuizzen mag . diû siê lêrta de
                    in selben fermézzin nals fone
se presumere . non de CHRISTO. *Ad te autem non appropinquabit.* Aber   S663
                      der fal ioh mitte-tágigin tiêfel
25 ze dir ne-nâhet ruina . et demonium meridianum. Neheîne

dinero lîdo ne-uuirt iruellet. *Verumtamen oculis tuis con-*   8

2(r) déro: ro *nachgetr.*   8(r) skiêzzentero: z¹ *auf Ras. (von* o *?)*
10 *Fore   17 Fone: o *aus* u *rad. und verb.*   21(r) BENEDICTI: *zwi-
schen* E D *und* I C *Ras.*   23 *dîa   *Punkt fehlt* 8²

14 mit: *darunter* ana b *durch Unterstreichung getilgt (*daz *steht unter*
ána braht.)   25 *mittetágigo

siderabis . et retributionem peccatorum uidebis. Aber doh daz
          ahtunga
so sî . doh persecutio eînen sî ruina . ánderen corona . dû gesiê-

hest mit dînen oûgon. Vuaz ke-siêhest dû dir mite? Den lôn

dero sundigon . uuiêlih er uuesen sol. Vuanda ube siê nû sint
uuîzzenonte
5 torquentes . sie sint in ęternum torquendi. *Quoniam tu es domine spes*   9

mea. Bediû ne-fállo ih . uuanda du herro bist min gedîngi.

Alde sus. Quoniam tu es domine spes mea . *altissimum posuisti refugium tu-*   S664

um. Fone diû habest dû hóha gesezzet dîna zuôfluht . uuan-

da du mîn gedîngi bist. Fone erdo fuôre dû ze himele . daz
      lichamo   brût-sámana
10 ih din corpus . dîn ęcclesia gedingi hábiti nâh ze fárenne. *Non*   10

accedent ad te mala. Dâr ne-irreîchent dih ne-heîniu úbel.

Et flagellum non appropinquabit tabernaculo tuo. Noh nehêin

uilla ne-nahet sih dar dinemo gezelte . sô iz hier téta . unz
      in diên in-hêimon in-phíntliches fleîscis
du uuare in_tabernaculo passibilis carnis. *Quoniam angelis suis*   11

15 *mandauit de te . ut custodiant te in omnibus uiis tuis.* Vuan-   P386

da dîn fáter gebôt sinen angelis umbe dih . daz sie dîn huô-
                                  imo
ten in allen dînen uuégen. Fóne diû ist kescrîben. APPA-
irscêin Gotes   engel   der in balta
RVIT EI ANGELVS DOMINI CONFORTANS EVM . uuanda
                menniscin uueîchi
daz suohta infirmitas humana. *In manibus portabunt te.*   12

20 In îro handen trâgent sie dih . ze himele fuôrent siê dih . nals

umbe helfa . nube umbe diênost. *Ne umquam offendas ad lapi-*

dem pedem tuum. Niê du dînen fuôz ne-ferstôzzest an den stêin.
houbet   dine fuôzze
Caput pist du . pedes tui sint euangeliste . an diên du iruuál-   S665

lost alla dise uuerlt . die ne-uuîle du sih ferstôzzen an den

25 steîn. Dû ne-uuile siê sculdig uuerden îteniuuues an dero
            an steinen tabilon
lege . d<i>u in tabulis lapideis ke-scriben uuard. Ze hímele ge-

---

3 *dar mite   6(r) herro: h *aus* b *rad. und verb.;* e *aus* i *verb.*
11(r) accedent: n *aus* u *oder* o *rad. und verb.*   13 nahet] habet
22(r) pedem *fehlt (durch Homoioteleuton)*   tuum: *über* u^2 *m-Strich rad.*
24 *disa   *Punkt fehlt* 10^1 22^2

                                         sculdig
uárner uuíle du senden spiritum sanctum . der sie reos ne-lâzze sîn
dir êo   forhtun   minno
in lege . unde sie inbînde timoris . unde aber irfúlle amoris.

Hinnan ist uuára ze tuônne in sancto euangelio uuiêo der tem-
    besuochare
ptator disen sin uuêhselota. *Super aspidem et basiliscum ambula-*   13

5 *bis . et conculcabis leonem et draconem.* Du gâst uber aspidem . dû
               iêgelichen tiêfel
uber uuindest quodlibet demonium . unde basiliscum . selben
de<n> urtiêfel chúninch ándirro tiêfelo   ôffino   ránintin
diabolum regem demoniorum . unde tréttost leonem manifeste seuien-   S666
                toûgeno   lâgontin   in âhterin
tem unde draconem occulte insidiantem. Diabolus ist leo in persecu-
    an gloubo uuêrrârin
toribus . draco in hereticis. *Quoniam in me sperauit liberabo eum . prote-*   14

10 *gam eum quoniam cognouit nomen meum.* Disiu uuort séhent ze dé-   P387
    der fasto sizzet an dis hôhistin helfo
mo *qui habitat in adiutorio altissimi .* unde ze iêgelîchemo
    christanon
dero fidelium. Sîd er mir getrúeta . ih lôso ín . ih skirmo ín . uuan-
                       dis himil-Gôtis.dis hohistin Gotis
da er mînen namen erchanda . *dei cęli . dei altissimi. Inuocauit*   15

me et ego exaudiam eum. Er háreta mih ána . ih kehôro in

15 oûh. *Cum ipso sum in tribulatione.* Ih pin sament îmo in nôte.

Eripiam eum. Lôso ín dâr ûz. *Et glorificabo eum.* Vnde guôl-

lichon ín in hîmele. *Longitudine dierum adimplebo eum.* Lánge-   16

ro tágo geniêton ih ín . dar êuuiga tága sint . unde alle tága

eîn dag sint. *Et ostendam illi salutare meum.* Vnde ge-oûgo

20 imo christum. An imo siehet er míh. *PSALMVS CANTICI*   1 S667

IN DIE SABBATI. Vuaz tiûtet daz? Ane diz ist sámbaz-
                                          fîrro tak
táges sang. Sús sól man singen in sabbato. Vnser sabbatum ist
in herzin   stillimuôti des herzin
in corde . uuanda sabbatum ist tranquillitas cordis. Dîa tran-
   stilli   kuôtis keuuízzeda
quillitatem machot bona conscientia. Der âne diê ist . der
                  stilli   fîrra
25 ne-hábet tranquillitatem noh sabbatum. Bediu ne-mag

er sús SINGEN.

8(r) occulte: e *aus* a *rad. und verb.*   24 *dîa   *Punkt fehlt* 9³

2 *der(o)   7 chúninch: n² *aus Ansatz von* g *verb.*   11 *des   13
*des *(zweimal)*   24 keuuízzeda: a *aus* e *verb.*

BONVM EST CONFITERI DOMINO. Góte sól 2
man iéhen . daz ist kuôt. Imo iíh dînero sún-
dôn . unde uuîz siê dir sélbemo. Iíh imo oûh dî-
nero guôttato . so . daz du íro imo dánchoest.

5 Et psallere nomini tuo altissime. Vnde hôhsan-
gon sól man dînemo námen . dû hôhesto. Daz P388
    rotta   ein slahta órgin-sangis.so also seît-spil ist
ist ouh kuôt. Psalterium ist genus organi . daz ruôret man

mit hánden. Ruôre dîne hende . unde brûche siê ze guôte .
    Gote rotton
daz heîzzet psallere deo. Ad adnuntiandum mane misericordiam 3

10 tuam . et ueritatem tuam per noctem. Vnde ist kuôt ze ságenne dîna S668
    in uuólon   in uuêuuon
genâda in prosperis . unde dîna uuarhêit in aduersis . uuanda

in prosperis skînet din genâda . in aduersis skînet diû uuâr-

hêit dînes rehtes. So tuôndo uuirt got iêo gelóbot. In de- 4
cachordo psalterio. An demo zênseitigen psalterio ist îmo
          zêhin uuort êo ze uuêrinne
15 guôt ze síngenne . daz chit decem precepta legis obseruare. Cum
    niûmon
cantico in cythara. Mit cantico án dero cythara gesunge-

nemo . daz chit mit uuórten sáment diên uuerchen. Quia 5

iocundasti me domine in factura tua . et in operibus manuum tuarum

exultabo. Daz mir al fóne diû guot ist . uuanda du mih ha-

20 best keuuunnesamot an dînero tâte . unde ih mih fréuuo

in dînemo hantuuerche. Mîne guôttate sint dîn . nals mîn.

Tâte ih ubelo . daz uuare mîn . hábo ih uuóla getân . daz ist
                                der
dîn. Dîa fréuui gabe dû mir. Vbe daz uuâr ist . QVI LO- S669
  lúgin sprichit fone imo selbemo sprichit
QVITVR MENDATIVM DE SVO LOQVITVR . so ist daz samo
    der uuar sprichit fone Gotis kelâzze
25 uuâr . QVI LOQVITVR VERITATEM DE DEI DONO LO-
sprichit al sunda   lúgin   al
QVITVR. Omne peccatum heîzzet mendatium . unde omnis iu-

14(r) zeñseitigen: ns *aus* in *(?) rad. und verb.,* Zkfl. *blieb stehen*
17 uuerchen: c *aus* i *verb.*   18 dñe: dñ *aus* in *verb.*   23/24 LO-
QVIT̄ MENDATIVM: (T M) *auf Ras.*

reht heizzit uuârhêit
stitia ueritas. *Quam magnificata sunt opera tua domine . nimis profundę* 6

factę sunt cogitationes tuę. Vuiêo dîniu uuerch kemichellîchot

sint trúhten . harto diêf sint uuorden dîne gedáncha. Nehein P389
                                                  daz úbelen uuola bescêhe
mére ne-ist so tiêf . so der Gotes kedanch ist . *ut mali floreant .*
  kuôten ubilo hiêr
5 *boni laborent.* Ih déro tiêfi uuerdent manige scéfsoûfîg . diê

daz ne-chunnen bechénnen. Vnde sie Got ahtont uuesen in-
                                                    un-
rehtin
iustum. *Vir insipiens non cognoscit . et stultus non intelle-* 7

git hęc. Der únuuîzzigo ne-uuêiz iz . unde der tumbo ne-

fernímet iz. *Cum exoriuntur peccatores sicut fęnum . et apparue-* 8
10 *rint omnes qui operantur iniquitatem.* Daz zît ne-fernimet er nû

uuésen . daz súndige uuahsent also héuue . unde ander zît
        in suôno tâge
noh chomen in iudicio . so sih alle diê oûgent . diê unreht

nu uuurchent. Vuara zuo? *Vt intereant in sęculum sęculi.* Daz

sie fone êuuon ze êuuon ferlóren uuerden. *Tu autem altissimus* 9 S670
15 *in ęternum es domine.* Aber dû hôhesto truhten uuérest iêmer .
            ûzzer dinero êuuicheite
unde du obe siêhest ex ęternitate . uuanne déro árgon zît

feruáre . unde dero rehton zît chóme. *Quoniam ecce inimici tui* 10

peribunt . et dispergentur omnes qui operantur iniquitatem. Also dâr ána
                              in suôno tage
skînet . sih nû . daz in iudicio dîne fienda ferlóren uuerdent .

20 unde alle dîe ze-uuorfen uuerdent . diê unreht uuúrchent.

Sie ne-uuerdent niêht ke-sáminot duô diên sáligen. *Et exalta-* 11

bitur sicut unicornis cornu meum. Vnde uuirt aber irhôhet
                           diu ein-sámina minero briûte
min horn . also des eînhúrnen. *Vnitas ęcclesię męę . chit CHRISTVS . uuirt*
                         irridin
danne irháuen . hereses uuerdent níder geléget. *Et senectus*

25 *mea in misericordia uberi.* Vnde mîn alti . in fóllechlichero genâdo.
        diû iûngistin mîniro brût-samenungo
Daz chit. *Nouissima ęcclesię męę . uuerdent irfúllet állero gnâ-*

2(r) uuerch: c aus h *rad. und verb.* 4 kedanch / 8 unde: nde *aus*
mbe *rad. und verb.* 13(r) uuurchent: u³ *auf Ras.* 14(r) fonêuuon: o²
aus u *rad. und verb.* 16(r) du obe siêhest *auf Ras., ursprüngl. Akut und*
Zkfl. *noch erkennbar*   ęternitate: a *auf Ras.*
Punkt fehlt 7² 9² 19³ 23³ 23⁴

	R344
hērscaft gruōnen hóuue	
don. Iro dignitas peginnet dâr uirescere . dar foenum be-	P390
tŏrren	
ginnet arescere. *Et respexit oculus meus inimicos meos.* Vn-	*12* S671
āhtara	
de dâr irsâh min ouga mîne fienda . nièht eîn persecutores	
dero rēhton minnâre dirro uuerlte	
iustorum . nube ouh amatores mundi . diē sih êr burgen. *Et in-*	

5 *surgentes in me malignantes audiuit auris mea.* Vnde arguuil-

lige an mîh nēndente . gehorta mîn ōra. Ih kehôrta siē dâr
  lēidizzin iro uuerch
condemnare sua facta. *Iustus ut palma florebit . et sicut cedrus*   *13*

lybani multiplicabitur. Aber der rēhto bluôt also palma . unde
                                           suôz-stanch-perge
uuirt kemanigfaltot also cedrus der ûfen lybano monte
            hóuue
10 uuahset. *Vbe foenum dorret so hîzza chúmet* . palma unde

cedrus ne-dorrent durh daz. Scône boum ist palma . hôh
                                                        diē rehtin
poum ist cedrus . scône unde búrlîch uuerdent danne iusti.

Plantati in domo domini . in atriis domus dei nostri florebunt. Hiêr in   *14*

sancta ęcclesia geflânzote . pluônt dâr án dero inuérte . des húses
                 urstende   himil-rîches
15 unseres Gótes. *Resurrectio* ist înuart cęlestis regni . an dēro

uuerdent siê scône. *Adhuc multiplicabuntur in senecta uberi.*   *15*

Iêo mêr unde mêr uuerdent sie gemanigfaltot . in bėrehafte-   S672

ro alti. Sancta ęcclesia uuuôcherot an îro chinden . ioh sô sî âlt

ist. Iro chint manigfaltont sih . unz sî lángôst uuéret. *Et be-*

20 *ne patientes erunt . °ut adnuntient.* Vnde uuóla gedúltîg   *16*

sint sie . daz siê in dēro gedulte chúnden. Vuaz? *Quoniam rectus*

dominus deus noster . et non est iniquitas in eo. Daz Got unser rēhter

ist . unde unreht an îmo bediû ne-ist . daz er eîne fertréget

unde andere uíllet. *LAVS CANTICI IPSIVS DA-*   *1* P391

25 *VID IN DIE ANTE SABBATVM QVANDO FVN-*

DATA EST TERRA. **L**ob disses sanges siêhet ze CHRISTO   S673

5(r)/6 arguuil/lige: arguuil *auf Ras.*   11 durh: rh *auf rad. Tinten-*
fleck   24 uillet] uëllet   25(r) SABBAT̄: *Strich nachgetr. (dunklere*
Tinte)

Ps 92,1-2   345

        an den sêhsten dag   sámiztage
    in sextum diem fore sabbato . do diû erda uuard keuestinot.
                gefestinot   in gloubo   ge-
    Vuanne uuard si fundata? Do ménniscen in fide uuurden fun-
    festinot sehs tága   fôre sámiztage   an chunno buôche
    dati. Sex dies sînt ante sabbatum gezélet in genesi . mit diên
                            sehse uuerlte
    uuurden fore gezeîchénet sex sęcula. Also do mennisco uuard
    kebildot an dêmo sehstîn tage   uuider bildot
5   formatus in sexto die . so uuard er sid fone CHRISTO reformatus
        an dero sehstun uuerlte   diu chumftiga uuerlt   fîrro
    in sexto sęculo. Nâh démo chumet futurum sęculum . daz ist sab-
        tág   râuua   álliû uuerch kuôtiu
    batum . daz ist requies dien . die hiêr táten omnia opera bona.
                    dô scôuuota Got al daz er geuuúrchta hábita.do
    Also iz dâr chit. ET VIDIT DEVS OMNIA QVĘ FECERAT . ET
    uuas is hárto guôt do rauuet ir an demo sibindin tage
    ERANT VALDE BONA . ET REQVIEVIT DEVS DIE SEPTI-
                ab allemo uuerche daz er uuorhta
10 MA AB OMNI OPERE QVOD PATRARAT.

    DOMINVS REGNAVIT. Truhten cham hára in uuérlt   S674

        unde ríchesota hiêr. *Decorem induit*. Ziêrda légeta
    er ána . an diên . dien er lícheta . unde die fone ímo
                er ist kuôt
    chảden . QVIA BONVS EST. *Induit dominus fortitu-*
15   *dinem*. Er légeta sih ána starchi . uuíder diê . diên er
                    neînir er ferlêitit diê liût-mánigi
    misselícheta. Diê-dir chảden . NON . SED SEDVCIT TVRBAS.
            ▲ sin diêmuoti
    Vuaz ist diû starchi? Ane *humilitas* . mit dêro er siê fertruôg.
                iro ubir-muôti.iro uueîchi
    Dára ingágene ist *superbia infirmitas*. *Et pręcinctus est*. Vnde

    uuard er fúregurtet. Er hábeta fore ímo . dô er in cruce hán-
        sîn huonte   heîl hêrro du iúdon chúninc
20 geta insultantes . die ímo zuo chảden. AVE REX IVDEORVM.   P392
                    stárchin unde gáreuuin die
    Dâr oûgta er sih kegúrten . dâr ougta er sih *fortem et paratum ad*
    úbilin ze fertrágenne
    tollerandos malos. *Etenim firmauit orbem terrę qui non com-*

    mouebitur. So tuôndo geféstenota er *sanctam ęcclesiam* . diû fúrder   S675
                                an iro gloûb-triúuuo
    ze stéte stât . unde iruuéget ne-uuirt. Si stat furder in fide. Con-
    kestôzzot   irfellit
25 cussa mag si uuerden . conuulsa ne-uuirt si. *Parata sedes tua*   2
                an demo sehstin áltire dero uuerlte
    ex tunc. Dannan hara ist caro din sez. In sexta ętate mundi

---

vor 10 unziales d vorgeritzt   21(r) paratū: u aus a rad. und verb.
    Punkt fehlt 16²

9 *er   23 sanctam: darüber an iro durch Unterstreichung getilgt

　　　　　　　　　　　　in dien herzon díniro getriúuuon
châme dû . sîd sazze dû in cordibus fidelium. *A seculo tu es.*

Dâr fore unde fóre allemo zîte bist dû. Iêo unde iêo bist dû.

Eleuauerunt flumina domine . eleuauerunt flumina uocem suam. Aha　　　3

trúhten . áha huôben ûf íro stimma. So spiritus sanctus cham . so uuur-
　　　　　　　　　　　　　　　　　　　　prédigon
5　den lûtreîste apostoli in íro prędicationibus. *Eleuauerunt flumina flu-*

ctus suos . a uocibus aquarum multarum. Nâh in châmen án-　　　4

deriu uuazzer . diu huôben ûf íro uuélla . iro baldi . dîa sie há-

beton . fóne mánigero uuázzero dôzze. So íro iêo mêr uuas .

so bálderen uuâren. *Mirabiles elationes maris.* Dannan uuúr-
　　　　　　　　　zornunga dero uuerlt-liûto
10　den uuunderliche . die indignationes sęcularium. Vuannan?　　　S676

A uocibus aquarum multarum. Vuiêo uuunderliche? Daz niêman

diû hére martyrum gerûobon nemag . diû fone dannan dé-

mo zorne lâgen. Vnde uuaz do? *Mirabilis in altis dominus.* Truhten

uuas ouh uuúnderlîch an diên so hôhen unde so geuuáltigen
　chúningin
15　regibus . diê daz tâten. Vuâr ána skînet daz? *Testimonia tua*　　　5

credibilia facta sunt nimis. Dîniu úrchunde uuurden harto ge-　　　P393

loûblich. Selbên diên regibus uuúrden siû geloûblich sámo sô
　　　　　　　　　　　　　an mir heîgînt frido　an dero
diên ánderen. Also iz chit. IN ME PACEM HABETE . IN MVN-
uuerlte muôzzint ir fressun hábin　uuésent aber balt　ih
　DO PRESSVRAM HABEBITIS . SED CONFIDITE . EGO
habin dię uuerlt uber uuúndin
20　VICI MVNDVM. Vuaz uuirt dannan uz? *Domum tuam decet*

sanctitudo domine in longitudine dierum. Dinero ęcclesię gezîmet

hêiligheît in êuuighêite. In ándirro uuerlte skînet íro hêilig-
　　　　　　　　　　　　　　　　　　　　　　　hóro-faro
hêit . dar zîmet sî íro . uuanda dâ ne-uuirt sî fuscata.

PSALMVS IPSI DAVID QVARTA SABBATI.　　　　　　　　　　1　S677
　　　　　　　　　　　　　　　　　liêht-faz himilis
25　*P*salmus christo in mîttauuechun . do uuurden luminaria cęli
　　　　　　　uber ubele unde guote　　　　　ke-stécchit in himilis
diû sît skînen super bonos et malos. Siû stânt fixa in firma-

---

2 Iêo: e *aus* i *verb.*　　10 uuurdenlicho　　16(r) harto: h *aus* a *rad.*
und verb.　　16/17 ge/loûblich: *nach* ge *Ras.*, e *aus* o *rad. und verb.*
　　Punkt fehlt 8³

13 *eîgînt　　an: n *aus* u *verb., darüber Punkt*　　26 in: *davor* n *durch Un-*
terstreichung getilgt

```
                    festi                        dero lib-uuandil in himilin ist
         mento cœli . sô stant oûh die . quorum conuersatio in cœlis est. Vn-
                               uuaz man an dero erdo tuôt
         de also siû ne-ruôchent quid agatur in terra . noh dâr umbe ne-
                  ferte                                      himilisce
         lâzzent iro itinera . so ne-lâzzent ouh die . diê cœlestes sint . um-
                erdîne menniscin                            lib-uuandil
         be terrenos homines . siê ne-fól-hábeien iro conuersationem. So
                                                                  fertrageni
      5  uuáz man în tuôt alde ánderên . des habent sie tollerantiam. Der

         dia ferliûset . der fallet fone hímele. Daz oûget dîser psalmus.
```

D*libere egit*. Got ist hêrro des kerîches . uuanda

EVS VLTIONVM DOMINVS . DEVS VLTIONVM

er niêht ungerôchenes ne-lâzzet. Got des kerîches
         hára úndir mènniscin
10   têta baldo . do er cham inter homines. Also iz chit.
         er uuas sie lêrinde samo geuualt
         ERAT DOCENS EOS TANQVAM POTESTA-
habinde nals nieht sô ún-baldo so die iro uuerch-priêuin tâtin . unde
TEM HABENS . NON QVASI SCRIBE EORVM ET PHA-
sundir-lèbin
RISEI. Die er sah ubelo tuon . die rafsta er baldo . uuanda er
    Got kericchis   kricchis
deus ultionum ist . unde er uuolta daz sie ultionis úbere uuúrdin.
                                                  in úrstende
15 *Exaltare qui iudicas terram*. Vuîrd irhôhet in resurrectione
   irdisce mènniscen
dû terrenos homines ze úrteildo bringest. Far baldo ze hîme-

le . dû in érdo bald uuâre. *Redde retributionem superbis*. Kilt

diên ubermuôten . fergîb dien diemuôten. Diê dih sluôgen
uber-muôtige   zeîchinin
superbi . die irchâmen sih . fone diên miraculis dero apostolorum .
        diêmuôtige   uuaz múgin uuir
20 unde humiles uuordene . châden sie ze ín. *QVID FACI<E>MVS*
is nu tuon bruodera?   tuont
VIRI FRATRES? Do gehôrten siê fone petro. *AGITE POE-*
   riûuua   unde uuerde iûuuer iègelich ketoûfet in nâmen
NITENTIAM . ET BAPTIZETVR VNVSQVISQVE VESTRVM . IN NO-

MINE DOMINI NOSTRI IESV CHRISTI. Diên fergîb . fergîb în sculdo mêi-
                              sie guzzen uz daz iro hêiliga uuèrigelt
stun. Vuaz ist diû sculd? *FVDERVNT PRECIVM SVVM*.
                          durh ablaz   sie trinchen
25 Vuaz kelâzzest dû în dâra ingágene per indulgentiam? *BIBANT*
   iro uuèrigelt
PRETIVM SVVM. So ist în chómen dîn gebét . daz dû in cru-

---

3 ouh: über u Zkfl. (?) rad.   5 întuôt: oben nach n akutartiger
Trennungsstrich   7 folgt auf 8   9 niêht: ie auf Ras.   10 úr-
teildo: unklar, ob Akut oder länglicher Tintenfleck   24(r) Vuaz: u
auf Ras.   Punkt fehlt 19³

```
              fater blaz in iz         sî ne-uuîzzin uuaz
      ce tâte. PATER IGNOSCE ILLIS . NON ENIM SCIVNT QVID
      sie tuônt
      FACIVNT. Vsquequo peccatores domine . usquequo peccatores glori-     3

      abuntur? Selber spiritus sanctus sprîchet sament ménniscon . unde frâget

      des siê ze frâgenne hábent. Vuiêo lango truhten guôllichont

   5  sih sundige? Vuieo lango? Effabuntur et loquentur iniquitatem . lo-    4

      quentur omnes qui operantur iniustitiam. Vnreht ságent unde spré-    P395

      chent súndige. Alle die iz tuont die sprechent iz. Siê chédent

      Got ne-uuêiz unser unreht. Vuannan chédent siê daz . âne

      daz siê Got fertréget . unde sie lében lâzzet? Siê bergent sih fó-
          demo dinch-stèllere
  10  re stationario . daz er sie ne-fâhe . fore Góte nebérgent siê sih .

      uuánda siê în ne-uuânent uuésen fore îro únrehte. Siê chédent .
                                 dinch-liûten lant-rehtin cheisirin
      sîd únseriû unreht mísselîchent iudicibus . legibus . imperato-
                        scult-heîzzon
      ribus . commentariensibus . diê uuir fliêhen . ne-máhtin uuir    S681

      in danne uuirs kefliêhen . úbe iz îmo mísselîcheti . alde er iz

  15  uuîssi ê? Populum tuum domine humiliauerunt . et hereditatem tuam uexa-    5

      uerunt. So chôsondo gediemuôton sie dînen liût . der daz âna

      sêr gehôren ne-mahta . unde muôhten mîte dîn[e] erbe . dine fi-
      getriûuuin
      deles. Viduam et aduenam interfecerunt . et pupillos occiderunt. Vuîte-   6

      uuun unde éllenden . unde uueisen sluôgen siê. Fone dien ge-
                             ellendin unde chômelinch ne-scádesto
  20  scrîben ist. PEREGRINVM ET ADVENAM NON NOCEBIS.

      Et dixerunt non uidebit dominus. Vnde cháden siê . Got ne-siêhet des    7

      niêht. Neque intellegit deus iacob. Noh Got iacob ne-uuêiz iz.

      Intellegite insipientes in populo . et stulti aliquando sapite.    8

      Fernément únuuîzzige under liûten . unde ir goucha fer-

  25  stânt iûh éteuuenne. Qui plantauit aurem non audiet? Der dáz    9

      ôra gescuôf . ne-geh[u]ôret der? Aut qui finxit oculum non conside-
```

2/3 gloriabuntur.   7(r) iz[1] auf Ras.   16 *âne   17(r) gehôren: e[2] aus a (?)
rad. und verb.   Punkt fehlt 5 11[2]

20 *scádestu

```
                    Ps 93,9-15                              349
                                                          ─────
                                                           R349
   rat? Alde der ouga getéta ne-gesiêhet der? Ne-hábet er selbo . daz er
   ánderen gab? Qui corripit gentes non arguet? Der prophetas fóre      10
              ze irrafsungo   diêto
   ûz santa ad correptionem gentium . so er selbo chúmet ne-sol er
                                       uuidir refsin?
   danne redarguere? Daz siê tâten . ne-sol er daz tuôn? Qui docet    P396 S682
 5 hominem scientiam? Der andere tuot uuízzen . ne-uueîz der selbo?
   Dominus scit cogitationes hominum quoniam uane sunt. Got uuêiz déro men-  11
   niscon gedancha . er uueiz daz sie uppig sint. Sie ne-uuizzen . daz
   die sîne rehte sint . er uueiz áber daz diê íro uppig sint. Sint aber
                                                       Gotes liêbin
   doh-eîne diê sîne gedáncha uuizzen . die heizzent amici dei. Beatvs        12
10 homo quem tu erudieris domine . et de lege tua docueris eum. Sâlig ist
   dér mán . den dû trúhten lêrest . unde îmo die lêra gíbest fóne dî-
   nero êo. Vuélicha? Vt mitiges eum a diebus malis. Daz dû in gemán-         13
                                                    an diên  diên
   mendest . unde gesueîgest ubelero tágo . so die sint . in quibus prospe-
   ubilen framspuot ist
   rantur mali. Donec fodiatur peccatori fouea. Daz er sih intháhe . unde
15 îmo iz ne-uuége . unz demo súndigen gruóba gegráben uuerde . dâr
   er ín sturze . unde furder ûf ne-stánde. Vuélichiû ist diû gruóba?
             fram-spuót         uber-uuâni
   Daz ist sin prosperitas . diû gîbet imo superbiam . an déro iruállet er
                              tougenero    pineîmedo
   sih. Daz chúmet fóne occulta dei dispositione. Den er diê lêret           S683
                                    Ziu richesont ubele? unde ziu
   der ne-chît nîeht ze Góte. QVARE REGNANT MALI . ET PRE-
   uuerdent ferdrucchet kuote
20 MVNTVR BONI? Quia non repellet dominus plebem suam. Vuanda durh           14
   daz ne-stôzzet fone îmo Got sînen liût. Vuieo tuot er danne?
   er uôberot in.noh ne-fertribit in
   Exercet non repellit. Er bézzerot in mît diên ubelen . hértet in . má-
   chot in gedúltigen . unde festmuôten. Et hereditatem suam non de-
   relinquet. Vnde umbe énero ubeli . nelázzet er sîn erbe. Diên er
25 daz erbe uuîle . diê fíllet er . éne lâzzet er tuôn . daz sie uuéllen.
   Quoadusque iustitia conuertatur in iudicium. Vuis diê uuîla reht .        15
```

─────

1(r) getéta: gete *auf Ras.*   4(r) redarguere *auf Ras.*   7(r) daz²:
a *auf Ras.*   9(r) Beatvs: tvs *auf Ras.*   11(r) *dia   17 sin pro-
speritas *auf Ras., Punkt fehlt*   18 diê: d *auf Ras.; *dîa   26 *dîa

14 ist *unter* framspuot   18 tougenero: e² *aus* o *verb. (oder umgekehrt)*
19 Ziu: *davor Punkt auf Zeilenhöhe*   ubele?: *nur Schleife des* ?
22 fertribit: t² *aus* n *verb.*

ordenunga
unde ne-lâz dir misselichen Gotes dispositionem unz dîn reht

uuerde bechêret in irtêilida . unz du sáment îmo sizzest ad
ze irteillenne
                                            rehte
iudicandum . also oûh apostoli ze êrest uuâren iusti . unde dara nâh
                  über-teîlare
uuerdent iudices. *Et qui tenent eam omnes recto sunt corde.* Die
                     reht
5 daz tuônt . diê iustitiam fasto hábent . diê sint mit créhtemo hér-

zen nals mit chrúmbemo. *Quis exurget mihi aduersus mali-*

gnantes? aut quis stabit mecum aduersus operantes iniquitatem?

Vuer chúmet mir ze helfo uuider árguuîllige? Alde uuer stât

mir bî . uuider únrehto fárenten? Diê sâr mîna *conuersationem*

10 lêidezzent . úbe siê mih ke-sêhent christiano more uiuere . mit sús-
               irráfsungo   Ziu ne-uuerchost du so ouh andere liûte tuônt pist
lichero *increpatione. Quare non facis quod alii faciunt? Tu*
tu eîno allis christane hôi herro. Hina-inbrottinî zúchta dih crehto mit paulo ze himele
solus christianus es. Te extasis cum paulo rapuit in tertium cęlum.

Nisi quia dominus adiuuit me . paulominus . i . prope habitauit in infer-

no anima mea. Vbe mir Got nehulfe . sólchero uuorto mahti

15 ih liêhto besuîchen uuerden . unde ze hello fáren mîn sela.

Vnder diên solchen ne-genâse ih . ube iz Got ne-tâte. *Si dicebam*

motus est pes meus . misericordia tua domine adiuuabat me. Vbe ih mit
              diêmuoti
humilitate iah mînero sundon . unde ih chad . mîn fuôz ist pe-

slîphet . sô half mir iêo Got dîn genâda. *Secundum multitudinem do-*

20 *lorum meorum in corde meo . consolationes tuę lętificauerunt*

animam meam. Also mánegiû sêr mir ána uuâren . sámo mánige

trôsta fréuton mîna sêla. *Numquid adheret tibi sedes iniqui-*

tatis . qui fingis dolorem in pręcepto? Haftet dir iêht der stuôl des

unrehtes? Mág sáment dir sizzen doh-eîner unrehter . du daz

25 sêr uuúrchest an dinemo gebote? Daz chit . du uns uuîle gebó-

ten uuesen daz sêr. *Luctus* ist sêr . daz sêr uuîle dû uns uuésen

---

8(r) uuider: d *aus* u *rad. und verb.*   9 mîna: min *auf Ras.*   11(r)
nach Tu *Ras.*   21 mánegiû: e *aus* i *verb.*   23 pręcepto. *Punkt fehlt* 2

11 Ziu: *danach unterpungiertes* n *rad.*   crehto: r *aus Oberlänge von* h
verb.

```
                            sâlig sint die sih uuuof-châront
     gebóten . uuanda dû chîst. BEATI QVI LVGENT. Kebîeten-
                                        lêso
     do uuúrchest dû iz. Sih dir selbo lector uuieo Augustinus ché-
                                   daz chit . ûzzir sêre
     de . FORMAS INQVID DOLOREM IN PRECÉPTO . i . DE DOLO-
          machost du uns kebót    also meînich daz selbiz daz
     RE PRECEPTVM NOBIS FACIS . VT IPSE DOLOR PRECE-
     ser an uns ke-bót si
5    PTVM SIT NOBIS. Daz sint sîniu uuort. Der sin ist. Vuiêo

     mag der úbelo sáment dir sízzen . sîd dû noh kuótemo ne-lî-
                                                   ›kebot
     best . dû ne-uuéllest daz imo sêr preceptum si? Captabunt in ani-       21

     mam iusti . et sanguinem innocentem condemnabunt. An des rêhten

     lîb fâhent siê . unde únsúndig pluôt ferdámnont sie. Also CHRISTI
       pluôt     unsundig                   ubelen
10   sanguis uuas innocens . unde doh fone impiis úber teîlet uuard.

     Vuieo suln sie anderen lîben . sîd siê imo ne-lîbton? Nu trôstet         S686

     unsih aber der salmo sus. Et factus est mihi dominus in refugium.       22

     Vnde des ist truhten mir uuorden zuôfluht. Et deus meus in auxi-

     lium spei mei. Vnde Got mîner ze helfo mînero gedíngi. Er gí-
15   bet mir êuuígen lîb . nah mînero gedíngi . fúre disen murgfâren.

     Et reddet illis iniquitatem ipsorum. Er gíltet oûh in íro unreht.       23

     Et in malitia eorum disperdet illos dominus deus noster. Vnde in íro argen

     uuillen fertrîbet er siê . fone sînemo rîche. LAVS CANTI-               1 P399

     CI IPSI DAVID. Démo uuâren dauid CHRISTO . ist diser psal-
                   lob        sanch           Gote-dēhte .
20   mus pêidiu . ioh laus . ioh canticum. Laus skeînet deuotionem .
                                    fromuôti
     canticum hilaritatem. INVITATORIVM.

     VENITE EXVLTEMVS DOMINO. Chóment liûte

     chóment ferro gesezzeno . lâzzen unrehta fré-

     uui sîn . diû ze uuerlte trîffet . uôbet dia diû
25   ze Góte triffet. Iubilemus deo salutari nostro. Niû-

     méien Gote únsermo háltâre. Ougen fréuui mit niûmon . dâr
```

1(r) BEATI: *vor* E *Ras. von* e   3 de *zu Kapitälchen* DE *verb.*   12(r) *nach* refugium *Ras.*   21 INVITATORIVM. *rot; nach* A *Punkt auf Zeilenhöhe*

4 selbiz] selba iz: *vor* selba *Art Punkt auf Zeilenhöhe;* a *aus* u *oder* i *verb.;* *selbez *oder vielleicht* *selba (ohne iz)*

uuir mit uuorten ne-múgîn. *Preoccupemus faciem eius in con-* 2

fessione. Fúreuangeien sîn ánasiune în‿geiíhte. Vuanda ér noh
                  ze úber teílinne
chómen sol ad iudicandum . so irgében unsih ér îmo déro súndon iéhendo . daz er sie danne ne-fórderoe dínglîcho. *Et in psal-*

5 *mis iubilemus ei.* Vnde niûmoen îmo an diên salmon . oûgen

únsera geîstlíchun méndi an în. *Quoniam deus magnus dominus . et rex ma-* 3

gnus super omnes deos. Vuanta Got ist máhtîg hêrro . unde má-

htig chúning uber alle Góta. Vber alle diê Góta . fone diên iz
        er gab in geuualt   Gotes sune uuerden
chît. DEDIT EIS POTESTATEM FILIOS DEI FIERI. Díe siNT
                                          genâda
10 Góta . uuanda siê Gotes súne sint. Daz ne-uuârin siê . úbe gratia ne-

uuâre. Er ist úber siê máhtig . uuanda er getéta siê máhtige. Be
                      húgesañgon
diû suln uuir îmo iubilare. *Quoniam non repellet dominus plebem suam.* Vuán- (93,14)
                             iudon folg
da Got ne-stôzzet dána . sînen uólg. Vuélen? Plebem iudeam. S688
                                er cham an daz sin
So uuiêo sie în fer-uuúrfin . also iz chît . IN PROPRIA VENIT P400
  unde die sine ne-nâmin sîn uuára
15 ET SVI EVM NON RECEPERVNT . er ne-feruuarf doh sîe
                            gloûbige
uuanda apostoli . unde andere fideles dannan châmen. Fone diû

suln uuir îmo iubilare . mit allerslahto stimmo uuúnnesán-

gon . mén<n>ischin . orginon . seîton . fîfon . cýmbon . clóccon . hórno . et reliqua . in quibus hoc quod continet omnia scientiam habet uo-

20 cis . daz hêizzit iubilare . daz chit âna uuórt liûdon. *Quia in*

manu eius fines terrę. Oûh fóne diû . uuanda in sînero hénde

sint . álliû ende déro érdo. Gentes diê unz in‿énde uuerlte gesê-
                                    kánz-lidi
hen sint . die prępucium heîzzent . die sint oûh chómen sáment
  scárt-lidi   ze demo ort-steîne
circumcisione . unde hábent sih kefuôget ad lapidem angularem
  der zuo mura in eîn bringet
25 qui facit utraque unum. *Et altitudines montium ipsius sunt.* Vn-
                                 die irdiscin fúrsten
de sîn sint diê hôhina déro bérgo. Terreni principes diê íu êr S689

8(r) Góta[1]: a *aus* e *rad. und verb.*   10 ne[2] *auf Ras.*   20 *āne

24 ze: *davor* a *und Ansatz von* d *durch Unterstreichung getilgt*

mit zesazten lántrehten   namen
promulgatis legibus christianum namen uuolton tîligon . diê sint

nû selben christiani. *Quoniam ipsius est mare et ipse fecit illud*. Vuan-   *5*
                                                                         tiête
da sin ist daz mâre . er téta iz. Daz er téta daz ist nôte sîn. Gen-

tes téta er . diê lôsênt imo . sie bezêichenet daz mare. *Et aridam*

5   *fundauerunt manus eius.* Vnde ouh diê dúrrun erda festeno-

ton sîne hende. Vuanda si durre ist . pediû nézzet er sîa. Er uuêiz
                       únbirigiû hérzin
uuola . uuiêo dúrftig sterilia corda sint des regenes sînero lêro

mit démo er siû féstenot. *Venite adoremus . et procidamus ante*   *(6)*

deum . ploremus ante dominum qui fecit nos. Chómen pétoen. Vnde

10 uuiêo bétoen? Fallen níder fóre ímo . uueînoen fóre demo . der

unsih téta. Daz ist fóne diû reht. *Quia ipse est dominus deus.* Vuanda er   *7 P401*

ist unser Got. Vuaz aber uuir? *Nos autem populus eius . et oues pascuę eius.*

Vuir bin áber sîn liût . unde scâf sînero uueîdo. *Hodie si uocem eius*   *8*

audieritis . nolite obdurare corda uestra. Vbe îr hiûto gehôrent sî-

15 na stimma . so ne-ferhértent iûuueriû herzen. *Sicut in exacer-*   *9*

batione . secundum diem temptationis in deserto. Also iudei tâten .   *S690*

ín demo eînode mih crémendo . so sie mîn chóreton. *Vbi tem-*

ptauerunt me patres uestri. Dâr mîn chóreton iûuuere patres .

diê noh danne iûuuere patres ne-sint úbe ir siê nebildont. Der

20 ist mánnoliches pater . den er bíldot. *Probauerunt et uiderunt opera mea.*

Sie besuohton uuaz ih ketuôn mahti . unde do gesâhen siê mi-

niu uuerch . diû mahton sie iz lêren. *Quadraginta annis proximus*   *10*

fui ! generationi huic. Fiêrzeg iâro uuas ih nâhe dírro gebúr-

te. An uuiu? An zeîchenen unde uuúnderen diu ih fore în

25 téta . fone dien sie mih erchénnen mahton. *Et dixi.* Vnde dô

chad ih. *Semper isti errant corde.* Diê sint iêmer írre in íro

---

5 *dia   5(r)/6 festenoton: *Ligatur st aus Ligatur ff rad.*   7 ste-
rili a: *zwischen i und a schadhafte Stelle im Pgm.*   *Punkt fehlt* 16[1]
18[2]

herzen. Soltin sie sih iâmer berîhten . daz uuâre in fierzeg iâ-
ren uuorden. Durh daz folle-giêng ih în sô lángo . daz ih an
in geoûgti sólcha slahta uuésen liûto . diê niâmer ne-irdr<i>uz-
zet îro úbeli. *Et ipsi non cognouerunt uias meas :* s . *utique spirituales.* 11
                      uuanda
5 Vnde mîne uuéga die geîstlîche sint . ne-irchándon siê . *quia car-* S691
  flêiscin mènnisco ne-nimit nieht in sich des Got-kêistlichin dingis.
*nalis homo non pręcipit ea quę sunt spiritus dei. Quibus iuraui in ira
mea . si intrabunt in requiem meam.* Diên ih zórneger sus suuor
                                                   sâlich
unde sus trêuta . in mîna râuua ne-chóment siê . daz chît . *beati*
ne-uuerdent siê. Dâr ist in állerguôtelih ferságet. Díser salmo P402
10 fâhet ána ze fréuui . unde gât ûz ze ámere.

CANTICVM DAVID QVANDO DOMVS AEDIFICABA- 1
TVR POST CAPTIVITATEM. **S**us sang dauid
do daz hûs ke-zîmberot uuard . nâh éllende. Vuélih ist daz
hus? Iû uuárd hus ke-zîmberot nâh éllende . dô zorobabel fili-
               dero éllendi
15 us salathiel fone captiuitate babylonię iruuúndener . salomo- S692
nis hus daz fone chaldeis ze-stôret uuas . ánderêst zîmberóta.

Ságet diser salmo fóne démo? Neîn. Er ságet fone *sancta ęcclesia diû*
    Gotes hus ist   niûuuemo sange keloubo kedingi minno
domus dei ist . uuiêo sî mit cantico nouo fidei spei et caritatis
                               ellendi dero ungeloubo
ke-zîmberot uuard . nah déro *captiuitate infidelitatis.*

20 **C***te domino omnis terra.* Síngent trúhtene niûuuez
    ANTATE DOMINO CANTICVM NOVVM . CANTA-
                                  minnasami
sang . daz sínge imo álliû diu erda. *Dilectio ist can-*
niûuue sáng   niûuue gebot
ticum nouum . uuanda si mandatum nouum ist. Omnis
                                Gotes hûs
terra ist *sancta ęcclesia.* Sî ist *domus dei .* unde uuirt mit ca-
mit minno   gezimbere   steina
25 *ritate* gezîmberot. An dero *structura* uuerdint alle *lapides*
ein stêin   an déro eînigcheite geîstis.an frîdis pánde
unus lapis. Vuiêo uuirt daz? *In unitate spiritus . in uinculo pacis. Can-* 2

1(r) fierzeg: f auf Ras.   7 nach meam. schadhafte Stelle im Pgm.
11(r) Q̃NDO DOMVS auf Ras.   15 salathiel: vor a² Punkt auf Zeilenhöhe
    20 folgt auf 21

26 eînigcheite: über c Ansatz einer Oberlänge (des h ?)

Ps 95,2-8

tate domino. Singent trúhtene. Singent niûuuez sang . so zímberONT

ir niúuuez hus. *Benedicite nomen eius.* Lôbont sînen námen.

Vuieo? *Bene nuntiate de die in diem salutare eius.* Vuola tuônt chúnt   S693

sinen háltâre Christum . fône táge ze táge . daz er iêo chúndero unde   P403

5 chúndero sî. *Adnuntiate inter gentes gloriam eius . in omnibus populis*   3

mirabilia eius. Chundent under diêten sîna guôllichi . unde sîniu

uuunder under allen liûten. So uuóla getuônt în chunt . unde

so uuît hûs zímberont îmo. *Quoniam magnus dominus et laudabilis nimis .*   4

terribilis super omnes deos. Vuanda er mahtig hêrro ist . unde

10 lôbelih hárto . unde brúttelîh uber alle Gota. Vuaz suln uuir

danne fone ín geloûben? *Quoniam omnes dii gentium doemonia.* Daz al-   5
                                                         irricheit
le Góta heîdenero diêto . tiêuela sint. Diê error fant . die sint de-
                                                                   tiêfela
mones. *Dominus autem cęlos fecit.* Aber truhten têta diê himela . ába

diên er sie falta . so mahtig ist er. *Confessio et pulchritudo in con-*   6

15 *spectu eius.* Keiîht unde scôni sint fore îmo. Lâ fore gân confes-
     piiiht sundon   scōni
sionem peccatorum . sô uolget sâr pulcritudo. So du dih irspuôlest .

so bist dû soône fore îmo. *Sanctitas et magnificentia in sancti-*

ficatione eius. Heîli ze êrist unde mícheluuerchunga dára nâh
                                       ant-reht   heilichmacha
sint in sînero hêiligmachungo. Den ordinem hábe sîn sanctificatio
                                heiligi   michil-uuurchte
20 daz si dih prînge fone sanctitate ze magnificentia. Vuíle dû êr
michil-uuurchig mit zeîchenin unde mit
magnificus sîn in signis et miraculis . er dû sanctus uuerdêst . des ne-

mag nièht keskêhen. *Afferte domino patrię gentium . afferte domino*   7 S694

gloriam et honorem. Ir diêtpurge . brîngent trúhtene guôllichi

unde êra . brîngent sia îmo . also iû selben . noh anderên men-

25 niscon. *Afferte domino gloriam nomini eius.* Pringent imo ze_lôbe   8
                                       sus nals uns hêrro nals
guôllichi sînemo námen . chedent . NON NOBIS DOMINE NON

---

6 Chundent: n² *aus* t *rad. und verb.*   11 *daemonia   16(r) irspuô-
lest: s *der Ligatur* st *unten anrad.*   24 *sie   Punkt fehlt 8² 16³

19 *antreit(i) (?)

uns   nube dinimo námin gib kuóllichi an uns
NOBIS . SED NOMINI TVO DA GLORIAM. *Tollite hostias*   P404

et introite in atria eius. Nément ópher díu îmo gerîsen . unde
                                            tráhinin
gânt mit diên in sîna hóua. Chóment mit lacrimis . unde mit
firmúlitimo herzin
corde contrito in sîne hóua . die ze sînemo hûs leîtent. InnoNT
       biscôufin   andren prédiaren
5 iû ze apostolis . ze predicatoribus . daz sie iû pringen in sanctam ecclesiam

diû sîn hûs ist. *Adorate dominum in atrio sancto eius*. Sô ir dára chó-   9

ment . dar bétont trúhtenen in heîligemo hóue sînemo. Vuer

ist der hôf? Daz ist aber sî . sancta ecclesia. Hûs diên . diê in îro bûent .

hôf diên . die durh sîa ze hîmele fárent. *Commoueatur a facie*
                                                  ze riûuuo
10 *eius uniuersa terra*. Alliû diû erda uuerde iruuéget ad peni-   S695
                                             in fleîsce
tentiam . fone sînemo ánasiûne. Sô ér în carne sih ke-oûge . unde

er în chunt uuerde . dannan bézzeroen sih álle. *Dicite in natio-*   10

nibus dominus regnauit a ligno. In allen diêten chédent danne . trú-
              holze   chrucis holze
hten rîchesota fone ligno. Fone ligno crucis pegonda er rîche-
                                     fóne beuuéritemo holze zart-kártin
15 son . also fóre diabolus rîchesota . *a ligno uetito paradysi*. *Etenim*

correxit orbem terre qui non commouebitur. Dánnan hábet
              rinch dero erdo
er gerîhtet orbem terre . der furder intrîhtet ne-uuîrdet. Sîd daz

hus ke-zîmberot ist . furder stât iz. *Iudicabit populos in equitate*. So

des zît uuîrdet . so irteîlet er liûten in rehte. Vuánne ist daz? In se-
an dero andrun chúnfte
20 cundo aduentu. *Letentur celi et exultet terra*. Sînes rîches fréuuen   11

sih die regenonten hîmela . unde diu fone în berégenota erda. *Com-*

moueatur mare et plenitudo eius. Aber dára uuîdere bélge sih is se-
diu uuerlt   állichêit   áhtunga
culum . unde sîn uniuersitas . unde dannan chome persecutio. *Gau-*   P405 S696 12
                                 lint-muotige.mammende.die Gotis kefildir
debunt campi et omnia que in eis sunt. Lenes . mites . diê campi dei sint .

25 unde iro fólgara méndên is. *Tunc exultabunt omnia ligna silua-*

rum °a facie domini . quia uenit. Danne fréuuent sih sînero êrerun   13

---

3 *sîne   16 orbem terre: über (m t) Ras.   20 exultet: t² auf Ras.
   21 béregenota   *Punkt fehlt* 7¹

23 *áhtunga

chumfte ! alle uuáltpoûma . uuanda sie gebrûchet uuerdent ze
zimbere Gotes hûsis   diē hēidenin ába snítine aba uuiltstocche.unde ge-impitote
ędificio domus dei. Daz sint pagani . pręcisi de oleastro . et inserti in
ûffen óle-bóume
oliuam. *Quoniam uenit iudicare terram.* Sie mendent oûh daz er ande-

rest chumet . ze überteilenne die ménniscen . die érda sint . uuan-
             chóment hara mínis fáter geuuiēhten
5 da sie dấr gehốrent . VENITE BENEDICTI PATRIS MEI.

Iudicabit orbem terrę in ęquitate . et populos in ueritate sua. Er úber
                                                           állelíchi
teílet den érdering in_rehte . dấr uuirt fernómen uniuersitas bo-
kuốtero unde úbilro
norum et malorum . unde liûte in sínero uuarheite dar uuerdent
                         ze zesuuun unde ze uuínstrun
fernómen . die gesceîdenen ad dexteram et ad sinistram.   *EST.*

10 PSALMVS IPSI DAVID CVM TERRA EIVS RESTITVTA   *1* S697
                                    úngeloûbige ze
   Sang selbemo CHRISTO . dố sîn líchamo irstuont . unde infideles ad
              glốubo
              fidem geládot uuurden.

   DOMINVS REGNAVIT . EXVLTET TERRA. Nâh tốde
                                              diu zesámine-hấ-
   irstándener CHRISTVS ríchesota . des fréuue sih continens
                                                      erda
   biga erda
15   terra. *Lętentur insulę multę.* Fréuuen sih is oûh ter-   P406
   mit uuázzeren undir nomine
   rę aquis interruptę. Zesáminehábig lánt ûzzerun-

             hálb méres . heîzzet continens. Dána gesceîdenez in
             séuuin   isila   daz Gotes
   mari . alde in stagnis . heîzzet insula. Diēn beîden sî fréuui . regnum
   riche
   CHRISTI. *Nubes et caligo in circuitu eius . iustitia et iudicium correctio* *2*
20 *sedis eius.* Vmbe in . íst er einēn uuólchan . unde tîmberî . ande-

   rēn ist er reht unde urteilda . diû sínes stuốles keríhteda sint .

   uuanda er an diēn gerno sízzet . an diēn er diû zuêi fíndet.

   Ignis ante ipsum pręcedet . et inflammabit in circuitu inimicos eius. *3*
                     suốno tak
   Fiûr féret fore ímo . ếr dies iudicii chóme . unde inzundet sîne   S698
                                          prediara   heídenen
25 fíenda . umbe in gesezzene. Vuanda so prędicatores paganis
    abkot   irgrémit
   iro idola uuéren begínnent . so uuerdent sie inflammati . dan-

---

12(r) fidem: m *auf Ras.*   vor 13 unziales d *vorgeritzt*   15 *nach*
Fréuuen *Ras.*   *Punkt fehlt* 21² 26²

　　　　　　　ǎhtunga
　　nan irrínnet persecutio. *Alluxerunt fulgura eius orbi terrę.*　　　　4
　　　　　　　　　　　　　　　　　zeíchin dero
　　Síne bliccha irscínen allero uuerlte . daz sint miracula prędica-
　　　　uuólchen　　　　　　　　pliccha
　　torum. Sie sint nubes . fone nubibus choment fulgura. *Vidit*
　　　　　　　　　　zeichin
　　et commota est terra. Diû miracula gesah álliû diû uuerlt . un-

5　de ircham sih is. *Montes sicut cera fluxerunt a facie domini . a facie domini*　　5
　　　　　　　　　　　　　keuuáltige unde ubermuote
　　omnis terre. Fóne diu smulzen potentes et superbi also uuahs .
　　　　　　　　　　　　　　　　gagenuuerti an dien zeíchin
　　fone Gótes anasiûne . uuanda sie sína presentiam in miraculis irchan-
　　don. Sô téta álliû diû erda . daz chit alle ménniscen. Alle geloû-
　　　　　　　herti
　　bton siê sih iro duritię . unde uuurden christiani. Vuiêo cham daz

10　dára zuô? *Adnuntiauerunt cęli iustitiam eius.* Vuanda prędicato-　　6 P407 S699
　　res ín Gotes reht chúnton. *Et uiderunt omnes populi gloriam eius.* Vn-
　　　　　　　　　　zeíchinin Gotis kuollichi
　　de uuanda alle liûte an dien miraculis gloriam dei gesâhen. *Con-*　　7
　　fundantur omnes qui adorant sculptilia. Sîd daz sô sî . ze hônedon
　　　　　　　　　　　　　　　　　　abkot
　　uuerden alle . die gráftpilide bétoien . daz chit idola. *Qui glori-*

15　*antur in simulacris suis.* Die sih kuóllichont in iro gelîhnissen.

　　Sámo so uuir ne-uuízzîn uuaz uuir betoien . uuir den ungesi-

　　htigen Got pétoien . unde aber sie geséhen íro Góta. *Adorate*

　　eum omnes angeli eius. Petont ín alle sîne angeli . unde úbe iuh
　　　　　　　　　　　　　menniscin
　　uuellen homines péton . so zeîgont in ze îmo . uuanda er ge-

20　meîne Got ist . den ir unde sie béton súlent. *Audiuit et lętata*　　8
　　　　　diu êrist uuordena　　　　　daz ouh diête
　　est syon. Primitiua ęcclesia diû in iudea geîscota . QVIA ET GEN-
　　　　Gotes uuort inphiengin
　　TES RECEPERVNT VERBVM DEI . diû mánta des máris.

　　Et exultauerunt filię iudę . propter iudicia tua domine. Vnde animę　　S700
　　　　dero geloubigon　　　　　　daz Got in eînhalb
　　credentium iudeorum fréuton sih . QVIA NON EST PER-
　　　　　　háldâre nieht neist nube in állen diêtin ist
25　SONARVM ACCEPTOR DEVS. SED IN OMNI GENTE
　　imo der liêb der ín fúrchtit
　　QVI TIMET EVM . ACCEPTVS EST ILLI. *Quoniam tu*　　9

1(r) //nan: a aus e rad. und verb.　5(r) sih: h auf Ras.　dni¹:
kein Kontraktionsstrich　12 dei /　16/17 ungesihtigen: g¹ auf rad.
roten Tintenfleck　17(r) Adorate: rate auf Ras.　18 angeli²: a auf
rad. roten Tintenfleck　20 súlent: n auf Ras.
Die Seite zeigt zahlreiche Spritzer von roter Tinte, die vor der Be-
schriftung teilweise rad. oder abgerieben wurden; dadurch wurde das Pgm.
an manchen Stellen rauh, so daß die Tinte mehrerer Buchstaben ausgelau-
fen ist.

dominus altissimus super omnem terram . nimis exaltatus es super omnes

deos. Fréuton sih . daz du der file hôho Got pist . uber alle ter-
irdisce   heíligen
renos . fíle hôh uber alle sanctos. *Qui diligitis dominum odite malum.*   10

Házzent ubel alle Got mínnonte . unde ne-fúrhtent niêmannen.

5 Zíu ne-sulent? *Custodit dominus animas sanctorum suorum.* Vuanda er be-

huôtet sînero hêiligon sêla. *De manu peccatorum liberabit eos.*
                                       diê den líchamin mâgin
Er lôset siê fône dero sundigon handen . qui corpus possunt oc-   P408
   irslan nals die sela
cidere non animam. *Lux orta est iusto . et rectis corde lętitia.*   11
                                        liêht dero
Liêht ist irrúnnen démo rehten . nals demo unrehten. Lux fi-   S701
   geloûbo in demo herzin
10 dei daz in corde ist . daz ne-ist în gemeîne . áber dero sunnun

liêht ist ín gemêine . unde fône diû ist fréuui diên gréhthér-
                                                     diên
zen. Dîa ferságeta esaias diên úbelên . dô er chad. NON EST
árgisten ne-ist niêht ze mendenne.chit Got selbo
GAVDERE IMPIIS DICIT DOMINVS. *Lętamini iusti in domino .*   12

et confitemini memorię sanctificationis eius. An Góte ist sî . an îmo

15 fréuuent iûh rehte . unde geiêhent sînero gehúhte . diû hêilige

machot. Hábent in gehúhte sîniu uuort . unde geiêhent déro

gehúhte . daz chit ketrúent íro . daz machot iûh hêilige . uuan-
                    in uuerlte habint ir arbeîte
da er chad . IN MVNDO PRESSVRAM HABEBITIS .

so ne-uuânent ir bézzeren dingis danne so er gehiez . unde

20 **C**sînt doh frô an îmo.

ANTATE DOMINO CANTICVM NOVVM.
    in toûfi   abir borne unde uuíder niúuuote   niúuuez   1 S702
*In baptismo regenerati et renouati . s*îngent canti-
                         sanc
cum nouum. Daz ne-múgen sîngen . diê noh sint
  in dero alti adamis ubir-fangis
in uetustate pręuaricationis adę. *Quia mirabilia fecit.* Sîngent .
                               uuerlt
25 uuanda er uuúnder hâbet ketân . uuanda er mundum habet
      fone euuigemo tode
irlôset a morte perpetua. *Saluauit eum dextera eius . et brachium*   P409

---

15 geiêhent: *über* i *Ras.*   *Punkt fehlt* 4² 13² 24³

22 niúuuez] niúu: *danach Ras., nur untere Schleife des z noch erkennbar*

sanctum eius. In gehiêlt sîn zèseuua . unde sîn heiligo arm. Sîn
       keuuurche   chraft
selbes operatio unde sin selbes fortitudo tâten iz . uuanda er
         keuualt sînin lib ze lâzzenne   unde aber uuider ze nemenne
hábeta potestatem ponendi animam suam . et iterum sumendi eam.

Notum fecit dominus salutare suum. Pater getéta chunden sînen hál-   2
           in fleîsce
5 târe Christum dô er in carne irskéin. *In conspectu gentium reuela-*

uit iustitiam suam. Fôre diêten iróffenota er sîn reht. Vuelez?   S703
                 zèsiuua   arm
Áne aber Christum . der oûh sîn dextera unde sîn brachium ist. *Recor-*   3

datus est misericordię suę . et ueritatis suę domui israhel. Er irhúgeta sîne-

ro genâdo . diê er skeînda geheîzzendo . unde sînero uuârheî-

10 te . diê er skeînda leîstendo daz er gehiêz. Vuemo? Israhelis
            gloubige   zuo sehendo
hîiske . daz sint alle fideles . die in gesehen suln facie ad faciem .
         ant-fristo   man
nâh des námen interpretatione israhel . uuanda iz chit ! VIR
Got ana sehinde
VIDENS DEVM. *Viderunt omnes fines terrę salutare dei nostri.* Al-

liu ende déro erdo gesâhen sinen haltâre. Vber âl hábet man
                                    chunft
15 kêiscot sînen aduentum. *Iubilate deo omnis terra.* Sîd daz sô   4

sî . nu uuúnnesangont . unde fréuuent iûh des alle ménnisken.

Cantate et exultate et psallite. Sîngent . sprúngezent . niûmont.

Psallite domino in cythara. Sîngent îmo an guôten uuerchen. *In*   5

cythara et uoce psalmi. Singent îmo an uuerchen unde an

20 hôhero stimmo . daz uuérgh unde stimma sáment sîn. *In tubis*   6

ductilibus. An êrinen blâson . mit hámere geráhten. Pézzeront   S704

iûh fóne Gótes hámerslégen . so récchent ir iûh . also iob uuard   P410
ke-hámir-slagot unde gerécchit
percussus et productus. *In uoce tubę corneę.* Sîngent îmo mit hor-
                      uzzer demo fleisce   daz
nen blâsendo. Horn iruuahset ex carne . unde fúreskiûzzet car-
flêisc   daz fleisc mit muôte   keîstlichiu
25 nem . sô fúreskiêzzent ouh ir carnem mente. Fúre sezzent spiritali-
     flêisclichen   rihtint muôt ze Gote
a carnalibus . dirigite mentem ad deum. *Iubilate in conspectu re-*

---

9 *dîa   10 *dîa

7 zèsiuua: *über Bauch des* a *Art Punkt (falscher Ansatz eines* u *?)*
11 sehendo: *davor* z *durch Unterstreichung getilgt*   12 fristot: t^2
durch Unterstreichung getilgt

gis domino. Singent Gote in des chuninges kesîhte . sines súnes CHRISTI.
       in Gotes chunfte
Commoueatur mare et plenitudo eius. In aduentu domini uuerde   7
 uuerlt   diû geuuiz-
seculum iruuéget . unde sîn folli. Vuaz ist diû folli? Ane consci-
 zeda hèuigero sundon
entia ingentium delictorum. Diû irchóme sih is danne. *Orbis ter-*

5 *rarum et uniuersi qui habitant in eo.* So tuóie der uuérltring .

unde alle dar ána sízzente. Sáment irchómen sih alle súndige.
             heilige man in guóten
Flumina plaudent manibus in idipsum. Sancti uiri die in bonis   8 S705
 uuerchen
operibus fluzzen . die hántslágoen danne an selbemo Góte . de-

mo siê diênoton. *Montes exultabunt °a facie domini . quoniam uenit*   9

10 *iudicare terram.* Perga freuuent sih danne sînero gágenuuer-

ti. Apostoli unde prophetę sint frô . daz er chumet ze irteílenne diê

írdisken. *Iudicabit orbem terrę in iustitia . et populos in ęquitate.*
       erd-ring   súndige
Er findet reht úber orbem terrę . daz sint peccatores . unde uber
     liûte   getriúuen
populos . daz sint sîne fideles.
            urstende
15 *DOMINVS REGNAVIT.* Nâh sînero resurrectione rîche-   1 P411

sot CHRISTVS uuanda do uuurden uz keséndet . die sîn

rîche chunt tâtin diên liûten. *Irascantur populi.* Des   S706
          abkot
pélgen sih liûte . uuanda iro idola suln zestôret uuérden. Al-
                 riúuua
de ze ín selben belgen siê sih iro sundon . unde tûoen pęhiten-

20 tiam. *Qui sedes super cherubim moueatur terra.* Dû alla pleni-
 folli uuizzinnis   uuerde iruuêget
tudinem scientię uber reîchest . ze dir spricho ih . MOVEATVR
 erda   ze áhtungo daz martirera corona inphâhen
TERRA. Eînuueder . so ad persecutionem ut coronentur martyres .
   ze riuuuo   daz sie selbin uuerdin irneret folli
alde ad pęnitentiam ut ipsi saluentur. Vuaz ist plenitudo sci-
uuizzinnis minna
entię? Caritas. Hábe caritatem . so tríffest dû ad cherubim. *Dominus in*

25 *syon magnus et excelsus . super omnes populos.* Syon ist ęcclesia . uuís ín   S707
            michil unde hôh
ęcclesia . so ist Got in dir magnus et excelsus. Vuís oûh selbo syon .

---

12 ęquitate: a *aus Ansatz von* e *rad. und verb.*   21 spricho: r *auf Ras.*

4 hèuigero: *davor* heiu *durch Unterstreichung getilgt*   7 heilige: i¹ *aus* l *verb.*

```
                   scóuuare    Gotis liéhtis              intliúhtit
     uuis contemplator diuinę lucis . so uuirdest dû illuminatus . un-
                    liúht-nisse                     michil unde hoh
     de fone dero illuminatione . uuirt Got an dir magnus et excel-

     sus állero túgede uber alle diê liúte . diê sih ze ímo umbe íro
         abkot
         idola búlgen. Confiteantur nomini tuo magno. Dînemo miche-          3

5    len námen iéhen siê. Diê îmo ze êrist iéhen ne-uuoltin lúzze-

     lemo . uuanda er únferro chómen uuas . diê iéhen ímo áber

     míchelemo . so er uber ál chunt uuerde. Ziu? Quoniam terribile et

     sanctum est. Vuanda er égebâre unde heîlig ist. Terribile . uuanda     P412
             úber-teilaris ist             Gotis
     er iudicis ist . sanctum uuanda er dei ist. Et honor regis iudicium di-  4

10   ligit. Vnde uuanda chúninges êra gerihte mínnot. Fóne diû sî
                      reht                urteil
     mánnolih iustus . uuanda er iudicium minnot. Tu parasti equita-

     tem. Du garetost reht. Vuar? Daz fernîm. Iudicium et iustitiam in iacob tu fe-  S708

     cisti. In sancta ęcclesia tâte dû gerihte . unde reht. Fone íro selbero ne-
                                                                  urteil
     cham iz . d[i]û lêrtost sîa bêidiu. Mánnolih lírnee tuôn iudicium.
                          undir sceîdento undir ubele unde guôte   reht      daz
15   Vuiêo? Discernendo inter bonum et malum. Aber iustitiam uuieo? Vt de-
     er úbel fermîde
     clinet a malo . et faciat bonum. Exaltate dominum deum nostrum. Irhôhent  5

     trúhtenen Got únseren . míchellichont in fóne démo uuir iusti-
          reht                                rehthaft
     tiam inphiêngen . daz uuir iustificati uuerden. Et adorate scabel-

     lum pedum eius quoniam sanctum est. Vnde bétont sînen fuôzscâmel uuan-
                                 erda        sin fuôz-scâmil    erda
20   da er heîlig ist. Terra ist scabellum pedum eius . terram inphiêng er
        fone erdo    flêisc fone MARIVN fleisce mit demo selben         daz
     de terra . carnem de carne MARIE. In ipsa carne giêng er hiêr . i-     S709
        selba
     psam gab er uns ze êzzenne . daz súln uuir béton . sô uuir iz êz-
                       toûgenheit                    toûginhêite kêistlich
     zen . uuanda iz sacramentum ist . unde iêo in sacramento spiri-
                fernúmist            sînin fuôz-scâmil        festi
     talis intellectus ist. Ouh mag heîzzen scabellum pedum eius . stabili-
               sînero Gotehêite
25   tas diuinitatis eius. Moyses et aaron in sacerdotibus eius . et samu-   6

     el inter eos qui inuocant nomen eius . inuocabant dominum et ipse
```

2/3 excelsus /   12(r) ganze Zeile bis iacob auf Ras.
15(r) inter bis malum auf Ras.   16 faciat: über Bauch von a² An-
satz eines e rad.   22(r) êzzenne: n² aus e oder u rad. und verb.
Punkt fehlt 17

exaudiebat eos. Cnôto unde gerno bétoen scabellum pedum eivs. (sînin fuoz-scāmil)

daz er unsih kehôre . uuanda moyses unde aaron zuêne sînero ēuuarton sacerdotum . unde samuel eîner sinero bétaro . bétoton in . unde er gehôrta siê. Ne-uuas iro mêr diê er gehorti? Iro uuas infinita (un-êntlîch) manigi (euuarto)
5 multitudo . fúre diê dîse drî genémmet sint. Vuas moyses sacer- (piscofa) dos? Er uuégeta sînen liûten also sacerdotes tuônt . pedîu ist er

hiêr ze in gezélet. *In columna nubis loquebatur ad eos.* Er sprah in zuô . uzzer dero uuólchen-sûle. Daz uuas figura . uuanda nu- (fôre-zeîchin uuolc-) chen (diu sûl starchi unde ziêri) bes pezeîchenet spiritum sanctum . columna bezeîchenet robur et deco- (zimberis christanheite zimber fêstin)
10 rem ędificii. In spiritu sancto uuolta er fabricam ęcclesię roborare . daz pil-

dota er in fôre. *Custodiebant testimonia eius . et pręcepta quę dedit illis.* Fóne diû gehôrta er siê . daz siê behuôton sîniû úrchúnde unde siniu gebót . diû er in beuólehen hábeta. (gebot)
Vueliu uuaren diu urchunde? Ane sélbiû diu pręcepta . mit diên (fore-zeîga chúnftigon)
15 er in chunta sînen uuíllen. Alde pręsignationes déro futuro- rum . diu uns nu chómen sint. *Domine deus noster tu exaudiebas eos . deus tu propicius fuisti eis.* Du truhten gehôrtost siê . du uuâre in suônlih . so uuâr iz íro dúrfte uuâren. *Et uindicans in omnia studia eorum.* Vnde uuâre rechâre an allen iro uuíllon . an diên
20 iro dúrfte ne-uuâren. Also an PAVLO skein . der driestunt pát . des in Gót ne-gehorta. Ziu ne-gehôrta? uuanda iz sîne dúrfte ne-uuâren. Vuaz uuas er uindicans? Diê extollentiam diû dâr (rècchinde irhábini) uuerden mahti. Vuiêô aber an MOYSE aaron et samuele? Vuaz habeta er an in ze rechenne? Daz sie ane sunda ne-uuâren. Vuiê-
25 lih uuas der gerih? Daz siê tagelicha muohi hábeton . fone déro (uuándele) úbelon conuersatione . under dien sie uuúrben. So der man

---

17(r) Du: D aus T rad. und verb.   22 *Dîa   *diû-dir (?)
Punkt steht nach 5 diê

iêo bézzero ist . so imo iêo hartor uuíget ánderro úbeltât. *Exal-* 9
tate dominum deum nostrum. Irhôhent trúhtenen Got únseren . ich uer-
fillinten ferhengenten
berantem . ich cedentem. *Et adorate in monte sancto eius . quoniam sanctus dominus*
deus noster. Vnde bétont în uuanda er heîlig ist . ûffen sînemo

5 hêiligen berge . daz ist sancta ęcclesia. So uuer ínnerunhalb íro ne- S712
 perg
bétot . der ferliûset sin gebét. Aber uuiêo ist sî mons? Daz líset
 ein stein irhóuuener aba berge
man an daniheie. Dâr stât. LAPIS PRECISVS DE MONTE
 âna hende der geuuêichta al erde rîche
SINE MANIBVS . CONFREGIT OMNIA REGNA TERRĘ .
 unde iruuuôhs ze eînimo michilin berge.sô michelmo.daz ir allen
ET EXCREVIT IN MONTEM MAGNVM . ITA . VT IMPLE-
uuerlt-rinch irfulti uuer ist der berch aba demo der
10 RET VNIVERSVM ORBEM. Quis est ille mons de quo pręci-
stein irhouuen uuart iudon rîche der stein
sus est lapis? Regnum iudeorum . fone demo CHRISTVS cham . LAPIS
den sie ferchúren irhóuuen âne hende?
QVEM EXPROBRAVERVNT. Vuięo pręcisus sîne manibus?
 keborn mannis uuerch ana charilis miteslâf
Daz er natus uuard sine opere hominum . sine maritali coniugio .
 kebóren fone mágede keborin âna hende uuieo geuuêihta er al
natus de uirgine . natus sine manibus. Quomodo confregit om-
 erd-riche uuanda abkot-riche geuuêichet sint riche
15 nia regna terrę? Quia confracta sunt regna idolorum . regna S713
dero tiêfelo uuaz meînit.perch iruuuôhs? uuanda der lichamo christanheite.dero
demoniorum. Quid est excreuit? Quia corpus sanctę ęcclesię . cuivs
houbet er ist der uuart uuahsindo gebrêitit unz an uuerlte ende
caput ipse est . crescendo dilatatum est usque ad fines terrę.

PSALMVS IN CONFESSIONE. Vuélíû ist dîsiu con- 1 P415
 geiiht lobis riúuuo
 I fessio? Si ist peîdiu ioh laudis ioh poenitentiae.

20 VBILATE DOMINO OMNIS TERRA. Vuúnnesángont 2
 sêgin
Gote . alle in erdo sizzente . uuanda ze iû állen sîn bene-
dictio chómen ist. *Seruite domino in lętitia.* Diênont îmo
in_fróuui. Vuillîgen unde frolîchen diênest suôchet er. *Intra-*
 geuuîzzeda
te in conspectu eius in exultatione. Kânt in iûuuera conscien-
25 tiam mit fréuui . diû in sinero gesihte ist . nals in_mênniscon. Vz-
uuert ne-fréuuent iûh . núbe inuuert. *Scitote quoniam dominus ipse <est>* S714 3

1(r) iêo²: eo *aus* m *rad. und verb.* 6 bétot der: (t d) *aus* nt *rad.*
und verb. 16 est: *über* e *st-Strich rad.* Punkt fehlt 6¹ 25² 26¹

9 *er 8,13,14 *âne

deus. Vuizzint daz truhten Got ist. Vuer ne-uueîz daz? Iudei
             ube si lês in uuissin.
ne-uuisson iz . pediu sluôgen siê in. SI ENIM COGNOVISSENT
niêmer ne-chriûzegotin siê den herren dero guôllichi
NVMQVAM DOMINVM GLORIAE CRVCIFIXISSENT. *Ipse |fecit*

nos et non ipsi nos. Er têta unsih . nals uuir selbe. Fone imo há-
       unsir sîn   fermânen
5 ben uuir esse . fône diu ne-suln uuir in contemnere. *Nos autem populus*

eius . et oues pascuę eius. Vuir bin aber sin liût . unde sîniu uueî-
        hirte   uueida
descâf . uuanda er unser pastor ist. Vuélliche sint diê pascuę?
  Goteliche scrifte dero diu sela feizt uuirt
Ane diuinę scripturę . quibus saginatur anima. *Intrate portas eius*   *4*
              tiêmuôti
in confessione. Kânt in ze sînen porton mit keiihte. Humili-
     riûuua   toufi   minna
10 tas . poenitentia . baptismum . caritas . elemosinę . sint sîne portę

diê ze imo leitent . mit dero geiihte dero súndon. *Atria eius*

in ymnis confessionum. Kânt oûh in sine hóua diê in himele   P416 S715
         ouh riûuuo Got iehinto
sint . mit lôben ânderro geiihte danne pęnitentię. Confitendo
       Got lôbonto
fârent dâra . confitendo uuésent dâr . uuanda dar ist échert
 lob dero frôuui
15 confessio lętitię. *Laudate nomen eius °quoniam suauis est dominus.* Lôbont   *5*

sînen námen . uuanda er suôzze herro ist. *In ęternum misericordia eius.*

Sîn genâda ist êuuig . uuanda er dia sêlda gibet . die er fúrder

ne-nimet. *Et usque in generationem et generationem ueritas eius.* Vn-
                diû die todi-
de sin uuarheit ist in állen gebúrten . ioh in dero diu morta-
gen   die êuuigen
20 les piret . ioh in déro diû ęternos piret. *PSALMVS I-*   *1*

PSI DAVID. Ze selbemo CHRISTO siêhet diz sáng . sîn ist
            lûta
disiu uox . unde sament imo sinero ęcclesię.

MISERICORDIAM ET IVDICIVM
cantabo tibi domine. Knâda unde urteilda sîngo
25 ih dir hêrro. An diên zuêin sint dîniu uuergh .
            zit kenâdo
pediu sint siû mîn sang. Nu ist tempus misericordię .   S716

12(r) confessionum *auf Ras.; ursprüngl. Punkt vor dem neuen noch sicht-*
bar 17 *sâl(i)da *dia 21 Ze] De 23 MISERICORDIAM: I[1] *auf Ras.*
Punkt fehlt 10[1] 25[2]

                   zit úberteiledo
  hára nâh chúmet tempus iudicii. Dísiû zuêi heîzzent ánder-
           reht unde frido   kenada unde uuarhêit   reht unde urtêilda
  suâr iustitia et pax . alde misericordia et ueritas . alde iustitia et iudi-
                                                         kenadich unde reht-frumich
  cium. Diû oûgent uns uuieo ungeschêideno er ist pius et iustus.

  Psallam °et intellegam in uia inmaculata . quando uenies ad me. Ih   2

5 singo in ún<ge>fléchotemo uuége . unde dannan fernímo ih uuan-

  ne du ze mir chúmest. Mit freuui diênon ih dir . daz kíbet   P417

  mir fernumest dînero chumfte. *Perambulabam in innocentia*

  cordis mei. Ih fóllegiêng in únscadeli mînes hérzen . so tuôndo
                     unscadil
  sang ih in úngefléchotemo uuége . an démo got mánne begá-
10 genet. Innocens ne-ist der . der ándermo tárôt . noh ouh der . der

  ándermo ne-hílfet . noh áber der . der îmo selbemo ze uuóla

  tuôt. *In medio domus meę.* Vuâr uuas der gang? In míttemo mî-

  nemo hus . in mînemo hérzen. *Non proponebam ante oculos meos .*   3

  rem iniustam. Vnreht ne-hábeta ih fórge oûgon. Vuanda iz mir

15 leîdsam uuas . pedîu skiêhton iz miniu oûgen. *Facientes pręua-*
                             iro únreht
  ricationes odiui. Vnrehto fárente házeta ih . Iro uuerg . daz
  chît rem iniustam házeta ih . nals siê sélben. Zuêne námen sint
  mennisco unde úbir-stépphâre
  homo et pręuaricator . hominem teta Got . pręuaricatorem téta mén-

  nisco. Gotes tât mínnota ih . mennischen tât házeta ih. *Non*
20 *adhesit mihi °cor prauum.* Ze mír ne-háfteta auuékkez . daz   4

  chît ungeréhtez herza . also des mannes ist . der sih intrértet
                                             iâ Got uuaz habo ih dir
  fóne Gotes uuíllen . unde sus mit îmo bâget. DEVS QVID TIBI
  getan? uuaz missetêta ih uuaz kesculta ih
  FECI . QVID COMMISI . QVID COMMERVI? Des ke-
                          âuuekkemo herzen   rehtin
  sello ne-uuíllo ih sîn . uuanda er prauo corde sih áhtot iustum .
                unrehtin
25 Got iniustum. *Declinante a me maligno non cognoscebam .*
                  keloubirrare ze úbiliro geloûbo
  i . non approbabam. Heretico ad perfidiam sih chêrentemo . ne-fol-   S718

2/3 iudicium: *über um Ras.* 5(r) ih *auf Ras.* 7 fernumest: fe *aus Ansatz von* d *verb.* 26(r) perfidiam: a *aus* e *rad. und verb. Punkt fehlt* 4¹ 16³ 24²

23 getan?: *nur Schleife des* ? FECI: *darunter* geta *durch Strich darüber getilgt*

Ps 100,4-8   367

geta ih. *Detrahentem secreto proximo suo . hunc persequebar.* Hín-   5
derchôsonten man ándermo iágeta ih . unde âhta sîn . uuanda
        âhtunga
diu persecutio guôt ist . mit déro man îlet den man bézzeron.

Superbo oculo et insaciabili corde . cum hoc non edebam. Sáment   P418
5 ubermuôtemo . unde der fóre nîde ánderro uuêuuon sat uuér-
                        ubermuote   nîdik
den ne-mag . ne-âz ih. Alle superbi sint înuidi . unde diê uuerdent
ke-âzzit mit ándirro ungefuôre noh kesátot
pasti malis aliorum . non saciati. Déro gemeînsami ist ze fliêhenne.

Oculi mei ad fideles terrę . ut sedeant mecum. Mîniu oûgen sint   6
                                                  mite-uuiste
indân . ze getriúuuen ánasídelingen déro erdo. Iro consortii lû-
                                               ze uberteilenne
10 stet mih. Vuára zuo? Daz sie sáment mir sízzen ad iudicandum.
                        ne-uuizzint ir daz uuir ioh êngela uber teîlen?
Also îro eîner spráh. NESCITIS QVONIAM ANGELOS IVDICA-
BIMVS? *Ambulans in uia inmaculata hic mihi ministrabat.*
In ûngeflécchotemo uuége gânder . ambahta mir. Vuéler ist daz?   S719
   ketriúuue brediare   nieht fasonde uuaz sîn si sunder
Ane der euangelii fidelis prędicator ist . non quęrens quę sua sunt . sed
  uuaz Gotis haltandis si
15 quę iesu CHRISTI. *Non habitabit in medio domus meę qui facit super-*   7
                                                        ein herza
biam. In mînemo herzen nebûet . der úbermuôte ist. Vnum cor
          tiemuotemo uuidir-bruhtich herza fone hôh-fèrtigemo
habo ih sáment humili . resiliens cor habo ih a superbo. *Qui loquitur*
iniqua . non direxit in conspectu oculorum meorum. Vnreht
spréchenter . ge-îrrota fóre mir. So uuâr er mih kesáh . dâr skiê-
20 hta er . dannan flôh er. *In matutino . i . in initio . interficiebam*   8
omnes peccatores terrę . ut disperderem de ciuitate domini omnes
operantes iniquitatem. In ánegenne irsluôg îh . alle súndige déro
                            ursuôchis   irsuôchente
erdo. An dêmo ánagenne temptationis sluôg ih allè temptan-   S720
                                                tiêfela
tes dęmones . daz ih siê fertrîbe fone minero sêlo . diu truhtenes
                                     tiêfela
25 purg ist . unde sîn ánasidele. Demones heîzzent mit rehte pec-   P419
sundêrra dero erdo   uuurchin unrehtis
catores terrę . unde operarii iniquitatis . uuanda siê getuônt

---

13 uuêge /   15 facit: über Bauch des a Ansatz eines e   Punkt fehlt 19³

6 ubermuote: *davor s durch Unterstreichung getilgt*   26 *súndâra

die erdînin sundon unde únreht uuúrchin
terrenos peccare . et operari inique. Sie uuerdent áber irslágen
        uuerchin   irsuochungo
in íro operibus fóne diên . die in sâr ze ánagêntero tempta-
                                leidizzindo
tione uuîderstânt . unde sie execrando fertrîbent. In matuti-
         suôno dach   nieht
nis mag ouh dies iudicii fernómen uuerden . also iz chît. NOLI-
ne-irtêilent êr zîte pîtent unz Got selbo chôme
5 TE ANTE TEMPVS IVDICARE . QVOADVSQVE VENIAT
            der bêdiu tuôt ioh intliûhtit toûgeni dero finstrinon
DOMINVS . QVI ET ILLVMINABIT ABSCONDITA TENEBRA-
      ioh er iroffenot die râta dero hêrzon   naht
RVM . ET MANIFESTABIT CONSILIA CORDIVM. Nu ist nox .

nu ne-uueîz niêman den ánderen. Danne skînet uuer iêgelî-
                 morgen   fone Gotes purg alle
cher ist . so ist mane . so uuerdent fertrîben de diuitate domini omnes
                                             unreht uuurchente
10   operantes iniquitatem.

Punkt fehlt 7[3]